독자의 1초를
아껴주는 정성을
만나보세요!

세상이 아무리 바쁘게 돌아가더라도 책까지 아무렇게나 빨리 만들 수는 없습니다.
인스턴트 식품 같은 책보다 오래 익힌 술이나 장맛이 밴 책을 만들고 싶습니다.
땀 흘리며 일하는 당신을 위해 한 권 한 권 마음을 다해 만들겠습니다.
마지막 페이지에서 만날 새로운 당신을 위해 더 나은 길을 준비하겠습니다.

머신 러닝을 위한 수학 with 파이썬, R

Math for Machine Learning

초판 발행 · 2020년 8월 24일

지은이 · 이원상
발행인 · 이종원
발행처 · (주)도서출판 길벗
출판사 등록일 · 1990년 12월 24일
주소 · 서울시 마포구 월드컵로 10길 56(서교동)
대표 전화 · 02)332-0931 | **팩스** · 02)323-0586
홈페이지 · www.gilbut.co.kr | **이메일** · gilbut@gilbut.co.kr

기획 및 책임편집 · 정지은(je7304@gilbut.co.kr) | **디자인** · 박상희 | **제작** · 이준호, 손일순, 이진혁
영업마케팅 · 임태호, 전선하, 차명환, 지운집, 박성용 | **영업관리** · 김명자 | **독자지원** · 송혜란, 홍혜진

삽화 · 최정을 | **전산편집** · 박진희 | **출력 및 인쇄** · 북토리 | **제본** · 신정문화사

▶ 이 도서의 국립중앙도서관 출판예정도서목록(CIP)은 서지정보유통지원시스템(http://seoji.nl.go.kr)과 국가자료종합목록구
  축시스템(http://kolis-net.nl.go.kr)에서 이용하실 수 있습니다.(CIP제어번호: CIP2020031836)

ISBN 979-11-6521-253-7 93000 (길벗 도서번호 007019)

정가 24,000원

독자의 1초를 아껴주는 정성 길벗출판사

길벗 | IT실용서, IT/일반 수험서, IT전문서, 경제실용서, 취미실용서, 건강실용서, 자녀교육서
더퀘스트 | 인문교양서, 비즈니스서
길벗이지톡 | 어학단행본, 어학수험서
길벗스쿨 | 국어학습서, 수학학습서, 유아학습서, 어학학습서, 어린이교양서, 교과서

페이스북 · www.facebook.com/gbitbook
예제 소스 · http://github.com/gilbutITbook/007019

머신 러닝을
위한 수학

with 파이썬, R

이원상 지음

**MATH FOR
MACHINE
LEARNING**

최근에 AI, 머신 러닝, 데이터 과학 분야에서 수많은 기법이 쏟아져 나오고 있습니다. 열풍과도 같은 이러한 흐름에 떠밀려, 우리는 새로운 기법들을 계속 공부하고 사용합니다. 새로운 내용을 간간이 이해할 수 있지만, 대부분 (간단한 개념일지도 모르는) 한두 개의 수학적 개념에 막혀 답답할 때가 있습니다. 결국 충분히 이해하지 않은 상태에서 최신 기법을 사용하게 되죠. 그러다가 굳은 마음으로 수학책을 다시 펼쳐도 암호 같은 수식과 설명에 다시 좌절했던 기억이 납니다. 이런 상황은 어쩌면 저뿐만 아니라 많은 사람이 겪고 있는지도 모르겠습니다. AI가 대중화될수록, 더 많은 사람이 데이터 과학을 쓸수록 우리는 필연적으로 이런 상황에 놓이게 됩니다.

사실 시중에 많은 책과 강의에서 머신 러닝과 딥러닝의 기법을 훌륭하게 설명합니다. 하지만 여전히 그 배경에 있는 기본적인 개념인 확률과 통계, 선형대수 등을 이해하기란 쉽지 않습니다. 이렇게 필요한 수학적 배경을 이해하고자 수학책을 다시 펼치기도 하고 산재된 여러 리소스를 찾기도 합니다. 그리고 그 내용을 파이썬으로 실습하려면 또 다시 끝없는 웹 검색도 해야 하죠. 이런 것들이 한 곳에 정리되어 있다면 수학에 대한 이해는 차치하더라도, 산재된 학습 자료를 찾는 수고로움부터 줄일 수 있을 거라 생각합니다.

그래서 바로 수학과 데이터 분석 기법, 두 간극을 메꾸는 데 도움이 되고자 이 책을 쓰게 되었습니다. 머신 러닝과 딥러닝에서 주로 사용하는 그리스 문자부터 확률과 통계, 선형대수, 미적분까지 수학적 내용을 설명하며, 그 내용들이 머신 러닝과 딥러닝의 어떤 부분에 사용되는지도 알려줍니다. 이 책을 통해 우리가 보다 본질적인 수학 개념과 그 개념을 파이썬으로 구현하는 것에 좀 더 집중할 수 있기를 기대합니다.

수학적 내용을 한 번만 제대로 이해하면 수학적 개념을 바탕으로 하는 기법들을 더 잘 활용할 수 있으며, 더 나아가 다음에 나오는 새로운 기법을 이해하는 데도 도움이 될 것입니다. 사실 아무리 좋고 멋있는 기법이라 하더라도 그 작동 원리를 알고 쓰는 것과 모르고 쓰는 것의 차이는 매우 크며, 모르고 사용하게 되면 어느 순간 고비는 오게 됩니다.

또한, 장마다 파이썬과 R로 실습할 수 있게 구성하였습니다. 많은 분들이 파이썬과 R 둘 중에 어느 것이 더 좋은지를 논하기도 합니다. 저는 파이썬도 재미있고 R도 잘 쓰며 둘 중 하나만 선호하지는 않습니다. 파이썬이나 R 모두 문제를 해결하는 데 사용되는 도구일 뿐입니다. 각각 장점과 단점도 존재하고 상황에 따라서는 R이 더 좋을 수도, 파이썬이 더 좋을 수도 있습니다. 앞으로 더 좋은 도구가 나온다면 언제든지 도전하고 싶습니다. 물론, 아직까지는 파이썬과 R이 데이터 과학에서 가장 강력한 도구라고 생각합니다. 그래서 책에도 실습을 위해 파이썬과 R로 예제를 준비했습니다.

마지막으로 이 책을 통해 머신 러닝과 딥러닝, 데이터 과학에 사용되는 수학과 더 가까워지기를 바랍니다. 그래서 이 책을 읽은 다음 책에서 다루었던 수학 그 이상에 대해 더 많은 관심이 생긴다면 저자로서 무척 기쁠 것 같습니다. 또한, 어떤 분석 기법을 보면서 바탕이 되는 수학적 개념을 이해하고 사용한다면 그 역시 무척 기쁠 것 같습니다. 앞에서 말씀드린 것처럼 하루가 멀다 하고 최신 기법들이 계속 나타납니다. 하지만 이런 기법들의 바탕이 되는 수학 개념은 사실 크게 바뀌지 않습니다. 이 책을 통해서 데이터 과학의 바탕이 되는 수학 개념을 잘 이해하고, 앞으로 나오게 되는 최신 기법(어떤 기법이 유행한다 하더라도)도 잘 소화하여 연구와 업무에 활용하기를 바랍니다.

감사의 글

먼저 집필할 기회를 주셨던 길벗출판사 담당자님과 꼼꼼하게 원고를 검토해주신 편집자님께 감사합니다. 주위의 많은 분들께도 여러 모로 감사하다는 말을 전하고 싶습니다. 특히, 해를 넘겨가며 책을 기다려준 가족들에게 사과와 감사의 말을 전합니다.

688582857773 77857571797773 76856789♥

2020년 6월

이원상

베타테스터 후기

데이터 분석을 위한 수학을 한눈에 정리하고, 데이터 특성에 따른 분석 기법을 파악할 수 있어서 유익했습니다. 수학 개념을 프로젝트 목적에 따라 언제, 어디에 써야 할지 활용에 초점을 맞추고 있어 파편화된 이론들을 유기적으로 엮을 수 있다는 점이 이 책의 매력입니다.

그동안 하이퍼 파라미터의 변경이나 모델의 무차별적인 적용 같은 비효율적인 성능을 개선하려 했던 분들은 수학을 기반으로 한 데이터의 본질을 익힘으로써 근본적인 한계를 해결할 수 있을 거라 생각합니다. 코딩만으로는 알기 어려운 딥러닝의 활용 여부나 통계적 추정 및 검정의 활용은 물론이고 종속/목적 변수가 수치형, 연속형, 범주형인지 혹은 잔차 분포가 등분산성 및 정규 분포를 따르는지 등 분석하려는 데이터의 특성에 따라 적절한 수리 지식을 활용할 수 있다는 점이 이 책의 백미입니다. p값 및 유의 수준 등 다소 난이도 있는 개념을 명쾌하게 설명합니다. 또한, 파이썬과 R 두 가지 언어로 실습을 진행할 수 있다는 점도 또 다른 장점입니다.

허민_한국외국어대학교 데이터 분석가

요즘 인공지능은 굉장히 편리해져서 이론을 잘 몰라도 관련 서비스나 프로그램을 통해 쉽게 모델을 만들고 결과를 얻을 수 있습니다. 그러나 결국 자신이 원하는 결과를 얻으려면 이론을 공부해야 하는데, 이는 결국 수학으로 귀결됩니다. 이 책은 저자의 탄탄한 지식을 기반으로 재미있는 그림과 함께 개념을 잘 설명하고 있습니다. 많은 수학 분야에서도 정말로 필요한 부분만 설명하며, 왜 공부해야 하는지에 대한 설명도 담고 있습니다. 또한, 같은 개념을 R과 파이썬으로 실습할 수 있게 제공하여 두 프로그래밍 언어를 공부할 수 있는 장점도 있습니다. 실습과 함께 이론을 공부하고자 하는 분께 추천합니다.

김영하_개발자&강사

주제 자체가 다소 어렵게 보여 부담스러울 수 있지만, 딱딱하지 않게 내용을 서술하고 있습니다. 또한, 그림과 도해를 사용하여 직관적으로 이해할 수 있게 도와줍니다. 때문에 입문자도 쉽게 읽을 수 있을 거라 생각합니다. 파이썬과 R에 자신이 없더라도 혹은 하나만 할 줄 알더라도 그리 걱정할 필요는 없습니다.

송진영_데이터 분석가

책 제목에 충실하게 머신 러닝을 위한 수학을 기초부터 심화까지 고르게 서술하고 있어 입문자부터 현업 엔지니어까지 폭넓게 볼 수 있는 책이라고 생각합니다. 또한, 파이썬과 R코드 예제가 충실하게 제공되어 이론을 이해하는 데 매우 좋았습니다. 비슷한 종류의 도서들은 파이썬이나 R만 다루는데 이 책은 코드 예제를 동시에 제공함으로써 파이썬 코드와 R 코드를 직접 비교하면서 익힐 수 있었습니다. 머신 러닝에서는 파이썬, R 어느 쪽이 더 중요하다고 할 수 없을 정도로 둘 다 풍부한 라이브러리와 많은 사용자가 있는데요, 결국 둘 다 잘 아는것이 중요하며 그래서 이 책이 빛나는 이유인 것 같습니다. 베이지안 통계학 및 통계적 추론 내용이 서술되지 않아 조금 아쉬웠습니다. 이 내용으로 후속작이 나오길 기대합니다.

원동식_대학원생

편집자 후기

사실 수학과 머신 러닝, 딥러닝 같은 데이터 분석 기법이 어떻게 연관되어 있는지 잘 알지 못했습니다. 머신 러닝, 딥러닝, 또는 선형대수, 확률과 통계 등 요즘 이슈가 되는 단어들만 많이 들어봤지 실제 어떻게 사용되는지 몰랐습니다. 하지만 이 책을 통해 기본 바탕이 되는 수학(미적분, 확률과 통계, 선형대수 등)을 배울 수 있었고, 이것들이 데이터 분석에서 왜 중요한지, 어떻게 활용되는지도 알게 되었습니다. 저처럼 수학과 머신 러닝을 모르는 사람이 읽어도, 아니면 이미 데이터 분석을 사용하고 있지만 그 원리인 수학을 배워 더 활용하고 싶은 사람이 읽어도 좋은 책이라고 생각합니다.

예제 파일 내려받기

이 책에서 사용하는 예제 파일은 길벗출판사 웹 사이트에서 도서명으로 검색하여 내려받거나 깃허브에서 내려받을 수 있습니다.

- **길벗출판사 웹 사이트:** https://www.gilbut.co.kr
- **길벗출판사 깃허브:** https://github.com/gilbutITbook/007019

예제 파일 구조 및 참고 사항

ch06

ch07

- 아나콘다3 2020.02 64비트, 파이썬 3.7을 기준으로 합니다.
- 부록에 텐서플로 GPU 버전 설치법, R 설치법과 Colab 사용법을 실었습니다.

책의 구성

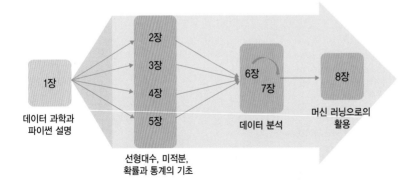

1장
데이터 과학과
파이썬 설명

2장
3장
4장
5장

선형대수, 미적분,
확률과 통계의 기초

6장
7장
데이터 분석

8장
머신 러닝으로의
활용

1^장

데이터 과학과
파이썬 소개

1장에서는 현재 관심을 많이 받고 있는 데이터 과학의 개요와 필요성에 대해 살펴보고자 한다. 또한, 데이터 과학의 주요 도구인 파이썬의 특성을 이해하고 PC에 설치하여 기본적으로 활용하는 방법을 알아보겠다. 특히 파이썬의 기본 자료 구조를 자세히 볼 텐데, 자료 구조를 표현하고 처리하는 방법은 AI(Artificial Intelligence, 인공지능), 딥러닝, 머신 러닝에서 '기본'이기 때문이다.

1.1 데이터 과학이란?

최근 몇 년간 데이터 과학은 여러 분야에서 큰 이슈가 되었다. 그 배경에는 빅데이터의 등장이 있다. 빅데이터란 다양한 형태의 데이터가 빠른 속도로 대량 생성되는 것을 말한다. 더군다나 최근 모바일 기기의 폭발적인 확산과 M2M(Machine to Machine) 기반의 사물 인터넷 확산, IoT(Internet of Things)의 출현, 웹의 다양한 대용량 콘텐츠와 로그, 소셜 미디어의 확산으로 빅데이터 생산이 더 가속화되는 상황이다. 빅데이터의 출현과 함께 계산과 저장 기술도 발달하여 현재는 다양한 방식으로 데이터를 처리할 수 있게 되었다. 이처럼 빅데이터에 대한 분석과 활용의 중요성이 높아지면서 데이터 과학의 역할이 크게 주목받고 있다. 특히 최근에는 AI 시대의 도래와 더불어 AI의 기반이 되는 데이터 분석과 활용이 중요해지면서 데이터 과학이 더 주목받고 있다.

▼ 그림 1-1 AI 시대의 중심이 된 데이터 과학

데이터 과학으로 처리되는 빅데이터는 크기(Volume), 다양성(Variety), 속도(Velocity)라는 3V로 정의할 수 있다.

- **크기**: 활용 대상이 되는 데이터의 크기를 의미한다. 물론, 데이터 크기는 지금도 급증하고 있어서 빅데이터가 되기 위한 크기를 정의하기는 쉽지 않다. 또한, 크기에 대해서는 산업별, 영역별, 지역별로 인식 차이가 있으며 때로는 언론에서 간혹 언급하는 PB(petabytes)나 ZB(zettabytes)보다 적은 크기의 데이터도 빅데이터로 고려하는 경우도 있다.

> **Note ≡ 데이터 크기 단위**
>
> - 1,024GB(기가바이트) = 1TB(테라바이트)
> - 1,024TB(테라바이트) = 1PB(페타바이트)
> - 1,024PB(페타바이트) = 1EB(엑사바이트)
> - 1,024EB(엑사바이트) = 1ZB(제타바이트)

- **다양성**: 빅데이터는 다양한 형태를 가진다는 특징이 있다. 데이터 형태는 크게 세 가지로 구분할 수 있다. CSV 파일이나 관계형 데이터베이스 같이 구조화되어 있는 정형 데이터와 JSON 형태의 반정형 데이터, 그리고 구조화되어 있지 않은 비정형 데이터로 구분한다. 이와 같은 데이터의 다양성은 빅데이터가 생성되는 다양한 출처에서 기인한다.
- **속도**: 빅데이터는 빠르게 생성되며, 이러한 생성 속도도 특성으로 고려할 수 있다. 온라인 게임처럼 실시간으로 생성되는 데이터나 동영상 같은 스트리밍 데이터도 빅데이터 영역에 포함되므로 데이터의 생성 속도는 중요하게 고려된다. 빠르게 생성되는 빅데이터에 대한 신속한 처리와 분석도 큰 이슈가 된다.

앞의 정의에서 볼 수 있듯이 빅데이터는 본질적으로 '데이터'이고, 그렇기에 빅데이터를 잘 이해하고 활용하려면 데이터 과학이 중요하다. 그리고 데이터의 크기보다 중요한 것은 새로운 데이터 소스를 발굴하고, 처리와 분석 방법을 통해 새로운 통찰력을 찾는 기회를 만들어가는 것이다.

데이터 과학을 위한 기법: 데이터 마이닝

데이터 과학을 이해하려면 기법과 도구에 대한 이해가 필요하다. 데이터 과학을 하기 위한 기법인 데이터 마이닝(data mining)은 데이터에서 유의미한 트렌드와 패턴, 규칙을 발견하고자 대량의 데이터에서 자동화 혹은 반자동화 방법으로 데이터를 탐색하고 분석하는 과정이다.[1] 여기서 마이닝

---

1 Gordon S. Linoff, Michael J. A. Berry, Data Mining Techniques, Wiley & Sons, 1997

이란 용어는 지하에 묻힌 광물을 찾아낸다는 의미에서 나온 것으로, 데이터 분석을 이에 비유하여 사용되었다. 이러한 데이터 마이닝을 이해하고자 그 정의를 좀 더 구체적으로 살펴보겠다.

데이터 마이닝이란 대용량의 데이터를 분석해서 이해하고, 앞으로의 사건에 대한 예측까지를 목표로 한다. 즉, 데이터의 관계, 패턴, 규칙 등을 찾아내어 이를 체계적이고 통계적으로 모형화하여 이전에는 알지 못했던 유용한 지식을 발견하는 일련의 과정을 의미하는 것이다.[2] 또 다른 정의에 따르면 데이터 마이닝은 기존 통계학과는 다르게 대용량의 관측 가능한 데이터를 대상으로 하며 자료에 대한 탐색적인 분석을 중시한다고 한다.

결국 데이터 마이닝은 전산 시스템에 저장하거나 저장할 수 있는 대용량의 데이터를 가공·분석하고, 통계 모형, 수학적 기법, 패턴 인식부터 머신 러닝에 이르는 방법론까지 적용하여, 통계적 규칙이나 패턴을 체계적이고 자동적으로 찾아 분석하고, 가치 있는 의미를 찾아내는 과정이라고 볼 수 있다. 이는 데이터를 기반으로 한 의사 결정 과정에서 이미 많이 활용되는 기법이다. 예를 들어 신용 평점 시스템(credit scoring system)의 신용평가모형 개발, 사기 탐지 시스템(fraud detection system), 장바구니 분석(market basket analysis), 최적 포트폴리오 구축, 웹 로그 분석, 소셜 미디어 분석을 통한 선거 전략 수립 등과 같이 다양한 산업과 분야에서 많이 활용된다.

데이터 과학은 데이터를 기반으로 현상을 해석하고 솔루션을 제시한다. 예를 들어 온라인 마케팅 용어로 '그로스 해킹(Growth Hacking)'이 있다. 그로스 해킹은 데이터를 기반으로 마케팅에 정량적으로 접근하고 의사 결정하는 것을 의미하며, 온라인 기반 산업에서 활발하게 이용되고 있다. 물론 데이터가 현실을 충분하게 반영하지 못한다면 모형도 현실을 충분히 반영하지 못할 수 있는 위험이 있다. 그래서 데이터 수집부터 편향(bias)이 발생하지 않게 주의해야 하며, 분석할 때도 현실 관점에서 데이터를 균형 있게 이해하도록 주의해야 한다.

데이터 과학에서 무엇보다 항상 염두에 두어야 하는 것은 '창의적인 관점에서 데이터에 접근하는 것'이다. 같은 데이터가 주어진 상태에서, 여러 명의 분석가가 같은 분석 도구를 활용한다면 어느 정도 비슷한 결과물을 얻을 수 있다. 하지만 같은 데이터라 하더라도 창의적인 관점에서 데이터를 바라보고 직관으로 분석한다면 더 가치 있는 결과물을 이끌어 낼 수 있다. 또한, 데이터를 분석하면 분석 자체에만 집중하여 나무가 아닌 숲을 보는, 즉 전체를 볼 수 있는 시야와 창의적인 관점을 잃어버리기가 쉽다. 같은 데이터에, 같은 접근 방법으로, 같은 도구를 통해 얻은 유사한 결과로 큰 가치를 만들기는 어렵다. 그렇기 때문에 쉽지는 않지만, 빅데이터로부터 좀 더 가치 있는 결과를 끌어내려면 데이터에 대해 항상 고민하고 남들이 보지 않는 새로운 관점으로 데이터를 대하는 노력이 필요하다.

---

2   David J. Hand, Principle of Datamining, MIT Press, 2001

데이터 과학을 위한 오픈 소스 도구: 파이썬

데이터 과학을 효과적으로 활용하려면 좋은 도구가 필수이다. 데이터 과학에는 고가의 복잡한 도구가 필요하다고 생각할 수 있겠지만, 최근에는 무료이면서 효율적이고 간결한 도구가 많이 나와 있다. 특히 오픈 소스의 등장과 함께 개방형 생태계에서 데이터 과학의 도구가 지속적으로 발전하고 있으며, 대표적인 예가 바로 R과 파이썬(Python)이다. 이 책에서는 데이터 과학을 위한 도구로 파이썬을 설명할 것이다. 물론 파이썬과 함께 많이 사용되는 R에 대한 실습도 각 장의 마지막에 제공하고자 한다.

데이터 과학의 컴퓨팅 도구로 사용되는 파이썬은 1990년대 후반 네덜란드 출신의 귀도 반 로섬(Guido van Rossum)이 개발하였다. 파이썬은 오픈 소스 언어로 플랫폼을 자유롭게 사용할 수 있으며, GPL(General Public License) 라이선스를 따른다.

▼ 그림 1-2 데이터 과학을 위한 무료 도구, 파이썬과 R

파이썬의 주요 특징으로는 고수준(high-level), 인터랙티브(interactive), 객체 지향(object oriented) 언어라는 점이 있다. 여기서의 고수준이란 사람이 이해하기 좋은 유형의 프로그래밍 언어를 의미한다. 인터랙티브라는 특징은 파이썬을 실행할 때 각 라인의 실행 결과를 바로 확인할 수 있다는 것을 의미한다. 마지막으로 객체 지향은 모든 자료, 함수 등이 객체화되어 간결하게 사용할 수 있다는 것을 나타낸다. 이런 특징으로 파이썬은 배우기 쉽고, 코드를 읽고 유지 · 관리하기에 매우 용이하다.

1.1.1 아나콘다 설치하기

파이썬을 설치하려면 무료로 제공되는 설치 파일을 내려받으면 된다. 다양한 통합 환경을 통해 파이썬을 사용할 수 있지만, 여기서는 그중에서도 가볍고 손쉽게 활용할 수 있는 방법을 소개하고자 한다. 먼저, 가장 많이 사용될 뿐 아니라 여러 기능을 패키징한 아나콘다(Anaconda)를 통해 파이썬을 설치해보자.

아나콘다는 다양한 파트너사와 협력하며 개인용부터 엔터프라이즈급까지 다양하게 제공된다. 또한, 유용한 패키지들을 포함하여 배포하므로 파이썬을 시작하기에는 좋은 선택이다(물론, 그 외에 익숙한 IDE가 있다면 사용해도 무방하다). 책에서는 개인용(Individual Edition)을 사용할 것이다.

1. 아나콘다 사이트 anaconda.com에 접속해 **Products** 메뉴에서 **Individual Edition**을 선택한다.

▼ 그림 1-3 아나콘다 제품군

2. 페이지 중간의 **Download** 메뉴를 클릭한다.

▼ 그림 1-4 아나콘다 내려받기 화면

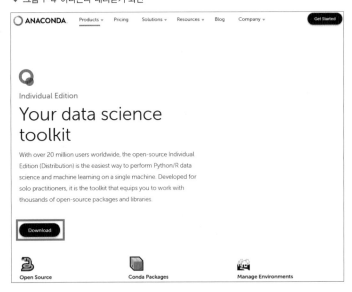

3. 현재 사용하는 컴퓨터 OS에 맞춰 파이썬 3.7 버전 파일을 내려받아 진행한다. 책에서는 64 비트 윈도 버전을 내려받았다.

▼ 그림 1-5 아나콘다 다운로드 페이지

4. 내려받은 설치 파일을 실행한 후 차례대로 Next와 I Agree를 클릭한다.

▼ 그림 1-6 아나콘다 설치 파일 실행

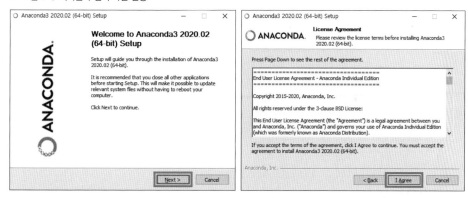

5. 다음 화면이 나오면 기본값으로 두고 Next를 클릭한다.

▼ 그림 1-7 아나콘다 설치 파일 실행

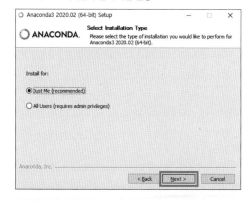

6. 설치 경로를 선택하는 화면이 나오면 가급적 주어진 값을 그대로 두고 Next를 클릭한다.

▼ 그림 1-8 아나콘다 설치 파일 실행

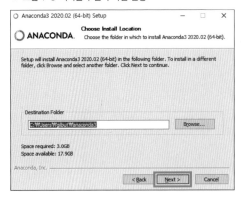

7. Register Anaconda as my default Python 3.7에 체크되었는지 확인하고 Install을 클릭한다. 이 단계는 설치된 아나콘다를 컴퓨터에서 자유롭게 사용할 수 있게 등록한다는 의미이다.

▼ 그림 1-9 아나콘다 설치 파일 실행

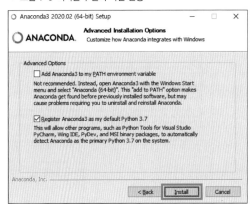

8. 설치 과정이 끝나면 Next를 클릭, 설치를 확인하고 Next를 클릭한다.

▼ 그림 1-10 아나콘다 설치 파일 실행

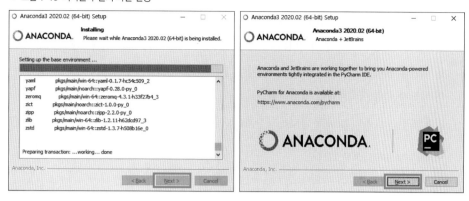

9. 설치를 마쳤으면 Finish를 클릭한다.

▼ 그림 1-11 아나콘다 설치 파일 실행

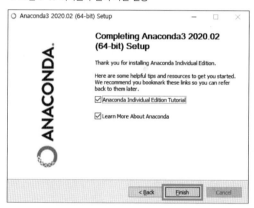

10. 설치를 완료했다면 다음과 같이 윈도 메뉴 버튼을 클릭해 주피터 노트북(Jupyter Notebook)이 설치되었는지 확인해보자.

▼ 그림 1-12 윈도 메뉴 클릭 후 설치된 주피터 노트북 확인

11. 이제 **주피터 노트북**을 클릭하여 인터넷 브라우저로 파이썬을 인터렉티브하게 사용해보자. 인터넷 브라우저에서 그림 1-13과 같은 화면을 확인할 수 있다. 이때 왼쪽 노란색 박스로 표시한 폴더는 파이썬의 작업 디렉터리(working directory)이며, 사용하는 컴퓨터의 사용자 계정 내 폴더(예를 들어 C:\Users\MyHome)이다. 파이썬을 실행하면 현재 세션에서 생성되는 객체의 정보가 작업 디렉터리에 저장된다.

이제 화면 오른쪽의 New를 클릭하고 Python3을 선택하면 그림 1-14와 같은 화면이 나온다.

▼ 그림 1-13 주피터 노트북 실행 화면

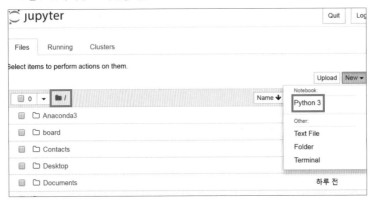

▼ 그림 1-14 주피터 노트북 실행 화면(프롬프트)

12. 다음 그림처럼 print("hello")를 입력하고 Run을 클릭해보자. 다음과 같이 결과가 hello로 나왔다면 아나콘다가 정상적으로 실행되고 있는 것이다. 이제 파이썬을 사용할 준비가 되었다.

▼ 그림 1-15 주피터 노트북 테스트 출력

> Note ≡ 　주피터 노트북 사용법
>
> 셀을 클릭하고 코드를 입력하면 된다. 셀을 실행하려면 Ctrl + Enter 를 눌러야 한다. 특정 셀을 실행할 수도 있으며, 위/아래 화살표로 셀들을 이동할 수 있다.

13. 파이썬에는 다양한 확장 기능이 있는데 이를 모듈이라고 부른다. 이러한 모듈을 설치하는 방법은 다음과 같다. (참고로 모듈의 집합을 패키지라 부른다.)

우선, 설치된 항목 중에 Anaconda Prompt 위에서 마우스 오른쪽 버튼을 클릭하고 **관리자 권한으로 실행**을 클릭한다. 관리자 권한으로 실행하는 이유는 모듈 설치 시 권한 문제로 발생하는 모듈 설치 실패를 방지하기 위함이다.

❤ 그림 1-16 아나콘다 프롬프트

14. Anaconda Prompt 창이 나타나면 다음 명령어를 실행해 모듈을 설치하자.

```
pip install mlxtend
```

❤ 그림 1-17 PIP 활용 모듈 설치

이때 설치되는 mlxtend 모듈은 데이터의 전처리부터 분류, 군집 등의 모델링까지 머신 러닝 기능을 제공한다. 물론, 머신 러닝에는 sklearn 모듈이 가장 유명하지만, mlxtend도 꽤 유용한 기능을 제공하니, 이 책에서는 mlxtend로 모듈 설치를 실습하겠다.

이제 이러한 방식으로 텐서플로(TensorFlow)를 포함하여 많이 사용되는 수백 개의 우수한 성능의
모듈을 무료로 마음껏 설치할 수 있다.

특정한 버전의 모듈이나 패키지를 설치하고 싶다면 모듈 이름 옆에 '==버전'을 표시해야 한다. 예
를 들어 ABC 패키지 2.0 버전을 설치한다면 pip install ABC==2.0을 입력하면 된다.

▼ 그림 1-18 용어 구조

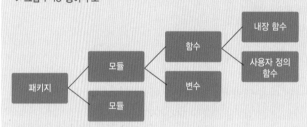

그럼 클래스와 메소드는 무엇일까? 클래스란 데이터를 표현하고 처리하는 함수들이 포함된 객체지향 프로그래밍의
기본 단위이며, 메소드는 클래스에서 정의된 함수들을 의미한다. 사실 우리가 사용하는 함수에는 함수와 메소드가 섞
여 있을 수 있는데, 일단 이 책에서는 객체명 다음에 ( )가 사용되고 입력 값도 받을 수 있는 형태는 편의상 함수로 지
칭하겠다.

Note ☰ 이미 아나콘다를 사용하고 있다면 기존 사용 환경과 충돌이 있을 수도 있다. 그 경우, 아나콘다의 가상 환경 설정을 고려할 수 있다.

1. 윈도 메뉴에서 Anaconda Prompt 위에서 마우스 오른쪽 버튼을 클릭하고 **관리자 권한으로 실행**을 클릭한다.

▼ 그림 1-19 아나콘다 프롬프트

Anaconda Prompt (anaconda3) 앱	⤷ 관리자 권한으로 실행
anaconda-2020.07- JSON 파일 마지막 수정: 2020. 7.	⬚ 파일 위치 열기
	⫟ 시작 화면에 고정
	⫟ 작업 표시줄에 고정
폴더	🗑 제거

2. conda 명령어로 버전과 개발 환경을 확인한다.

```
>>> conda --version  # 버전 확인
>>> conda info -e    # 개발 환경 목록 출력
```

3. 개발 환경을 생성한다.

```
>>> conda create -n 개발 환경 이름
```

예를 들어 test라는 개발 환경을 설정하고자 하면 다음처럼 실행할 수 있다.

```
conda create -n test
```

4. 개발 환경을 활성화하면 이후 실행되는 패키지 설치 등 모든 작업은 해당 개발 환경에만 적용된다. 즉, 다른 개발 환경을 새로 만들고 활성화하면 다른 버전의 패키지를 설치하여 사용할 수 있다.

```
>>> activate  개발 환경 이름
```

예를 들어 개발 환경 test를 활성화하고 싶다면 다음처럼 실행한다.

```
activate test
```

5. 개발 환경을 활성화 후 해당 프롬프트에서 다음처럼 입력하면 주피터 노트북을 사용할 수 있다.

```
>>> jupyter notebook
```

6. 개발 환경을 삭제하면 conda 명령어에 remove 옵션을 사용해야 한다.

```
>>> conda remove -n 개발 환경 이름 - all
```

앞에서 만든 개발 환경 test를 제저하고 싶다면 다음처럼 실행한다.

```
conda remove -n test - all
```

1.2 선형대수, 미분과 적분, 확률, 통계의 필요성

앞에서 데이터 과학을 위한 컴퓨팅 도구인 파이썬을 설치하는 방법에 대해 살펴보았다. 이제는 데이터 과학을 위한 주요 기반인 수학, 그중에서도 선형대수, 미분과 적분, 확률, 통계의 필요성에 대해 살펴보자. 사실 데이터를 다루는 데이터 과학에서는 값이 정량화되어 기록되기 때문에 이러한 정량화된 '값'을 잘 다루는 것이 상당히 중요하다. 그에 따라 수학적 접근과 이해의 중요성이 부각되고 있다.

우리에게 어렵게만 느껴지는 수학은 고대 그리스에서 기원된 것으로 알려졌다. 고대 바빌로니아와 이집트에서도 계산(computation)은 있었지만, '증명' 과정이 없었다. 반면, 피타고라스부터 '증명'을 사용하기 시작하면서 이때부터 수학이 시작된 것으로 볼 수 있다. 다시 말해서, 피타고라스는 정의(definition), 정리(theorem), 증명(proof)을 사용하여 세계가 숫자로 만들어졌음을 주장하였다. 수학에서의 증명은 사고를 체계적으로 정당화하고 다른 사람도 동의할 수 있게 하는 중요한 역할을 한다. 피타고라스 이후 그리스 수학자들은 추론, 논리, 명제를 중심으로 내용을 전개하였다. 이를 바탕으로 플라톤, 에우클리이데스, 아르키메데스 등의 유명한 수학자들이 활약하게 되었다. 그리고 이들이 사용했던 방식은 이후에 근대 수학의 기초가 되었다.

▼ 그림 1-20 정의, 정리, 증명을 사용한 수학자 피타고라스

17세기 뉴턴이 미적분학(calculus)을 발견한 이후 수학의 황금 시대가 되었는데, 이때부터 이론 수학(abstract mathematics)의 시대라고 본다. 그 당시 집합(sets)과 논리(logic)가 중시되었다. 철학자로 유명한 러셀(Russell), 화이트헤드(Whitehead) 등도 이론 수학의 이론적 근거를 제공하였으며, 점차적으로 힐베르트(Hilbert), 괴델(Godel), 브라우어르(Brouwer) 등에 의해 더 발전하였다. 이 과정에서 집합 이론이 특히 발전하였는데 집합 이론은 숫자, 벡터, 함수 등을 표현하면서 정의를 도입하고 서로 간의 관계를 연구하였다. 이 과정에서 정리(theorem), 보조정리(lemma), 따름정리(corollary) 등이 도입되었다. 이론 수학이 발전하면서 수학자들은 자신의 문제를 좀 더 간결하게 표현하고, 해결할 수 있게 되었으며 이는 많은 성과로 이어졌다.

그 후, 수집된 데이터에 대한 수학적 접근이 본격적으로 이뤄지는 통계적 방법이 빠른 속도로 발전하기 시작했다. 결국 데이터 과학은 '숫자'를 다루는 분야이므로, 수학적 접근은 데이터를 바탕으로 문제를 정의하고 논리적으로 해결하는 데 큰 역할을 한다. 다양한 분야가 맞물려 돌아가는 데이터 과학에서 특히 가장 중요한 세 가지는 수학적 접근의 기반이 되는 '수학'과 데이터를 요약하고 파악하게 하는 '통계', 불확실한 현상을 표현할 수 있는 '확률'일 것이다.

▼ 그림 1-21 데이터 과학에서의 수학적 접근

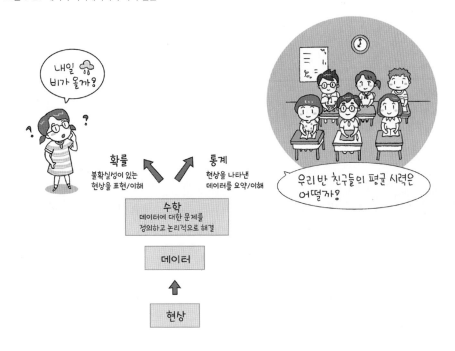

수학, 확률, 통계는 데이터 과학의 여러 컴퓨팅 기법과 머신 러닝, 딥러닝의 바탕이 되며, 데이터를 다루는 학제적인 영역에서 일종의 '공용어'의 역할을 하기도 한다. 다양한 분야를 다루는 만큼 데이터 과학은 여러 분야와 협업이 필수적인데, 이때 수학, 확률, 통계는 이들 간의 의사소통을 가능하게 해주는 역할을 한다.

▼ 그림 1-22 다양한 분야와 협업을 가능케 하는 수학, 확률, 통계

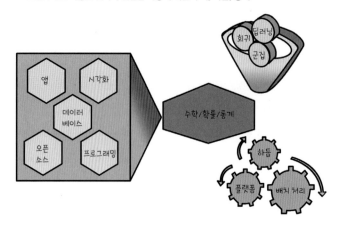

1.3 그리스 문자와 연산 기호

데이터 과학을 시작함에 있어 가장 먼저 접하는 난관은 바로, 재미있게도 그리스 문자를 읽고 이해하는 것이다. 처음 봤을 때는 암호처럼 느껴질지 모르겠지만, 자주 사용되는 문자를 읽고 그 의미를 이해할 수 있다면 데이터 과학의 다음 단계로 나아가는 데 큰 도움이 될 것이다.

다음에 나오는 그리스 문자와 연산 기호를 통해 수식을 잘 이해해보자. 여러 종류의 그리스 문자가 있지만, 그중에서 많이 사용되는 문자 일부에 대해 간략히 살펴보겠다.

그리스 문자

α와 β는 주로 계수(coefficient)나 기울기(slope) 등을 나타내는 데 사용된다. χ는 카이제곱 통계량에서 많이 사용되며, δ는 거리를 나타내는 데 사용되기도 한다. ω는 가중치를 나타낼 때, ρ는 상관관계 통계량을 나타낼 때 사용되며, σ는 표준편차를 나타낼 때 많이 사용된다(대소문자를 구분하는 것에 주의하자).

▼ 표 1-1 그리스 문자

대문자	소문자	이름	대문자	소문자	이름
A	α	alpha(알파)	N	ν	nu(뉴)
B	β	beta(베타)	Ξ	ξ	xi(크시)
Γ	γ	gamma(감마)	O	o	omicron(오미크론)
Δ	δ	delta(델타)	Π	π	pi(파이)
E	ε	epsilon(엡실론)	P	ρ	rho(로)
Z	ζ	zeta(제타)	Σ	σ	sigma(시그마)
H	η	eta(에타)	T	τ	tau(타우)
Θ	θ	theta(세타)	Y	υ	upsilon(입실론)
I	ι	iota(이오타)	Φ	φ	phi(피)
K	κ	kappa(카파)	X	χ	chi(카이)
Λ	λ	lambda(람다)	Ψ	ψ	psi(프사이)
M	μ	mu(뮤)	Ω	ω	omega(오메가)

연산 기호

표 1-2에 자주 사용하는 연산 기호만 선별해 작성하였다. 이중에서 $\le$와 $\ge$는 부등호 연산자이고, $\ne$는 같지 않음을 의미한다. $\cong$는 거의 같음을 나타내는 연산 기호이고, $\propto$는 ~에 비례함을 나타낸다. $\sqrt{\ }$는 근호(square root)라고 하며 제곱했을 때 근호 안의 수가 나오는 값을 찾아준다. $\forall$은 for all이라는 뜻으로 모든 값을 의미하며, E를 거꾸로 쓴 것과 같은 연산자인 $\exists$(Exists)는 어떤 값이 존재한다는 것을 알려준다.

▼ 표 1-2 연산 기호

기호	설명	기호	설명
≤	작거나 같다.	∪	합집합
≥	크거나 같다.	∩	교집합
<	작다.	⊂	부분 집합
>	크다.	Δ	증분
∞	무한대	Σ	합계
≠	같지 않다.	Π	곱
≅	거의 같다.	∝	비례
∀	모든(for all)	∂	편미분
∃	존재한다.	∫	적분
∄	존재하지 않는다.	√	근호
∈	원소를 포함한다.	∴	결괏값

물론 한 번에 모든 그리스 문자와 연산 기호를 다 알 수는 없지만, 아마도 중요한 문자와 기호 몇 개는 익숙해졌을 것이다. 데이터 과학을 접하는 도중에 궁금한 그리스 문자나 연산 기호가 있다면 다시 여기로 돌아와 확인하자.

이제 본격적으로 데이터 과학의 시작점인 '데이터'부터 살펴보겠다.

1.4 데이터와 변수의 이해

이번 절에서는 우리의 주요 관심 대상인 데이터가 과연 무엇이며, 어떻게 이해할 수 있는지를 차근차근 살펴보겠다. 데이터는 어떠한 값의 모음이라고 볼 수 있다. 이때 값이 어떻게 모여 있는지에 따라 크게 정형 데이터, 반정형 데이터, 비정형 데이터로 나눌 수 있다. 데이터 과학에서는 이 중에서 정형 데이터를 많이 사용하며, 반정형 데이터나 비정형 데이터를 다룬다 하더라도 결국은 정형화하여 분석한다. 여기서 말하는 정형 데이터는 행과 열이 있는 형태로 값을 모아 놓은 데이터를 의미하는데, 다음 설명으로 이해해보자.

❤ 그림 1-23 이동 통신사를 이용하는 고객 10명

특정 이동 통신사를 이용하는 고객이 10명 있다고 하자. 이 고객들을 자세히 알기 위해 1:1로 만나서 이야기 나누는 방법을 고려했다. 그렇지만 이 방법은 만나야 할 고객이 많아지면 사용하기가 쉽지 않다. 그다음으로 고려할 수 있는 방법은 고객에게 알고 싶은 몇 가지 값을 미리 정한 후 그 기준에 대한 값을 측정하고 기록하는 것이다. 첫 번째 방법보다 고객을 깊이 이해하기는 분명 어려울 수 있지만, 다수에 대해서 측정한 값을 이해하기에는 훨씬 효율적일 것이다.

예컨대 고객 10명의 이름, 성별, 나이, 거주지, 직업, 요금, 데이터 사용량, 휴대폰기기 선호도를 알고 싶다고 하자. 이때 알고 싶은 값 8개를 10명에게 얻으면 값은 모두 80개가 될 것이다. 값 80개 중에서 수치형(numerical) 값도 있을 것이고, 그렇지 않은 값도 있을 것이다. 이 80개의 값을 효과적으로 나타내는 방법은 무엇일까?

우선, 같은 기준으로 측정한 값을 한 줄로 표현하면 자료를 이해하기가 훨씬 수월할 것이다. 또한, 같은 사람에게 측정한 값 역시 같은 줄에 표현하는 것이 더 효과적이다. 이제 이러한 점을 고려하여 같은 사람에게 측정한 값은 한 행에, 같은 기준으로 측정한 값을 한 열로 하여 값 80개를 표현해보자(물론, 같은 사람에게 측정한 값을 한 열에 표현하고 싶은 경우도 있지만, 그렇게 일반적이지는 않다). 아마도 정리된 결과는 다음과 같은 형태일 것이다.

❤ 표 1-3 이동 통신사 고객 데이터를 행과 열로 표현한 결과

이름	성별	나이	거주지	직업	요금	데이터 사용량	휴대폰 선호도
AAA	F	20	서울	회사원	55,000	3GB	LG
BBB	F	19	인천	자영업	45,000	9GB	삼성
CCC	M	25	김포	회사원	35,000	1GB	샤오미
DDD	F	42	대전	회사원	75,000	4GB	LG
EEE	F	27	서울	자영업	65,000	2GB	소니

이름	성별	나이	거주지	직업	요금	데이터 사용량	휴대폰 선호도
FFF	M	20	서울	회사원	55,000	3GB	LG
GGG	M	43	서울	자영업	45,000	9GB	삼성
HHH	M	25	대전	회사원	95,000	11GB	샤오미
III	F	42	김포	회사원	45,000	3GB	LG
JJJ	F	27	인천	자영업	45,000	4GB	소니

값을 이렇게 행과 열로 잘 구분하여 배치한 형태의 데이터를 정형(structured) 데이터라 부른다. 이 정형 데이터에서 중요한 몇 가지를 더 살펴보자.

▼ 표 1-4 정형 데이터의 열

이름	성별	나이	거주지	직업	요금	데이터 사용량	휴대폰 선호도
AAA	F	20	서울	회사원	55,000	3GB	LG
BBB	F	19	인천	자영업	45,000	9GB	삼성
CCC	M	25	김포	회사원	35,000	1GB	샤오미
DDD	F	42	대전	회사원	75,000	4GB	LG
EEE	F	27	서울	자영업	65,000	2GB	소니
FFF	M	20	서울	회사원	55,000	3GB	LG
GGG	M	43	서울	자영업	45,000	9GB	삼성
HHH	M	25	대전	회사원	95,000	11GB	샤오미
III	F	42	김포	회사원	45,000	3GB	LG
JJJ	F	27	인천	자영업	45,000	4GB	소니

우선, 각 열은 같은 성격의 값을 나타낸다. 즉, 성별 열은 성별만, 요금 열은 사용 요금만 나타나게 되는데, 성별이나 요금은 사람에 따라 다르므로 고정되어 있는 값은 아니다. 이제부터 이런 각 열을 **변수**라 부르자. 표 1-4에서 노란 박스로 표시된 요금 열(변수)을 살펴보자. 이 열에는 모두 수치 값인 요금만 들어가는데, 이 값을 양적 자료(quantitative data) 또는 계측 자료(metric data)라고 한다. 이러한 수치 값은 사칙 연산이 가능하다는 특징이 있으며 그렇기에 합계, 평균, 최댓값, 최솟값, 분산 등으로 데이터를 요약하고 정리할 수 있다. 표 1-4에서 요금, 데이터 사용량, 나이가 바로 양적 자료에 해당된다.

반면에 회색 박스로 표시된 성별 열을 살펴보면 값들이 수치 값이 아니라는 것을 알 수 있다. 성별 값으로 남자나 여자를 갖게 되며, M과 F로 표현하였다. 양적으로 측정되지 않는 이 값들은 질적 자료(qualitative data) 또는 비계측 자료(nonmetric data)라고 부른다. 이러한 질적 자료를 범주형 자료(categorical data)라고도 부르는데, 표 1-4에서 거주지나 성별이 여기에 해당된다. 범주형 자료에는 순서가 있을 수도, 없을 수도 있다. 거주지나 성별의 경우에는 그 값의 순서가 없는 반면, 예를 들어 수/우/미/양/가라는 값이 사용되면 이는 질적 자료임과 동시에 순서가 있는 값이 된다. 이처럼 순서가 있는 범주형 자료는 순서 자료(ordinal data)라 하고, 순서가 없는 범주형 자료를 명목 자료(nominal data)라고 한다. 단, 순서 자료라고 해도 사칙 연산을 할 수는 없는 점을 유의해야 한다.

즉, 정형 데이터는 여러 사람으로부터 여러 변수 값을 측정해 모아놓은 것이다. 이때 다음 표 1-5에서 노란 박스로 표시한 부분은 각 사람에 대한 값으로, 정형 데이터의 행을 관측치 또는 관측된 개체(observation, case, individual, object)라고 부른다. 또한, 회색 박스로 표시한 부분은 같은 기준으로 측정한 열을 개체의 속성으로 이해할 수 있는데, 앞서 살펴본 바와 같이 변수로 부르기도 한다. 변수(variable, attribute, feature, item)는 상황에 다른 이름을 가질 수 있고 의미도 조금씩 다르겠지만, 자료 형태로 봤을 때는 주로 열에 해당한다. 그리고 앞서 살펴본 바와 같이 변수에는 그 값에 따라 양적 변수와 질적 변수(명목 및 순서 변수) 등이 있다.

이때 우리가 주의 깊게 살펴봐야 하는 변수를 **종속 변수**(dependent variable, response variable, target variable)라고 하며, 통칭해서 **Y 변수**라고 부른다. 이 변수는 다른 변수에 의해 영향을 받는 변수인데 분석에 있어 우리가 알고 싶은 값을 나타낸다. 그리고 이러한 Y 변수에 영향을 주는 변수를 **독립 변수, 설명 변수**(Independent variable, explanatory variable, input variable)라고 하며, 통칭해서 **X 변수**로 부른다. 이 변수는 종속 변수에 영향을 주는 변수를 의미한다.

▼ 표 1-5 정형 데이터의 행과 열

이름	성별	나이	거주지	직업	요금	데이터 사용량	휴대폰 선호도
AAA	F	20	서울	회사원	55,000	3GB	LG
BBB	F	19	인천	자영업	45,000	9GB	삼성
CCC	M	25	김포	회사원	35,000	1GB	샤오미
DDD	F	42	대전	회사원	75,000	4GB	LG
EEE	F	27	서울	자영업	65,000	2GB	소니
FFF	M	20	서울	회사원	55,000	3GB	LG
GGG	M	43	서울	자영업	45,000	9GB	삼성
HHH	M	25	대전	회사원	95,000	11GB	샤오미
III	F	42	김포	회사원	45,000	3GB	LG
JJJ	F	27	인천	자영업	45,000	4GB	소니

1.4.1 텍스트 마이닝으로 살펴본 비정형 데이터의 분석

앞서 살펴본 바와 같이 정형 데이터는 분석에서 많이 사용되는 행과 열로 표현된 데이터 형태이다. 그렇지만 최근에는 비정형 데이터에 대한 관심이 크게 증가하고 있으며, 비정형 데이터를 활용하는 수요도 많아지고 있다. 그렇다면 왜 비정형 데이터의 중요성이 점차 커지는 것일까?

사실 전세계적으로 데이터 대부분이 비정형(unstructured formats)으로 되어 있다. 최근, 그중에서도 텍스트 데이터에 대한 활용이 많이 이루어지고 있다. 이러한 텍스트로 주어지는 비정형 데이터는 디지털화된 데이터임을 전제로 하는데, 예를 들어 웹 사이트의 콘텐츠, PDF 문서, 그외 전자 파일 형태로 저장된 텍스트 데이터이다. 이러한 비정형 텍스트 데이터를 분석하는 것을 **텍스트 마이닝**이라고 한다. 텍스트 마이닝의 가장 중요한 과정 중 하나는 바로 비정형 텍스트 데이터를 정형화하는 것이다.

예를 들어 비정형 데이터에서 텍스트로 표현되는 신문 기사에 대해 살펴보자. 그림 1-24는 온라인 상에서 보이는 신문 기사 4개의 일부다.

▼ 그림 1-24 비정형 데이터의 예

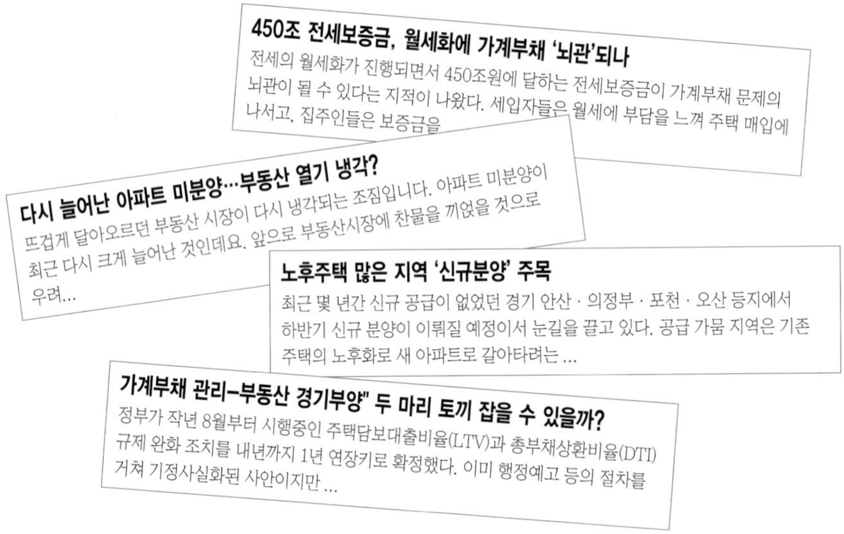

450조 전세보증금, 월세화에 가계부채 '뇌관' 되나
전세의 월세화가 진행되면서 450조원에 달하는 전세보증금이 가계부채 문제의
뇌관이 될 수 있다는 지적이 나왔다. 세입자들은 월세에 부담을 느껴 주택 매입에
나서고, 집주인들은 보증금을

다시 늘어난 아파트 미분양...부동산 열기 냉각?
뜨겁게 달아오르던 부동산 시장이 다시 냉각되는 조짐입니다. 아파트 미분양이
최근 다시 크게 늘어난 것인데요. 앞으로 부동산시장에 찬물을 끼얹을 것으로
우려...

노후주택 많은 지역 '신규분양' 주목
최근 몇 년간 신규 공급이 없었던 경기 안산 · 의정부 · 포천 · 오산 등지에서
하반기 신규 분양이 이뤄질 예정이어서 눈길을 끌고 있다. 공급 가뭄 지역은 기존
주택의 노후화로 새 아파트로 갈아타려는 ...

가계부채 관리–부동산 경기부양" 두 마리 토끼 잡을 수 있을까?
정부가 작년 8월부터 시행중인 주택담보대출비율(LTV)과 총부채상환비율(DTI)
규제 완화 조치를 내년까지 1년 연장키로 확정했다. 이미 행정예고 등의 절차를
거쳐 기정사실화된 사안이지만 ...

신문 기사 4개에는 텍스트 데이터가 4개 있는데, 이 상태로는 정형 데이터에 맞게 고안된 머신 러닝을 적용하기가 쉽지 않다. 즉, 분석을 하려면 우리는 텍스트로 표현된 비정형 데이터를 정형화하는 과정을 거쳐야 한다.

비정형 텍스트 데이터를 처리하는 방법은 다양하지만 여기서는 단어 중심으로 정형화하는 방법을 소개하고자 한다. 각 신문 기사(문헌 단위)에서 의미를 담은 값이 바로 단어(Term)일 것이다. 그렇다면 각 신문 기사에서 중요한 의미를 나타내는 단어가 나타났는지, 나타났다면 얼마나 나타났는지를 정리할 수 있다. 이 과정을 통해 우리는 좀 더 효율적으로 비정형 데이터인 텍스트를 이해할 수 있다. 그 과정을 정형화의 관점에서 접근한다면 행과 열이 있는 표가 될 것이며, 행에는 각 신문 기사가, 열에는 각 신문 기사에서 출현한 중요한 단어들이 놓일 것이다. 이렇게 정형화된 텍스트 데이터를 문헌용어행렬(Document Term Matrix, DTM)[3]이라고 부른다. 문헌용어행렬은 텍스트 마이닝에서 가장 일반적인 형태의 자료 표현이다. 다음 표 1-6은 신문 기사 4개를 정형화한 문헌용어행렬의 일부다.

▼ 표 1-6 문헌용어행렬의 예

	전세보증금	월세화	가계 부채	미분양	경기 부양	...
기사 1	2	2	1	0	0	
기사 2	0	0	0	1	0	
기사 3	0	0	0	0	0	
기사 4	0	0	1	0	1	

이러한 DTM은 몇 가지 중요한 특징이 있는데, 우선 크기가 매우 클 수 있다. 아무리 문헌(document)의 수가 적다 하더라도 단어가 다양하게 사용될 수 있어서 열의 수 또한 늘어나기가 쉽다. 그러다 보니 행렬 값은 0을 많이 갖게 되며, 이렇게 0이 아닌 값이 희박한 행렬을 희소행렬(sparse matrix)이라고 한다. 희소행렬은 DTM 계산 과정에서 컴퓨팅 리소스와 시간을 많이 소요하게 되고, 효율적으로 처리하기 위해 내부적으로는 좌표 형태로 값을 저장하게 된다.

또한, DTM의 값은 각 단어의 출현 빈도를 사용하거나 가중치가 적용된 출현 빈도를 사용한다. 또는 출현 여부로 1과 0으로만 표시할 수도 있다. 이 부분에 대해서는 이후에 좀 더 구체적으로 살펴보겠다.

이제 비정형 텍스트 데이터를 정형화하는 텍스트 마이닝의 절차를 하나씩 살펴보자. 일반적으로 다음과 같은 단계를 거치게 된다.

- **1단계:** 텍스트 마이닝 대상이 되는 코퍼스(corpus)를 준비
- **2단계:** 코퍼스에 대해 숫자나 문장 부호 등을 제거(영문인 경우 모두 소문자로 변환)

---

3 문서용어행렬이라고도 한다.

- **3단계:** 불용어(stop words) 제거
- **4단계:** 어간 추출(stemming)
- **5단계:** DTM 생성

1단계: 텍스트 마이닝 대상이 되는 코퍼스를 준비하기

이 단계에서는 분석 대상인 비정형 텍스트 데이터들을 준비해야 한다. 텍스트 마이닝은 다수의 텍스트 데이터, 즉 문헌을 분석하는 데 그 문헌들의 집합을 코퍼스(corpus)라 부른다. 그 형태는 한 파일로 제공될 수 있고, 문헌별로 파일이 별도로 제공되거나 웹 페이지에 존재할 수도 있다. 경우에 따라 적절한 방법을 사용하여 해당 문헌을 수집하고 정리해야 하는데, 중요한 것은 각 문헌이 분리되어 식별이 가능해야 한다는 것이다.

2단계: 코퍼스에 대해 숫자나 문장 부호 등을 제거하기

코퍼스에서 숫자나 문장 부호 등을 제거한다. 숫자나 문장 부호가 나타내는 문장의 뉘앙스가 있겠지만, 텍스트 마이닝은 다량의 문헌에서 대략적인 의미를 파악하는 것을 목표로 하므로 해석하는 경우의 수를 단순화하고자 숫자나 문장 부호를 제거하는 것이 좋다. 영어의 경우에는 모두 소문자로 변환한다.

3단계: 불용어 제거하기

텍스트 마이닝과 정보 검색에서는 큰 의미가 없으면서 가장 빈번하게 사용되는 단어가 있다. 영어에서는 the, of, and, to 등이 있고, 한글에서는 조사나 접속사 등이 이에 해당하는데, 이를 불용어(stop words)라 한다. 이러한 불용어는 영어 기준으로 대략 400~500개 단어 정도 있다. 분야나 상황에 따라 다를 수 있지만, 일반적으로 영어 텍스트에서 불용어는 전체 단어의 20~30%를 차지하며, 한글에도 생각보다 많은 단어가 해당된다. 이러한 불용어를 제거하면 텍스트 마이닝의 결과인 DTM에서 열의 수가 줄어드는 효과가 있다. 따라서 이 과정을 거치면 처리하고 분석할 데이터의 크기가 줄어든다.

4단계: 어간 추출하기

어간 추출(stemming)은 단어의 어간(root 또는 stem)을 찾는 기법이다. 즉, 같은 의미인데 문장에서 여러 형태로 사용되는 단어의 경우에 어간을 찾아서 한 단어로 치환하는 역할을 한다. 예를 들어 user, users, used, using이라는 단어에는 모두 use라는 의미가 있다. 물론 단어별로 미묘한

뉘앙스나 용법의 차이가 있지만, 우리는 다량의 문헌에서 대략적 의미를 파악해야 하므로 어간을 추출한다.

예를 들어 engineering, engineered 등의 단어는 engineer로 치환할 수 있다. 이러한 어간 추출로 불용어 제거와 같이 DTM에서 열의 수를 줄일 수 있다. 이렇게 처리하고 분석할 데이터의 크기를 줄이면 궁극적으로는 정보 검색과 텍스트 마이닝의 성능을 향상시킬 수 있다.

이 과정을 거치면 보통 영어 텍스트에서는 40~50% 정도 데이터의 크기가 줄어든다. 단, 어간 추출을 통해서 단어의 형태가 어간만을 나타낼 경우 이를 다시 표제어로 바꿔주는 과정을 거칠 수 있으며, 이를 표제어 추출(lemmatization)이라 부른다.

5단계: DTM 생성하기

이제 이렇게 정리된 코퍼스를 대상으로 문헌별 각 용어가 얼마나 나왔는지를 알려주는 DTM을 생성한다. 이 행렬을 생성하려면 지금까지 정리된 코퍼스에서 나타난 모든 단어를 행렬의 열로 배치하고, 코퍼스의 모든 문헌을 행으로 배치한 후 각 해당되는 값을 채우면 된다. 이때 다양한 경우로 값을 채울 수 있다. 각 문헌에서 각 용어가 나타난 빈도(Term Frequency, TF)이거나 용어 빈도에 가중치를 적용한 값(Term Frequency-Inverse Document Frequency, TF-IDF)이거나 또는 출현 여부로 0과 1로 나타낸 값 등이다.

표 1-7은 문헌 10개를 TF 기준으로 나타낸 것이다.

▼ 표 1-7 문헌용어행렬(TF 기준)

	회귀	분류	군집	탐색	절차	오픈 소스
문헌 1	24	21	9	0	0	3
문헌 2	32	10	5	0	3	0
문헌 3	12	16	5	0	0	0
문헌 4	6	7	2	0	0	0
문헌 5	43	31	20	0	3	0
문헌 6	2	0	0	18	7	6
문헌 7	0	0	1	32	12	0
문헌 8	3	0	0	22	4	4
문헌 9	1	0	0	34	27	25
문헌 10	6	0	0	17	4	23

이때 TF의 경우, 값이 모든 문헌에서 크면 좋다고 볼 수 있지만 사실 특정 문헌을 식별하는 능력은 없다고 볼 수도 있다. 우리가 정보라고 부르는 것은 변동이 있을 때 발생한다. 텍스트 마이닝의 대상이 되는 단어 역시 모든 문헌에서 똑같이 발생한다면 코퍼스 내의 문헌별로 차이가 없어서 오히려 중요도가 떨어진다. 따라서 TF 값 중에서 모든 문헌에서 나타난 경우에는 가중치를 통해 덜 중요하게 만들 수 있다. 이때 적용되는 가중치를 역문헌 빈도, 그리고 그 결과를 빈도-역문헌 빈도(TF-IDF)라 부른다.

표 1-8은 TF-IDF 기준으로 표현한 결과다. TF 기준으로 하는 표 1-7에서 '회귀' 단어는 문헌 10개 중 9개에서 0보다 큰 값을 갖고 특히 4개에서는 꽤 높은 값을 가졌지만, TF-IDF 기준으로는 그 값이 전체적으로 작게 조정된 것을 볼 수 있다. 반면에 '분류'는 원래 '회귀'보다 TF 값이 작았으나 TF-IDF로 조정된 값은 더 커진 것을 볼 수 있다.

▼ 표 1-8 문헌용어행렬(TF-IDF 기준)

	회귀	분류	군집	탐색	절차	오픈 소스
문헌 1	2.53	14.6	4.6	0	0	2.1
문헌 2	3.3	6.7	2.6	0	1.0	0
문헌 3	1.3	11.1	2.6	0	0	0
문헌 4	0.7	4.9	1.0	0	0	0
문헌 5	4.5	21.5	10.2	0	1.0	0
문헌 6	0.2	0	0	12.5	2.5	11.1
문헌 7	0	0	0.5	22.2	4.3	0
문헌 8	0.3	0	0	15.2	1.4	1.4
문헌 9	0.1	0	0	23.56	9.6	17.3
문헌 10	0.6	0	0	11.8	1.4	16.0

이처럼 대표적인 비정형 데이터인 텍스트를 분석할 때는 결국 행과 열을 갖는 정형 데이터로 만드는 과정이 필수이다. 그리고 '정형화'된 데이터를 나타내는 방법도 같이 살펴보았다. 이제는 이러한 데이터를 파이썬으로 어떻게 나타낼 수 있는지 알아보자.

1.5 파이썬의 자료 구조

지금까지 데이터 과학의 시작인 데이터를 살펴보았다. 데이터를 잘 활용하고 분석하려면 데이터 과학의 도구인 파이썬이 자료를 어떻게 표현하고 다루는지를 먼저 이해해야 한다. 그래서 이 절에서는 파이썬의 자료 구조와 처리에 초점을 맞춰보고자 한다.

그렇다면 자료 구조란 무엇일까? 자료 구조란 우리가 다루려는 값을 일정한 틀 안에 넣고 배열한 것을 의미하며, 좀 더 구체적으로는 데이터를 일정한 기준에 따라 모아 놓고 배치한 것을 뜻한다. 이러한 자료 구조는 파이썬 내부에서 지원하는 형태와 별도로 설치한 모듈이 지원하는 형태가 있다.

1.5.1 파이썬 기본 빌트인 구조

우선 파이썬이 기본적으로 지원하는 빌트인(built-in) 구조에 대해 살펴보자. 시퀀스(sequence) 형태의 자료 구조는 요소의 위치 값인 인덱스(index)를 통해 접근할 수 있다. 또한, 특정 범위 값을 선택하는 슬라이싱(slicing), 아이템 추가(adding), 아이템 유무 확인(membership) 등의 연산을 주로 한다. 이러한 시퀀스 형태의 대표적인 자료 구조로는 리스트, 튜플 등이 있다. 또한, 값의 순서를 고려하지 않는 자료 구조인 세트도 있다. 추후에 numpy 모듈이나 pandas 모듈을 사용하는 경우, 배열(array)과 시리즈(series)도 사용할 수 있지만, 우선은 빌트인 자료 구조인 리스트, 튜플, 세트를 살펴보도록 하자.

리스트

리스트(list)는 수치형 값 또는 문자열 등 여러 값을 한 줄로 모은 것이다. 이때 인덱싱(indexing)은 시퀀스 내의 요소(element)에 인덱스로 접근(access)하는 것이고, 슬라이싱은 일정 범위 내의 요소를 접근하는 것을 의미한다. 리스트는 같은 형(type)의 값 여러 개를 한 객체로 모은 것이며, 관련 함수로는 len, max, min 등이 있다. object.method(arguments) 방식으로 사용할 수 있는데, 다음의 예를 살펴보자.

```
>>> lst = [1, 2, 3, 4]
>>> lst.append(5)     # 5를 추가
>>> lst.count(5)      # 5의 개수를 출력
1
```

```
>>> lst.insert(0, 7)      # 맨 앞에 7를 추가
>>> lst.pop()             # 끝의 값 1개 반환하고 삭제
5
>>> lst.reverse()         # 리스트 안에 있는 값을 거꾸로 변환
>>> print(lst)
[4, 3, 2, 1, 7]

>>> lst.remove(4)         # 4를 제거
>>> print(lst)
[3, 2, 1, 7]

>>> lst.sort()            # 정렬
>>> print(lst)
[1, 2, 3, 7]
```

튜플

튜플(tuple) 역시 시퀀스 형태의 자료 구조로, 순서가 있다는 점에서 리스트와 유사하며 인덱스는 0에서 시작한다. (, ,)로 표현하는데, 변경 불가능한(immutable) 시퀀스이므로 일단 생성하면 값을 변경할 수 없는 것이 리스트와의 가장 큰 차이이다. 값을 변경할 수 없으니 sort, append, reverse 등의 메서드(method) 또한 사용할 수 없다.

```
>>> x = (3, 2, 1)
>>> x[1] = 5    # 에러 발생
---------------------------------------------------------------------
TypeError                           Traceback (most recent call last)
<ipython-input-18-0586ef3e8b02> in <module>
----> 1 x[1]=5

TypeError: 'tuple' object does not support item assignment
```

튜플은 한 번 값을 생성하면 변경할 수 없어 메모리 사용이나 속도 등에서 리스트보다 효율적으로 사용되는 자료 구조다. 특히 임시 변수를 생성할 때 유리하다. 다음에 살펴볼 딕셔너리 자료 구조에서 키(key)와 값(value)을 반환할 때 튜플 구조를 사용한다. map 함수에서도 키(리스트는 키가 될 수 없음)로 사용되고, 일부 내장 함수에서의 반환값 형식으로 활용되기도 한다.

또한, 튜플끼리 크기를 비교하거나 튜플 안의 각 값을 비교할 때 첫 번째 비교 값이 같으면 다음 값을 비교하는 로직을 따른다.

```
>>> (0, 1, 3) < (7, 1, 3)        # 두 튜플의 첫 번째 값인 0과 7을 비교
True
>>> (1, 2, 20000) < (1, 3, 4)    # 두 튜플의 첫 번째 값이 같으므로 두 번째 값인 2와 3을 비교
True
>>> ('JJJ', 'Salad' ) < ('JJJ', 'Sam')    # 두 번째 값인 Salad와 Sam을 비교하는데 세 번째
                                            글자부터 달라서 l과 m을 비교, l이 m보다
                                            먼저 나와서 True
True
>>> ('John', 'Salad') > ('April', 'Sat')  # 첫 번째 값인 John과 April을 비교
True
```

세트

세트(set)는 리스트와 같이 값의 모임이지만, 값의 순서가 없다는 차이가 있다. 세트를 생성할 때는 { }(중괄호)를 사용한다. 예를 들어 a = {1, 2, 3} 또는 b = {3, 4, 5}와 같이 생성한다. 집합으로 이해해도 좋으며 합집합, 차집합, 교집합 등 집합과 관련된 연산을 지원한다.

```
>>> a = {1, 2, 3}       # 1, 2, 3 값을 갖는 세트 a 생성
>>> b = {3, 4, 5}       # 3, 4, 5 값을 갖는 세트 b 생성

>>> a.union(b)          # a와 b의 합집합
{1, 2, 3, 4, 5}
>>> a.intersection(b)   # a와 b의 교집합
{3}
>>> a - b       # a에서 b를 뺀 차집합
{1, 2}
>>> a | b       # a와 b의 합집합
{1, 2, 3, 4, 5}
>>> a & b       # a와 b의 교집합
{3}
```

리스트, 튜플, 세트의 관계

앞에서 배운 리스트, 튜플, 세트의 관계를 알아보자. 각 자료 구조는 서로 변환될 수 있다. 물론 순서가 있는 자료 구조가 순서가 없는 자료 구조로 되는 경우에는 순서에 대한 정보는 잃어버리게 된다. 다음의 코드에서 세트에서 리스트로, 리스트에서 튜플로, 마지막으로 튜플에서 세트로 변환하는 과정을 살펴보자.

```
>>> a = set((1, 2, 3))
>>> type(a)
set
>>> b = list(a)
>>> type(b)
list
>>> c = tuple(b)
>>> type(c)
tuple
>>> d = set(c)
>>> type(d)
set
```

리스트, 튜플과 세트의 차이는 바로 값의 순서 유무이다. 리스트, 튜플과 같은 시퀀스 형태의 자료 구조에서 인덱스는 다음 그림 1-25처럼 각 값 위에 붙은 값은 값의 위치 순서를 의미한다. 첫 번째 값이 0부터 시작하는 것에 주의할 필요가 있다. 예를 들어 첫 번째 값은 0 순서에 해당하는 값을 의미하며 이렇게 값을 선택하는 것을 인덱싱(indexing)이라고 한다. 자료 구조 뒤에 [ ]를 통해 사용한다.

예를 들어 인덱스 2를 보자. 인덱스 2의 위치는 두 번째 값 다음에 나오고 세 번째 값 시작을 알려준다(그림 1-25에서 값 21과 32의 사이). 인덱스 4 역시 마찬가지이며, 네 번째 값 다음이며, 다섯 번째 값 시작을 알려준다(그림 1-25에서 값 48과 56 사이). 만약 첫 번째부터 네 번째까지의 값이 필요하다면 인덱스는 0부터 4까지가 되는데, 그 이유는 0부터 4 사이에 필요로 하는 값이 네 개가 있기 때문이다. 이렇게 범위를 지정해 값을 선택하는 것은 슬라이싱(slicing)이라고 하며 :(콜론) 연산자를 사용한다. 방금 살펴본 값 네 개는 0:4로 지정할 수 있다.

▼ 그림 1-25 리스트의 슬라이싱

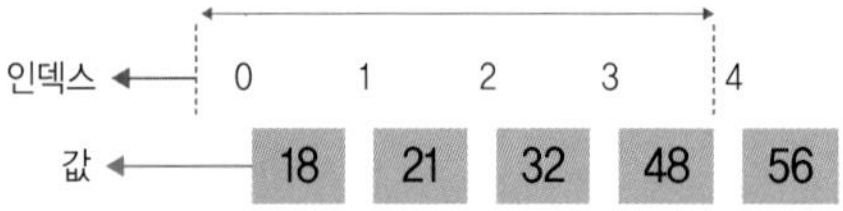

인덱스 ◀--- 0   1   2   3   4

값 ◀--- | 18 | 21 | 32 | 48 | 56 |

```
>>> lst = [18, 21, 32, 48, 56, 64]
>>> lst[0:4]     # 첫 번째~네 번째 값만 가져오기
[18, 21, 32, 48]
```

딕셔너리

딕셔너리(dictionary)는 값마다 이름이 있는 값의 모음(A 'bag' of values, each with its own label)이다. 꽤 유용한 자료 구조인데 키(key)-값(value) 구조를 가진다. 딕셔너리 안의 모든 값은 키라는 이름을 갖는다. { }를 이용하여 생성하며, 값은 키:값 쌍으로 표현하며 ,(콤마)로 나열한다.

```
>>> bag = dict()          # 딕셔너리 생성
>>> bag['money'] = 12     # money라는 키 값에 12를 할당
>>> bag['cake'] = 3       # cake라는 키 값에 3을 할당
>>> bag['paper'] = 75     # paper라는 키 값에 75를 할당

>>> print(bag)
{'money': 12, 'cake': 3, 'paper': 75}
>>> print(bag['cake'])
3
>>> bag['cake'] = bag['cake'] + 2
>>> print(bag)
{'money': 12, 'cake': 5, 'paper': 75}
```

리스트에서는 인덱스에 따라 접근할 수 있었지만, 딕셔너리에는 인덱스가 없다. 대신 특정 이름의 키 값을 통해서 값을 찾을 수 있다. 또한, 딕셔너리에서는 수정하려는 값의 키를 통해 값을 수정할 수 있다.

```
# 리스트
>>> lst = list()          # 리스트 생성
>>> lst.append(11)        # 11을 추가
>>> lst.append(133)       # 133도 추가
>>> print(lst)
[11, 133]
>>> lst[0] = 13           # 첫 번째 값 11을 13으로 수정
>>> print(lst)
[13, 133]

# 딕셔너리
>>> dic1 = dict()         # 딕셔너리 생성
>>> dic1['age'] = 21      # age 키 값에 21을 할당
>>> dic1['class'] = 182   # class 키 값에 182를 할당
>>> print(dic1)
{'age': 21, 'class': 182}
>>> dic1['age'] = 23      # age값 21을 23으로 수정
>>> print(dic1)
{'age': 23, 'class': 182}
```

반복문이란 프로그램 내에서 똑같은 명령을 일정 횟수만큼 반복하여 수행하도록 제어하는 명령문으로, 리스트 같은 시퀀스 자료 구조에서 많이 사용된다. 그중에서도 for 문을 많이 사용한다. for를 사용하면 여러 개의 값에 각 한 번씩 동일하게 적용되는 반복 작업을 쉽게 해결할 수 있다. 사용하는 방법은 다음과 같다.

```
for 임시 변수 in 시퀀스 자료 구조:
        실행 코드
```

이때 for, in, :(콜론)은 모두 반드시 사용해야 한다. 여기서 반복하는 작업은 실행 코드 부분에 표현하고, 그 실행 코드는 자동으로 들여쓰기가 적용된다. 또한, 반복 작업할 때 시퀀스 자료 구조의 여러 값을 번갈아 가며 표현할 임시 변수도 지정해야 한다. 다음처럼 간단한 예를 살펴보자. 1~4까지 네 값을 갖는 리스트 값을 i가 하나씩 받고, 실행 코드 부분이 반복적으로 실행된다.

```
for i in [1, 2, 3, 4]:
        print(i)
```

리스트에서 for 문은 참 유용하게 사용되는데, 다음처럼 리스트를 정의하면서 바로 반복문을 사용할 수 있다. 표현식은 다음과 같다.

```
리스트 이름 = [표현식 for 항목 in 반복 가능 객체 if 조건]
```

예를 들어 [1, 2, 3, 4] 리스트의 각 값에 3을 곱한 결과를 리스트로 만든다고 할 때 다음과 같이 사용할 수 있다.

```
result = [num * 3 for num in [1, 2, 3, 4]
```

반복 작업에 조건을 넣고 싶은 경우에는 다음처럼 맨 마지막 부분에 if로 시작되는 부분을 추가한다. 여기서는 1, 2, 3, 4 중에서 짝수인 경우만 반복하도록 조건(2로 나눠 나머지가 0인 수는 짝수)을 추가하였다.

```
result = [num * 3 for num in a if num % 2 == 0]
```

1.5.2 넘파이, 판다스 기반의 자료 구조

빌트인 자료 구조 외에도 다른 자료 구조를 사용할 수 있다. 이 경우에는 파이썬 모듈을 활용해야 한다. 모듈이란 파이썬에서 확장 기능을 담은 파일을 의미하며, 대표적으로는 넘파이(NumPy), 사이파이(SciPy), 사이킷런(Scikit-learn), 스탯모델스(statmodels), 머신러닝익스텐션(mlxtend) 등이 있다. 그중에서도 넘파이에서는 배열(ndarray)이라는 확장된 자료 구조를 제공하는데, 이는 매트랩(MATLAB) 또는 R과 같이 자료를 다루는 기능도 제공하여 활용도가 높다. 그림 1-26처럼 동일한 종류의 값을 갖는 다차원 배열 형태로, N 차원 사각형 형태의 자료로 볼 수 있다.

▼ 그림 1-26 차원에 따른 배열 구성

▼ 그림 1-26 차원에 따른 배열 구성

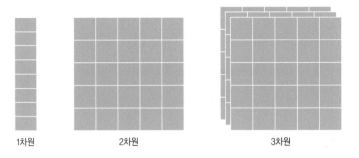

1차원   2차원   3차원

또한, 판다스(pandas)에서는 시리즈(1D), 데이터프레임(2D), 패널(3D) 등의 자료 구조를 제공한다. 특히 우리가 자료를 다루다 보면 값이 있어야 할 곳에 없는 경우가 종종 발생하는데, 이렇게 값이 누락된 이유에는 여러 가지가 있다. 값을 표현해야 하는 자료 구조 입장에서는 여간 골치 아픈 일이 아닐 수 없다. 이렇게 누락된 값을 결측 값(Not Available, NA)이라고 하는데, 판다스 자료 구조는 바로 결측 값이 많이 나오는 통계 자료를 다룰 수 있게 설계되었다. 인덱스도 구현되었고 동시에 값에 대한 라벨 인덱싱(label-indexing)도 구현되어 있다. 데이터를 세분화하여 묶어주는 그룹바이(group by)를 적용할 수 있으며, 시간에 따른 값의 변화를 나타내는 시계열(time series) 자료를 처리할 때도 유용하다.

시리즈

시리즈(series)를 먼저 살펴보면 1차원 자료 구조로 넘파이의 ndarray와 비슷하다. 실제로 넘파이의 ndarray의 하위 클래스로 기능이 추가되어 구현된 것이 시리즈이다. 그림 1-27처럼 우리가 표현하려는 값은 5, 6, 1, 22, 10.1, -5, 0.5, 8이며, 이 값들은 순서 값도 가질 뿐더러, 각 값에 인덱스가 이름처럼 붙어있다. 6이라는 값의 인덱스는 B이고, 10.1이라는 값의 인덱스는 E가 되는 셈이다.

▼ 그림 1-27 시리즈 구조

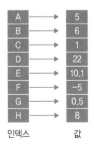

인덱스   값

데이터프레임

데이터프레임(dataframe)은 2차원 자료 구조로 행과 열이 있다. 각 열은 다른 유형의 값을 가지며, 데이터 분석에서 가장 효과적으로 사용될 수 있는 자료 구조이다. 2차원의 ndarray와 유사하지만 ndarray보다 자료를 유연하게 다룰 수 있게 지원한다. 크기를 변형할 수 있어서(size mutable) 행 또는 열을 삭제하거나 추가할 수도 있다.

▼ 그림 1-28 데이터프레임 구조

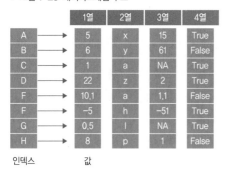

그림 1-28은 행 8개와 열 4개로 이뤄진 2차원 데이터프레임이고, 이때 열은 각각 다른 형태의 값을 가질 수 있다. 또한, NA를 표현하는 것도 데이터프레임의 중요한 특징 중 하나다.

1.5.3 파일로부터 자료 구조 생성하기

일반적으로 데이터는 DBMS로부터 불러오거나 웹에서 수집하거나 주어진 데이터 파일을 통해 얻을 수 있다. 주어진 데이터 파일은 여러 형식(엑셀 파일, SAS 파일, 텍스트 파일 등)을 가질 수 있으며 그중에서도 특정 소프트웨어에 종속되지 않는 텍스트 파일(Comma Separated Value, CSV)을 많이 사용한다. 이때 텍스트 파일 안에 표 형태의 자료가 주어지는 경우, 텍스트 파일에서 표를 나타내기 위해서 독특한 방식을 사용한다. 각 열의 값은 구분자(separator)로 구분되어야 파일을 읽는 프로그램에서 데이터를 열별로 읽을 수 있으며 값을 구분해서 인식할 수 있기 때문이다. 일반적으로 ,(Comma)나 탭(Tab)을 값에 대한 구분자로 많이 사용하며 경우에 따라서는 고정된 넓이로 구분할 수도 있다. 또한, 각 행의 값은 줄바꿈을 나타내는 개행 문자(\n), 즉 한 줄 띄는 것으로 구분되어 인식된다. 다음 표 형태 자료의 예를 살펴보자.

▼ 그림 1-29 정형 데이터의 CSV 표현

Year	Make	Model	Description	Price
1997	Ford	E350	ac, abs, moon	3000.00
1999	Chevy	Venture "Extended Edition"		4900.00
1999	Chevy	Venture "Extended Edition, Very Large"		5000.00
1996	Jeep	Grand Cherokee	MUST SELL! air, moon roof, loaded	4799.00

```
Year,Make,Model,Description,Price
1997,Ford,E350,"ac, abs, moon",3000.00
1999,Chevy,"Venture ""Extended Edition""","",4900.00
1999,Chevy,"Venture ""Extended Edition, Very Large""",,5000.00
1996,Jeep,Grand Cherokee,"MUST SELL!
air, moon roof, loaded",4799.00
```

그림 1-29처럼 표 형태의 자료는 텍스트 파일로 저장할 수 있으며, 이때 값과 값 사이는 ,로 구분되고 행과 행 사이는 개행 문자로 구분된다. 데이터 과학에서 정형 데이터를 다루는 많은 경우 이러한 CSV 파일을 가장 많이 사용한다. 즉, 파이썬에서 CSV 파일을 읽고 자료 구조로 표현할 수 있다면 데이터 과학에서 가장 많이 사용되는 형태의 데이터를 사용하는 셈이다.

이렇게 CSV 파일을 읽고 자료 구조로 표현하는 것이 익숙해질 때까지 여러 번 연습해보자.

MATH FOR MACHINE LEARNING

1.6 파이썬 실습

1. friend 객체에 값을 할당하기

```
>>> friend = 1
>>> type(friend)
int
```

> Note ≣ 다음 명령어는 파이썬의 예약어이므로 변수명으로 사용할 수 없다.
>
> and, as, assert, break, class, continue, def, del, elif, else, except
> for, from, global, if, import, in, is, lambda, nonlocal, is
> not, or, pass, raise, return, try, while, with, yield, finally

2. 연산을 이용해 원과 삼각형의 넓이 구하기

```
>>> r = 2
>>> circle_area = 3.14 * (r**2)
>>> x = 3
>>> y = 4
>>> triangle_area = x * y / 2
>>> print(circle_area, triangle_area)
12.56 6.0
```

3. 문자열 계산하기

```
>>> 'py' 'thon'
>>> 'py' + 'thon'
>>> 'py' * 3
'pypypy'

>>> a = "파이썬"
>>> a[1]
>>> a[1:4]
>>> a[:]
>>> a[::2]     # 처음부터 2칸 간격으로 값 출력
'파썬'
```

> Note ≡　문자열은 '(작은따옴표) 또는 "(큰따옴표)로 표현할 수 있다.
>
> ```
> str1 = 'string'
> str2 = "string"
> str3 = "this is 'string'"
> ```

4. 값의 형태를 변환하기

```
# 실수형에서 문자열로 변환
>>> a = str(3.14)
>>> a
'3.14'
>>> a +1     # 문자열에 숫자를 더하면 타입 에러가 발생한다
---------------------------------------------------------------------------
TypeError                                 Traceback (most recent call last)
<ipython-input-54-98b939904c8e> in <module>
----> 1 a+1

TypeError: can only concatenate str (not "int") to str
```

```
# 문자열에서 정수로 변환
>>> b = int("49")
>>> b
49
>>> b + 11
60

# 정수형에서 실수형으로 변환
>>> c = float(23)
>>> c
23.0
>>> c + 0.9
23.9
```

5. 함수 정의하고 연산하기

```
# 함수 정의
>>> def Times(a, b):
>>>     a = a + 1     # 같은 함수의 내용은 들여쓰기가 같다
>>>     b = b + 1
>>>     return a * b

# 함수가 생성되었는지 객체 확인
>>> globals()
  {'__name__': '__main__',
 '__doc__': 'Automatically created module for IPython interactive environment',
…중략…
 '_i1': 'def Times(a,b):\n\ta=a+1\n\tb=b+1\n\treturn a*b\n\nglobals()',
 'Times': <function __main__.Times(a, b)>}     # 함수가 생성된 것을 확인할 수 있다

# 함수 사용하기
>>> Times(10, 10)
121

# return이 없으면 None을 반환하는 것을 확인
>>> def setValue(newValue):
>>>     x = newValue
>>> retval = setValue(10)
>>> print(retval)
None
```

6. 반복문 사용하기

```
>>> for i in [1,2,3,4]:
>>>     print(i)
1
2
3
4
>>> for i in range(1, 5):      # 1부터 5미만의 숫자를 리스트로 자동으로 만드는 range 함수
>>>     print(i)
1
2
3
4
```

7. 리스트 안에 for를 포함하여 실습하기

```
>>> a = [1, 2, 3, 4]
>>> result = [ ]
>>> for num in a:
>>>     result.append(num * 3)

# 리스트 a의 값을 하나씩 num으로 받아 3을 곱해 리스트 result에 넣는다
>>> result = [num * 3 for num in a]

>>> print(result)
[3, 6, 9, 12]
# 리스트 a의 값 중에서 2로 나눈 나머지가 0인 수만 3을 곱해 리스트 result에 넣는다
>>> result = [num * 3 for num in a if num % 2 == 0]

>>> print(result)
[6, 12]
```

> Note ≡ 리스트 안의 for 표현식은 다음과 같다.
>
> [임시 변수 적용 계산식 for 임시 변수 in 반복할 값 포함 자료 구조 if 조건]

8. 리스트 연산하기

```
# 리스트 만들기
>>> clr_names = ['red', 'green', 'gold']
>>> type(clr_names)     # 자료 구조의 종류를 알려줌
list
```

```
# 리스트에 값 추가하기
>>> clr_names.append('blue')
>>> clr_names
['red', 'green', 'gold', 'blue']

# 0부터 시작할 위치를 지정하여 값 추가하기
>>> clr_names.insert(1, 'black')
>>> clr_names
['red', 'black', 'green', 'gold', 'blue']
```

> Note ≡ 리스트의 특징으로는 값의 나열, 순서 있음, 여러 종류 가능, 0부터 시작하는 인덱스, 슬라이싱 등이 있다.

9. 튜플 만들기

```
>>> t = (1, 2, 3)
>>> type(t)
>>> a, b = 1, 2
>>> (a, b) = (1, 2)
>>> print(a, b)
1 2

>>> a, b = b, a
>>> print(a, b)
2 1
```

> Note ≡ 튜플은 리스트와 유사하고 [ ] 대신 ( )를 사용한다. 읽기 전용으로 사용되어 속도가 빠르지만 메서드를 많이 지원하지 못한다.

10. in 연산자를 이용해 값 확인하기

```
>>> a = set((1, 2, 3))
>>> type(a)
set
>>> 1 in a
True

>>> c = tuple(a)
>>> type(c)
tuple
>>> 3 in c
True
```

11. 딕셔너리 만들기

```
>>> d = dict(a = 1, b = 3, c = 5)     # dict로 딕셔너리 생성
>>> type(d)
dict
# 세트 안에서 키-값 구조를 이용해 딕셔너리 생성
>>> clr_names = {"apple":"red", "banana":"yellow"}
>>> clr_names
{'apple': 'red', 'banana': 'yellow'}
>>> clr_names["apple"]
'red'
>>> clr_names[0]      # 인덱싱을 지원하지 않는다
-------------------------------------------------------------------
KeyError                                  Traceback (most recent call last)
<ipython-input-14-f163684f5bf4> in <module>
----> 1 clr_names[0]

KeyError: 0

>>> clr_names["cherry"] = "red"    # 값 추가
>>> clr_names
{'apple': 'red', 'banana': 'yellow', 'cherry': 'red'}
```

12. numpy 사용해보기

```
# numpy의 array 함수를 쓰기 위해 numpy 패키지를 np라는 이름으로 불러온다
>>> import numpy as np
>>> a = np.array([0, 1, 2, 3, 4, 5])
>>> a.ndim    # ndim은 a의 차원 수를 알려준다
1
# 배열 a의 각 차원에 몇 개의 값이 있는지를 튜플로 반환한다. 값 6개를 갖는 1차원 배열은 다음처럼
표현된다
>>> a.shape
(6,)

# 배열 a의 값들의 타입을 알려주며, 아래 결과는 정수(integer)임을 의미한다
```

```
>>> a.dtype
dtype('int32')
# 기본 인덱싱
>>> a[[2, 3, 4]]
array([2, 3, 4])
# 배열을 인덱싱으로 사용할 수 있다
>>> a[np.array([2, 3, 4])]
array([2, 3, 4])

# 배열 중 원하는 값 출력을 위해 논리 연산하기
>>> a > 4
array([False, False, False, False, False,  True])
>>> a[a > 4]
array([5])
```

13. 배열의 기본 활용 연습하기

```
>>> x = [0.0, 1, 2, 3, 4]
>>> y = np.array(x)      # 0.0으로 인해 다른 1, 2, 3, 4도 모두 실수형으로 변경되어 배열을 생성
>>> y = np.array([[0.0, 1, 2, 3, 4], [5, 6, 7, 8, 9]])    # 2차원 배열 생성
>>> np.shape(y)          # 행과 열을 확인
(2, 5)
>>> y = np.array([[[1, 2], [3, 4]], [[5, 6], [7, 8]]])    # 3차원 배열 생성
>>> np.shape(y)          # 2개의 2차원 배열, 각 2차원 배열은 2행 2열임을 순서대로 의미한다
(2, 2, 2)

# array + for 같이 사용
>>> a = np.array([[1, 2], [3, 4], [5, 6]], float)        # 실수형으로 지정
>>> for x in a:
>>>     print(x)
[1. 2.]
[3. 4.]
[5. 6.]
```

14. 배열에서 슬라이싱하기

```
# 1차원에서 0~9까지의 정수가 실수형으로 변환한 후 2행 5열 형태로 표현
>>> arr = np.arange(10, dtype = float).reshape((2, 5))
>>> arr[0]      # 1행
array([0., 1., 2., 3., 4.])
>>> arr[0, 3]   # 1행 3열
3.0
>>> arr[0][3]   # 1행 3열
```

```
3.0

>>> arr[0, :]    # 1행, 1차원 배열
array([0., 1., 2., 3., 4.])
>>> arr[:, 0]    # 1열, 1차원 배열
array([0., 5.])
```

15. 판다스의 시리즈와 데이터프레임을 임포트하기

```
>>> from pandas import Series, DataFrame
>>> s = Series([0.1, 1.2, 2.3, 3.4, 4.5], index = ['a', 'b', 'c', 'd', 'e'])
>>> s['a']
0.1
>>> s[0]
0.1
>>> s[['a', 'c']]
a    0.1
c    2.3
dtype: float64
>>> s[[0, 2]]
a    0.1
c    2.3
dtype: float64
>>> s[s > 2]
c    2.3
d    3.4
e    4.5
dtype: float64

>>> s1 = Series({'a': 0.1, 'b': 1.2, 'c': 2.3})
>>> s2 = Series({'a': 1.0, 'b': 2.0, 'c': 3.0})
>>> s1 + s2
a    1.1
b    3.2
c    5.3
dtype: float64

>>> s1 = Series(np.arange(10.0, 20.0))
>>> s1.describe()    # 시리즈 s1의 요약 정보 출력
count    10.00000
mean     14.50000
std       3.02765
min      10.00000
25%      12.25000
```

```
50%      14.50000
75%      16.75000
max      19.00000
dtype: float64

>>> summ = s1.describe()
>>> summ['mean']     # 요약 값 중에서 mean 항목 값을 출력
14.5

>>> s1 = Series(np.arange(1.0, 6), index = ['a', 'a', 'b', 'c', 'd'])
>>> s1.drop('a')     # 시리즈에서 index가 a인 값을 제외
b    3.0
c    4.0
d    5.0
dtype: float64
```

Note ≡   판다스(pandas)는 파이썬에서 사용하는 데이터 분석 라이브러리로, 판다스를 임포트하면 시리즈와 데이터프레임을 사용할 수 있다. 다만, 시리즈와 데이터프레임을 사용하려면 판다스에 속한 기능임을 표시해주어야 한다. 예를 들어 pandas.DataFrame 같이 판다스 소속임을 표시해야 하는데, 이를 로컬 네임스페이스(local namespace)라 한다. 만약 위 코드처럼 판다스의 다른 기능은 임포트하지 않고 이렇게 시리즈와 데이터프레임 함수만을 임포트하면 굳이 로컬 네임스페이스를 명시하지 않아도, 즉 pandas.을 붙이지 않아도 두 함수를 사용할 수 있다.

16. 데이터프레임을 다양하게 생성해보기

```
# 판다스에서 시리즈와 데이터프레임 함수 불러오기
>>> from pandas import Series, DataFrame
# 딕셔너리로부터 데이터프레임을 생성
>>> raw_data = {'col0': [1, 2, 3, 4],
>>>     'col1': [10, 20, 30, 40],
>>>     'col2': [100, 200, 300, 400]}
>>> data = DataFrame(raw_data)
>>> print(data)
   col0  col1  col2
0    1    10   100
1    2    20   200
2    3    30   300
3    4    40   400
>>> a = np.array([[1.0, 2], [3, 4]])     # 배열로부터 데이터프레임을 생성
>>> df = DataFrame(a, columns=['dogs', 'cats'], index=['Alice', 'Bob'])
>>> print(df)
       dogs  cats
```

```
Alice    1.0    2.0
Bob      3.0    4.0
```

Note ≡   데이터프레임은 인덱스가 같은 여러 개의 시리즈 객체로 구성된 자료 구조이다.

❤ 그림 1-30 데이터프레임의 자료 구조

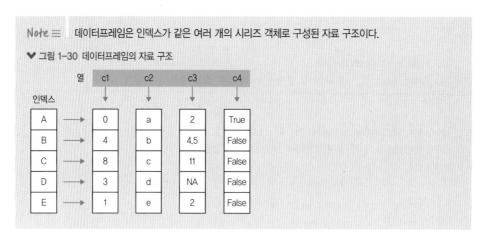

17. 데이터프레임을 파일로 만들기

```
>>> import pandas as pd
# 값의 구분자를 \t라는 탭 문자로, 생성할 파일의 인코딩을 utf-8로 지정
>>> df.to_csv('c:/test.csv', sep = '\t', encoding = 'utf-8')
>>> writer = pd.ExcelWriter('c:/test.xlsx')
>>> df.to_excel(writer, 'DataFrame')
>>> writer.save()
```

Note ≡   C 드라이브 안에 test.csv 파일이 생겼는지 확인해보기 바란다.

1.7 R 실습

1. 객체로 작업하기

```
# 객체 할당
# ;을 사용하면 한 줄에 여러 명령어를 사용할 수 있음
>>> x = 3.14159; y = 'hello world'; z = TRUE
>>> ls()              # 현재 작업 공간의 모든 객체를 반환
```

```
[1] "x" "y" "z"
>>> print(y)            # 객체의 값을 출력
[1] "hello world"

>>> rm(y)               # 객체를 삭제
>>> rm(list = ls())     # 모든 객체를 삭제

>>> getwd()             # 현재 작업 경로를 출력
[1] "C:/Users/TEST00/Documents"
>>> setwd("경로")        # 설정하기

>>> save(y, file = "y.RData")      # 지정한 객체를 파일로 저장하기
>>> save.images("total.RData")     # 전체 객체를 파일로 저장하기
>>> load("y.RData")     # 저장한 파일에서 객체 호출하기
```

2. 벡터 만들기

```
# vec라는 객체에 벡터 형태로 1부터 20까지 연속된 정수를 할당
>>> vec <- 1:20         # <-는 =와 동일한 할당 연산자
>>> vec[3]              # vec 벡터에서 3번째 값 출력
[1] 3
>>> vec[3:6]           # vec 벡터에서 3번째부터 6번째 값 출력
[1] 3 4 5 6
>>> vec[c(1,3,8)]      # vec 벡터에서 1, 3, 8번 값 출력
[1] 1 3 8
>>> vec[vec > 15]      # vec 벡터에서 15보다 큰 값을 출력
[1] 16 17 18 19 20

# 벡터에서 특정 값이 포함되었는지 확인
>>> 5 %in% vec         # vec 벡터에 5가 포함되었는지 확인
[1] TRUE
>>> 12 %in% vec
[1] TRUE
```

> Note ☰   R의 객체(object)는 여러 유형의 값(숫자, 문자, 범주 등)을 가질 수 있다.
>
>   times <- 1
>   food <- "버거킹"
>
> 또한, 값이 한 개일 수도 있고 여러 개가 모여 있는 자료 구조일 수도 있다.

3. 행렬, 배열, 데이터프레임 연습하기

```
# 1~16까지 연속된 정수를 사용해 행이 4개인 행렬 m을 생성
>>> m <- matrix(1:16, nrow = 4)
>>> dim(m)      # 행렬 m의 행과 열을 발견
[1] 4 4
>>> t(m)        # 행렬 m의 행과 열을 바꿈
     [,1]  [,2]  [,3]  [,4]
[1,]   1     2     3     4
[2,]   5     6     7     8
[3,]   9    10    11    12
[4,]  13    14    15    16


# df라는 이름의 데이터프레임(표)을 만듦
>>> df <- data.frame(times = c(4,3,5), brand = c("버거킹","맥도날드", "롯데리아"))
>>> str(df)      # df의 구조를 확인, 3행 2열
'data.frame':   3 obs. of  2 variables:
 $ times: num  4 3 5
 $ brand: Factor w/ 3 levels "롯데리아","맥도날드",..: 3 2 1


>>> df[1, ]       # df의 첫 번째 행을 출력
  times  brand
1     4 버거킹
>>> df[2:3, ]     # df의 2부터 3번째 행을 출력
  times   brand
2     3 맥도날드
3     5 롯데리아
>>> df[2, 1]      # df의 2행, 1열을 출력
[1] 3


>>> names(df)
[1] "times" "brand"
>>> row.names(df)
[1] "1" "2" "3"
>>> df$brand      # df에서 brand 열만 출력
[1] 버거킹    맥도날드 롯데리아
Levels: 롯데리아 맥도날드 버거킹


# cbind 함수를 사용해 데이터를 다음 열로 추가하기
>>> h = 1:4      # 벡터 h에 1~4까지 값을 할당
>>> I <- cbind(h, c(1, 2, 3, 4))     # 1~4 값을 갖는 벡터를 h 벡터의 열에 결합한다
>>> i
    h
```

```
[1,] 1 1
[2,] 2 2
[3,] 3 3
[4,] 4 4
```

```
# rbind 함수를 사용해 데이터를 다음 행으로 추가하기
>>> j <- rbind(h, c(1, 2, 3, 4))     # 1~4 값을 갖는 벡터를 h 벡터의 행에 결합한다
>>> j
    [,1]  [,2]  [,3]  [,4]
h    1     2     3     4
     1     2     3     4
```

```
# 인덱싱
>>> data(InsectSprays)     # InsectSprays라는 내장 데이터를 사용
>>> head(InsectSprays)     # 대상 데이터의 첫 6개 행의 레코드 확인
  count  spray
1   10     A
2    7     A
3   20     A
4   14     A
5   14     A
6   12     A
```

```
>>> summary(InsectSprays)    # 요약 값 확인
    count           spray
 Min.   : 0.00    A:12
 1st Qu. : 3.00   B:12
 Median: 7.00     C:12
 Mean   : 9.50    D:12
 3rd Qu.:14.25    E:12
 Max.   :26.00    F:12
```

4. 리스트 사용해보기

```
>>> lst = list()           # lst라는 리스트 생성
>>> lst[1] = "one"          # 첫 번째 값 넣기
>>> lst[[2]] <- "two"       # 두 번째 값 넣기
>>> lst[length(lst)+1] <- "three"    # 세 번째 값 넣기
>>> print(lst)
[[1]]
[1] "one"


[[2]]
```

```
[1] "two"

[[3]]
[1] "three"

>>> lst[[1]]
[1] "one"

>>> lst[2:3]        # 복수의 원소를 선택을 할 때는 [ ]를 사용할 수 있음
[[1]]
[1] "two"

[[2]]
[1] "three"

>>> lst[c(1, 3)]    # 리스트의 1번, 3번째 값이 리스트로 반환
[[1]]
[1] "one"

[[2]]
[1] "three"
```

> Note ≡ 리스트에 [[ ]]를 사용하면 리스트 원소가 실제로 갖는 자료 구조로 객체를 반환한다. 예를 들어 그래프가 저장되어 있다면 그래프를 반환한다.

5. 반복문 연습하기

```
>>> for(i in 1:10){
>>>     print(paste('number', i))     # paste로 number와 i를 결합하여 출력
>>> }
[1] "number 1"
[1] "number 2"
[1] "number 3"
[1] "number 4"
[1] "number 5"
[1] "number 6"
[1] "number 7"
[1] "number 8"
[1] "number 9"
[1] "number 10"
```

6. 함수 만들기

```
# function 명령어로 함수를 만들고, para1과 para2는 함수 입력 값
>>> funcName <- function(para1, para2){
>>> print(para1)
>>> print(para2)
>>> return(para1 + para2)
>>> }
>>> funcName(3, 4)
[1] 3
[1] 4
[1] 7
```

1.8 핵심 요약

1. 기본 자료 구조

- 리스트(list): 값의 집합이고 순서가 있으며 [ ]로 표현, 특정 순서의 값을 수정할 수 있다.

- 튜플(tuple): 값의 집합이고 순서는 있으며 값을 수정할 수 없다.

- 세트(set): 값의 집합이고 순서가 없고 { }로 표현한다.

- 딕셔너리(dictionary): 값의 집합이고 순서가 없고 { }로 표현하지만, 세트와 다르게 각 값에 키를 지정한다.

2. 반복문

- 동일한 작업을 여러 값에 대해 반복해서 적용할 때 사용한다.

- for 명령어를 사용하며 for 문 뒤에는 :(콜론)을 표시한다.

- 예를 들어 리스트 nums에서 각 값을 출력할 때 다음과 같이 반복문을 사용할 수 있다.

```
nums = [1, 2, 3, 4]
for i in nums:
    print(i)
```

- 들여쓰기를 통해 반복문에 해당하는 작업의 범위를 표현한다.

3. **모듈**

- 파이썬에서 다양한 확장 기능을 사용할 수 있다.

- 판다스, 사이파이, 넘파이 등의 모듈이 있다.

- 모듈을 불러올 때는 import 명령어를 사용하거나 from … import 명령어를 사용할 수 있다.

- import로 로드된 모듈의 함수는 모듈 이름.함수 이름 형식으로 사용할 수 있으며, from … import로 로드된 모듈의 특정 함수는 함수 이름만으로 사용할 수 있다.

4. **넘파이와 판다스**

- 넘파이(numpy)

  - 데이터 처리를 위한 파이썬 주요 패키지이다.

  - 수치 데이터를 처리하는 기능을 확장할 수 있다.

  - 배열 자료 구조를 지원하다.

  - 다양한 수학, 통계 함수를 지원한다.

- 넘파이의 array

  - 배열 함수 안에 리스트를 통해 정의할 수 있다. **예** np.array([1, 2, 3])

  - 고차원 배열을 정의할 수 있다.

  - 수치 배열의 계산이 리스트와는 다르게 이뤄지는 점에 유의해야 한다.

- 판다스(pandas)

  - 파이썬의 기본 자료 구조는 세트, 리스트, 튜플, 딕셔너리가 있고, 넘파이에서 제공하는 배열이 있다.

  - 판다스에서는 시리즈, 데이터프레임 등의 자료 구조를 제공한다.

  - 넘파이 기능을 확장하며, 다양한 데이터를 처리할 수 있는 기능을 제공한다.

5. **시리즈(series)**

- 판다스의 1차원 자료 구조이다.

- 인덱스를 가질 수 있다.

- 1차원 배열의 확장 버전이다.

- 시계열 자료를 처리할 때 유용하다.

- 시리즈끼리 연산할 때 같은 인덱스 값끼리 계산한다.

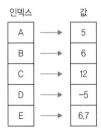

6. 데이터프레임(dataframe)

- 판다스의 2차원 자료 구조이다.

- 인덱스와 열을 가진다.

- 열(column)마다 다른 형태의 자료를 가질 수 있다.

- DataFrame 함수로 생성할 수 있다

- 데이터프레임에서 열별로, 행별로 접근할 수 있다.

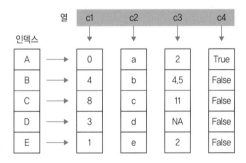

2^장

머신 러닝을 위한 선형대수

선형대수는 AI, 딥러닝, 머신 러닝을 이해하는 데에 중요한 역할을 한다. 2장에서는 선형대수에 대한 기본 개념을 이해하고 파이썬을 통해 주요 계산을 실습하면서 앞으로 살펴볼 AI, 딥러닝, 머신 러닝에서 선형대수를 어떻게 응용하는지를 알아보고자 한다. 특히 머신 러닝, 딥러닝에서 많이 다뤄지는 행렬의 곱셈에 집중하여 내용을 살펴보기를 바란다.

2.1 선형대수의 필요성

선형대수를 간단하게 설명하면 주어진 데이터를 어떤 공간, 예를 들어 2차원의 공간으로 표현한 것이라 할 수 있다. 이러한 선형대수는 현재 다양한 분야에서 활발하게 적용되며 특히 데이터를 다루는 머신 러닝에서는 필수 불가결한 역할을 한다. 간단한 예를 들어보자. 관객 100명으로부터 영화 100편의 선호도를 조사한다고 하자. 가장 일반적인 방법은 관객 100명이 각 행이 되고, 영화 100편이 각 열이 되는 표를 만든 후 선호도를 숫자로 기입하는 것이다.

▼ 표 2-1 관객별 영화 선호도

	토이스토리	배트맨	곰돌이 푸	어벤져스	…
관객1	5	1		1	
관객2	4			1	
관객3	4				
관객4		5	4	4	
…			5		

이때 만들어진 데이터는 '관객'이라는 하나의 차원과 '영화'라는 또 하나의 차원으로 설명할 수 있다. 결국 위의 데이터는 총 두 차원의 조합으로 이해되며, 또는 각각의 차원으로도 이해할 수 있다. 여기서 '이해'란 각 차원에 속하는 수치를 알고 있는 것으로 해석할 수 있다. 이렇게 2차원으로 표현된 데이터를 이해하는 다양한 개념과 방법을 제공하는 것이 바로 선형대수의 역할이다.

여기서 어떤 현상을 하나 혹은 그 이상의 차원으로 표현하는 방법을 좀 더 살펴보자. 우리가 어떤 현상을 '이해'한다는 것은 해당 현상의 여러 속성을 값으로 파악하는 것이다. 그중에는 수치로 표현되는 정량적인 속성도 있고, 그렇지 않은 정성적인 속성도 있다. 이때 수치로 표현되는 정량적인 속성을 객관적이고 과학적으로 이해하려면 수학적 표현과 접근이 필요한데, 선형대수는 바로 그 기반을 마련해준다.

그동안 숫자로 표현된 1차원 혹은 2차원 수치 값을 효과적이고 과학적으로 다루는 방법은 선형대수라는 이름으로 정리되어 왔다. 선형대수를 바탕으로 1차원 혹은 2차원 수치를 계산할 수 있고, 데이터를 요약하거나, 공간의 관점에서 이해할 수 있다. 숫자로만 이뤄진 표 형태의 데이터에 대해 우리가 직접 그 데이터를 처리하고 다루는 방법을 고안하고 증명할 필요는 없다. 대신, 수학자에 의해 고안되고 증명된 그리고 바로 사용 가능한 선형대수만 학습하면 된다.

선형대수를 데이터에 바로 활용할 수 있다는 것은 꽤 신나는 일이다. 그래서 선형대수 교재의 저자로 유명한 MIT의 스트랭(Strang) 교수는 '선형대수는 기본이면서 미적분학과 같이 많이 응용되는데, 다행히 쉽기도 하다(Linear Algebra has become as basic and as applicable as calculus, and fortunately it is easier).'라는 표현을 하기도 했다. 선형대수는 데이터를 분석하는 많은 알고리즘의 기본이 된다. 앞서 살펴본 예제 외에도 협업 필터링 추천 알고리즘, 소셜 네트워크 분석 알고리즘, 선형 회귀 분석, 텍스트 마이닝, 빈번하게 발생하는 패턴을 발견하는 연관 규칙 분석, 데이터의 차원을 요약해주는 주성분 분석과 특이값 분해 등 다양한 기법의 바탕에 선형대수를 사용하고 있다.

2.2 벡터와 공간, 행렬과 사상

2.2.1 벡터의 이해

앞에서 살펴본 바와 같이 선형대수는 데이터 분석에서 중요한 역할을 한다. 이러한 선형대수에 대한 이해는 벡터로부터 시작할 수 있다. 이 절에서는 간단한 예제로 벡터를 이해해보자. 예를 들어 사람 A와 B가 있다고 하자. 이 두 사람의 몸무게와 키를 측정했다. A는 100kg, 200cm이고, B는 100kg, 150cm였다. 이 두 사람은 몸무게는 같지만, 키는 차이가 난다. 두 사람을 좀 더 직관적으로 비교하기 위해서 한 공간에 두 사람의 특성을 표현해보자.

❤ 그림 2-1 한 공간에 두 사람을 표현하려면?

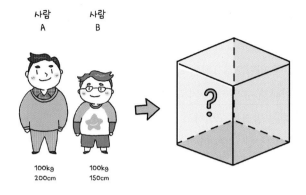

지금 우리는 두 사람의 몸무게와 키라는 두 가지 관점을 비교하기 위해 공간에 표현할 것이다. 즉, 두 관점에서 두 사람을 표현해야 하는데, 그러기 위해서는 기준이 두 개 필요하다. 하나는 키, 다른 하나는 몸무게이다.

❤ 그림 2-2 두 사람의 정량적 표현

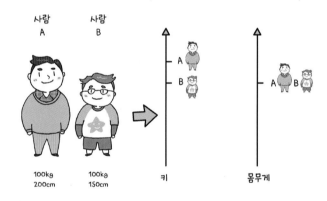

그림 2-2과 같이 키의 관점에서만 본다면 두 가지 경우만 고려할 수 있다. 키가 큰 경우와 작은 경우이다. 직선에서 상하로 표현할 수 있으며 두 사람은 각각 0에서 150, 200만큼 떨어져 있다. 동일하게 몸무게만 놓고 보면 직선에서 상하로 움직일 수 있으며, 각각 0에서 100만큼 떨어져 있다.

이제 몸무게와 키를 동시에 비교해보자. 두 값 모두 0에서 시작하며, 몸무게와 키는 같은 값이 아니니 각각 다른 축에 표현해야 한다. 이때 서로 다른 값을 한 화면에 그리는 좋은 방법 중 하나는 바로 유클리드 평면[1]에 그리는 것이다.

---

1   내적이 주어지는 2차원의 실수 벡터 공간을 의미한다. 즉, x축과 y축으로 구성된 평면을 유클리드 평면으로 볼 수 있다.

x축, y축 두 기준이 만드는 평면에 각기 다른 값을 표시하는 것이며, 두 평면이기 때문에 공간으로 생각할 수 있다. 공간에 데이터를 표현하면 직관적으로 사고할 수 있다. 물론 다른 방식으로도 표현할 수 있지만, 여기서는 직관적으로 값을 나타낼 수 있는 유클리드 평면을 사용하자.

이제 단편적으로만 봤던 두 사람의 몸무게와 키는 공간 위에 점으로 표시된다. 몸무게를 나타내는 x축에서 A와 B는 각 0에서 100만큼 떨어져야 하고, 키를 나타내는 y축에서는 A와 B는 0에서 200, 150만큼 떨어져 있어야 한다.

▼ 그림 2-3 두 사람의 특성을 유클리드 공간에 표현

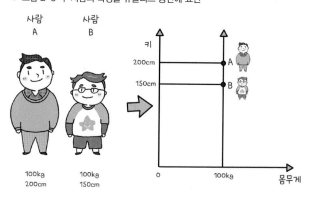

그림을 보니 단순한 수치로만 주어졌을 때보다 두 사람의 특성을 직관적으로 이해하고 비교할 수 있다. A와 B 각각에 대해서 점으로 표현하는데 각 점은 몸무게와 키 관점으로, 원점에서 측정된 값만큼 떨어져 있다. 원점이라는 기준이 없다면 공간에 표현할 수 없다. 그렇다면 원점부터 각 점 사이를 연결한 직선으로도 이해할 수 있다. 추가적으로 원점에서 각 점으로 향하는 방향으로 화살표로 표현해보자. 이제부터 이렇게 표현된 각 직선을 벡터라고 부른다.

▼ 그림 2-4 키와 몸무게를 표현하는 벡터

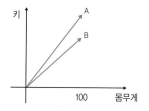

그림 2-4에서 볼 수 있듯이, 벡터는 방향과 크기를 갖는 직선으로 이해할 수 있다. 이때 그림처럼 몸무게와 키라는 두 관점, 즉 2차원에서의 직선이 될 수도 있고, 더 많은 차원에서의 직선으로 표현할 수도 있다.

벡터는 좀 더 간단하게 표현할 수 있다. A는 100, 200이라는 값을, B는 100, 150이라는 값을 가지니 다음처럼 나타낼 수 있다. 이렇게 나름의 기준으로 어떤 값의 모음을 한 줄로 표현한 것도 벡터라고 부른다. 일반적으로 벡터는 굵은 알파벳 소문자로 표현하는데, 다음은 A와 B의 키와 몸무게를 나타낸 벡터 a와 b이다. 그리고 벡터를 구성하는 각 값을 원소(element)라고 부르며, 벡터의 각 원소 값은 a_i나 b_i로 표현할 수 있다.

$$a = \begin{bmatrix} 100 \\ 200 \end{bmatrix}, \quad b = \begin{bmatrix} 100 \\ 150 \end{bmatrix}$$

이때 앞의 식처럼 벡터의 원소를 세로로 표현하는 경우를 종벡터(열벡터), 가로로 표현한 경우를 횡벡터(행벡터)라 한다. 두 형태 가운데 종벡터를 더 많이 사용하는 편이다. 파이썬의 넘파이 패키지를 이용하여 다음과 같이 벡터를 표현할 수 있다.

```
import numpy as np
list1 = [0, 1, 2, 3, 4, 5]
a = np.array(list1)
```

벡터는 이처럼 공간을 이해하는 기본 단위로써 사용된다. 지금까지는 몸무게와 키라는 두 관점, 좀 더 정확한 표현으로는 두 차원으로만 이해했으니, 원소 두 개를 갖는 벡터가 된다. 몸무게와 키 외에 IQ를 같이 측정했다면 또 하나의 관점, 즉 차원이 추가될 것이며 이때 특징 세 개를 반영하여 공간에 점으로 나타내는 벡터를 사용할 수 있다. 벡터가 갖는 값의 개수에 따라 n차원의 벡터를 표현할 수 있으며, n차원의 공간을 나타낼 수도 있다. 이 책에서는 공간에 대해 좀 더 직관적으로 이해하기 위해 2차원 혹은 3차원 벡터를 주로 다루고자 한다(4차원 이상의 공간은 책에서 다루기가 어렵다).

2.2.2 벡터의 사칙 연산

이제 다른 예를 생각해보자. 두 어린이가 책상 다리에 고무줄을 걸고 방바닥에서 떨어지지 않게 손으로 잡아당겼다고 하자.

▼ 그림 2-5 고무줄을 잡아당기는 힘을 벡터로 비유

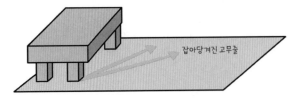

이때 각 어린이가 잡아당긴 고무줄의 좌표를 다음 그림 2-6처럼 측정했다. 첫 번째 어린이는 x축으로 2칸, y축으로 3칸을 당겼고, 두 번째 어린이는 x축으로 1칸, y축으로 3칸을 당겼다. 두 어린이가 고무줄을 잡아당겨 늘어난 길이를 다음처럼 벡터로 표현할 수 있다.

▼ 그림 2-6 고무줄의 늘어난 길이를 벡터로 표현

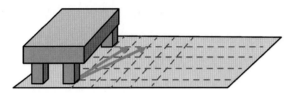

이때 벡터는 두 어린이의 힘을 도식화한 것으로 이해할 수 있으며, 잡아당긴 상태에서 이 힘은 계속 존재한다. 만약 두 어린이가 동시에 한 고무줄을 잡아당긴다면 어떻게 될까? 아마 x축으로 3칸, y축으로 6칸을 당겼다고 생각할 수 있다. 이 결론에 이르게 된 과정을 살펴보면 두 어린이가 고무줄을 잡아당기는 힘을 x축과 y축 관점으로 각각 더해주었을 것이다. 즉, 두 벡터의 같은 차원에 해당하는 숫자를 더한 것이다. 재미있게도 두 벡터 중 한 벡터의 끝에 다른 벡터를 연결하여 벡터의 합을 나타낼 수 있다.

▼ 그림 2-7 벡터의 합

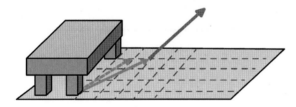

이제 두 벡터의 합을 수식으로 표현해보자.

$$c = \begin{bmatrix} 2 \\ 3 \end{bmatrix}, \; d = \begin{bmatrix} 1 \\ 3 \end{bmatrix}$$

$$c + d = \begin{bmatrix} 2 \\ 3 \end{bmatrix} + \begin{bmatrix} 1 \\ 3 \end{bmatrix} = \begin{bmatrix} 3 \\ 6 \end{bmatrix}$$

같은 위치, 즉 같은 차원에 해당하는 원소를 더한 결과를 기존 벡터와 같은 차원의 벡터로 새롭게 표시하기만 하면 된다. 직관적으로는 두 어린이의 힘을 나타내는 화살표를 이어준 것이, 즉 수치적으로는 같은 차원의 원소를 더한 것이 바로 벡터의 합이다.

```
>>> import numpy as np
>>> c = np.array([2, 3])
>>> d = np.array([1, 3])
>>> c + d
array([3, 6])
```

이번에는 앞의 두 벡터 중에서 벡터 c를 좀 더 살펴보자. 예를 들어 어떤 힘을 나타내는 벡터 c가 두 배가 된다는 것은 어떤 의미일까? 벡터 c가 두 배가 된다는 것은 같은 방향으로 힘의 세기가 두 배 된다는 것을 의미한다. 만약 벡터 c와 힘의 크기는 같지만, 방향만 반대인 벡터는 어떻게 표현할까? 그 벡터는 같은 길이이지만 방향이 반대인 화살표를 생각할 수 있다. 이 '반대 방향 화살표'를 수치적으로 나타내기 위해 기존 벡터에 −1을 곱해보자. 벡터 c에 1을 곱하면 c는 변하지 않는다. 변하지 않는다는 의미는 크기와 방향이 변하지 않음을 의미한다. −1을 곱한다면 크기는 변하지 않지만, 방향은 반대가 된다. 이때 곱하는 값은 숫자이고, 곱하는 벡터는 여러 숫자로 구성된 벡터이다. 곱하는 숫자를 '스칼라'라고 부르며, 벡터와 스칼라의 곱은 이처럼 벡터의 방향과 세기를 변화시킨다. 벡터 c에 −1을 곱한 벡터 e는 다음과 같다.

$$e = \begin{bmatrix} -2 \\ -3 \end{bmatrix}$$

벡터 e와 벡터 c를 더하면 어떻게 될까? 다음과 같이 두 벡터가 서로 상쇄되어 0으로만 구성된 0 벡터가 나온다. 즉, 힘으로 이해한다면 아무런 힘도 가해지지 않은 상태가 된다.

$$c + e = \begin{bmatrix} 2 \\ 3 \end{bmatrix} + \begin{bmatrix} -2 \\ -3 \end{bmatrix} = \begin{bmatrix} 0 \\ 0 \end{bmatrix}$$

그리고 다시 다음처럼 작성할 수 있고, 편의상 $c-c$로 표현할 수 있으며 이는 바로 벡터의 차가 된다.

$$c + (-1) \times c = \begin{bmatrix} 2 \\ 3 \end{bmatrix} + (-1) \times \begin{bmatrix} 2 \\ 3 \end{bmatrix} = \begin{bmatrix} 0 \\ 0 \end{bmatrix}$$

지금까지 벡터의 합과 차, 그리고 벡터와 스칼라의 곱셈을 살펴보았다. 아직 살펴보지 않은 벡터와 벡터의 곱셈은 2.3절에서 살펴보겠다.

2.2.3 행렬로의 확장

지금까지는 공간에서 표현되는 어느 지점 또는 어떤 힘의 세기를 '벡터'라는 개념으로 살펴보았다. 우리는 벡터를 사용하면 '어떤 상태'를 공간적으로 잘 표현할 수 있음을 알게 되었다. 이제 벡터의 개념을 확장해보자.

만약 공간에 표현되는 '어떤 상태'가 여러 개 있고, 일관된 관점에서 각 상태의 값을 표현해야 한다면 어떻게 해야 할까? 예를 들어 여러 사람의 '몸무게'와 '키' 값을 나타내고자 한다. 이때 값을 여러 개의 벡터로 나타낼 수 있겠지만, 좀 더 효율적인 방법을 생각해보자. 바로 벡터 여러 개를 따로 다루기보다는 한 단위로 연결하는 것이다. 즉, 표 형태로 각 벡터의 값을 표현하는데 행에는 각각의 사람을, 열에는 몸무게와 키라는 각 특성을 표현하는 것이다. 여러 사람의 몸무게와 키는 다음과 같이 표 2-2처럼 표현할 수 있다.

▼ 표 2-2 두 사람의 특성을 정형 데이터로 표현

	몸무게	키
사람A	100kg	200cm
사람B	100kg	150cm

이때 각 행은 각 사람의 몸무게와 키를 나타내는 벡터이며, 각 벡터에서 몸무게와 키가 나타나는 순서는 같으니 같은 열에 표현할 수 있다. 표 2-2에서 숫자로만 표현한 부분을 행렬(matrix)이라 부른다.

원래 행렬은 행과 열이 있는 2차원 구조의 값을 지칭한다(벡터의 차원은 벡터가 갖는 값의 개수이고, 여기서의 2차원 구조는 행과 열이 있는 표를 의미한다). 하지만 단순한 값의 모음으로 이해하기보다는 위의 예처럼 벡터들이 모인 것으로 이해할 수도 있다. 행렬은 일반적으로 알파벳 대문자로 표현하며, 행렬 안에 있는 값은 원소(element)라고 부른다. 이제 위의 예를 행렬로 다시 표현해보자. 개념적으로는 그림 2-8과 같다.

▼ 그림 2-8 행렬의 표현

100kg
200cm

100kg
150cm

그리고 이를 수식으로 표현하면 다음과 같다.

$$M = \begin{bmatrix} 100 & 100 \\ 200 & 150 \end{bmatrix}$$

행렬 M은 행 2개와 열 2개로 구성되고, 이는 행×열로 표현되어 2×2로 표기한다. 행렬 M에는 원소가 4개 있으며, 각 원소는 해당 원소가 몇 번째 행과 열에 해당하는지를 알려주는 첨자 2개를 통해 접근할 수 있다. 예를 들어 1행 2열에 해당하는 100은 $M_{1,2}$라고 표현한다. 다음과 같이 넘파이를 이용해 행렬을 나타낼 수 있다.

```
>>> import numpy as np
>>> x = np.matrix([[1, 0, 0],[0, 1, 0],[0, 0, 1]])
>>> print(x)
[[1 0 0]
 [0 1 0]
 [0 0 1]]
```

행렬의 종류

행렬은 행과 열로 표현된 여러 수치의 모음이지만, 어떤 숫자들이 어떻게 표현되는지에 따라서, 즉 원소에 어떤 숫자가 어떻게 배치되는가에 따라 여러 종류로 분류할 수 있다. 행렬 중에서도 원소의 값이 모두 0인 행렬을 영행렬(zero matrix)이라 한다.

$$\begin{bmatrix} 0 & 0 & 0 \\ 0 & 0 & 0 \\ 0 & 0 & 0 \end{bmatrix}, \begin{bmatrix} 0 & 0 & 0 \\ 0 & 0 & 0 \end{bmatrix}, \begin{bmatrix} 0 & 0 \\ 0 & 0 \\ 0 & 0 \end{bmatrix}$$

앞에서 다양한 영행렬을 제시하였는데, 이 중에 행과 열의 크기가 다르기도 하고 같기도 하다. 행과 열의 크기가 같은 행렬을 정방행렬(square matrix)이라고 한다. 정방행렬에서 대각선에 해당되는 곳(대각 성분)만 0이 아니고, 나머지(비대각 성분) 원소의 값이 0인 경우가 있는데 이런 행렬은 대각행렬(diagonal matrix)이라 한다.

$$\begin{bmatrix} 3 & 0 & 0 \\ 0 & 4 & 0 \\ 0 & 0 & 5 \end{bmatrix}, \begin{bmatrix} 1 & 0 & 0 \\ 0 & 1 & 0 \\ 0 & 0 & 1 \end{bmatrix}$$

군이 0인 비대각 성분을 다 표현하는 것은 그다지 효율적인 방법이 아닐 수 있다. 그래서 대각행렬은 다음과 같이 표현하기도 한다.

$$diag\left(\begin{bmatrix} a_1 & 0 & 0 & 0 & 0 \\ 0 & a_2 & 0 & 0 & 0 \\ 0 & 0 & a_3 & 0 & 0 \\ 0 & 0 & 0 & a_4 & 0 \\ 0 & 0 & 0 & 0 & a_5 \end{bmatrix}\right) = diag\left(a_1, a_2, a_3, a_4, a_5\right)$$

대각행렬은 행렬의 대각선에서 여러 값의 조합으로 구성될 수 있고, 그중에서도 값이 1로만 구성된 행렬을 항등행렬(identity matrix)이라 부른다. 다음은 3행 3열짜리 항등행렬이다.

$$I = \begin{bmatrix} 1 & 0 & 0 \\ 0 & 1 & 0 \\ 0 & 0 & 1 \end{bmatrix}$$

대각행렬, 항등행렬 모두 행렬의 대각선 위에만 값이 존재한다. 다음 절에서 살펴보겠지만 행렬의 대각선은 행렬을 다루는 데 있어 중요한 역할을 한다. 대각은 행렬을 연산할 때 많이 활용된다.

그 외에도 대각선을 기준으로 위 쪽에만 원소 값이 있는 상삼각행렬(upper triangular matrix), 대각선을 기준으로 아래 쪽에만 원소 값이 있는 하삼각행렬(lower triangular matrix) 등이 있다(왼쪽이 상삼각행렬, 오른쪽이 하삼각행렬).

$$\begin{bmatrix} a & f & e \\ 0 & b & d \\ 0 & 0 & c \end{bmatrix}, \begin{bmatrix} a & 0 & 0 \\ d & b & 0 \\ e & f & c \end{bmatrix}$$

행렬의 연산

이러한 행렬 역시 벡터와 동일하게 합과 차, 스칼라의 곱을 구할 수 있다. 벡터의 합과 차, 스칼라의 곱을 다시 떠올려보자. 벡터 간의 합이나 차는 원소의 개수가 같은 두 벡터에서 같은 위치에 대응되는 원소끼리 더하거나 빼고, 계산 결과를 벡터로 정리했다. 행렬에서의 합과 차도 동일하다. 행과 열의 크기가 같은 두 행렬에서 같은 위치의 원소끼리 더하거나 빼고, 결과를 같은 크기의 행렬에 정리하면 된다.

다음 예처럼 두 행렬의 합을 구해보자. 우선 첫 번째 행렬의 1행 1열의 값인 3과 두 번째 행렬의 1행 1열의 값인 5를 더하여 결과 행렬의 1행 1열에 8을 넣는다. 동일하게 행렬의 모든 값을 이렇게 더하면 된다.

$$\begin{bmatrix} 3 & 2 & 4 \\ 0 & 4 & 0 \\ 0 & 0 & 5 \end{bmatrix} + \begin{bmatrix} 5 & 0 & 0 \\ 3 & 1 & 0 \\ 0 & 2 & 1 \end{bmatrix} = \begin{bmatrix} 8 & 2 & 4 \\ 3 & 5 & 0 \\ 0 & 2 & 6 \end{bmatrix}$$

이제는 두 행렬의 차를 살펴보자.

$$\begin{bmatrix} 3 & 2 & 4 \\ 0 & 4 & 0 \\ 0 & 0 & 5 \end{bmatrix} - \begin{bmatrix} 5 & 0 & 0 \\ 3 & 1 & 0 \\ 0 & 2 & 1 \end{bmatrix}$$

두 행렬의 차를 구하기 전에 우선 뒤에 있는 행렬을 살펴보자. 뒤 행렬은 다음과 같이 다시 쓸 수 있다.

$$(-1) \times \begin{bmatrix} 5 & 0 & 0 \\ 3 & 1 & 0 \\ 0 & 2 & 1 \end{bmatrix}$$

즉, 행렬에 스칼라 −1을 곱한 것이다. 앞에서 스칼라와 벡터의 곱을 다룬 적이 있었는데, 그 경우 스칼라를 벡터의 모든 원소에 곱했다. 스칼라와 행렬의 곱도 같다. 스칼라 −1을 행렬의 모든 원소에 곱하고 그 결과를 행렬로 표현하면 된다. 앞의 스칼라와 행렬을 곱한 결과는 다음과 같다.

$$\begin{bmatrix} -5 & 0 & 0 \\ -3 & -1 & 0 \\ 0 & -2 & -1 \end{bmatrix}$$

원래 식은 첫 번째 행렬에서 두 번째 행렬을 뺐었는데, 그 방법 대신 두 번째 행렬에 −1을 곱한 다음 첫 번째 행렬과 더하는 방식으로 바꿔 계산해보자. 이제 행렬의 차를 구할 수 있다.

$$\begin{bmatrix} 3 & 2 & 4 \\ 0 & 4 & 0 \\ 0 & 0 & 5 \end{bmatrix} - \begin{bmatrix} 5 & 0 & 0 \\ 3 & 1 & 0 \\ 0 & 2 & 1 \end{bmatrix} = \begin{bmatrix} 3 & 2 & 4 \\ 0 & 4 & 0 \\ 0 & 0 & 5 \end{bmatrix} + (-1) \times \begin{bmatrix} 5 & 0 & 0 \\ 3 & 1 & 0 \\ 0 & 2 & 1 \end{bmatrix}$$

$$= \begin{bmatrix} 3 & 2 & 4 \\ 0 & 4 & 0 \\ 0 & 0 & 5 \end{bmatrix} + \begin{bmatrix} -5 & 0 & 0 \\ -3 & -1 & 0 \\ 0 & -2 & -1 \end{bmatrix} = \begin{bmatrix} -2 & 2 & 4 \\ -3 & 3 & 0 \\ 0 & -2 & 4 \end{bmatrix}$$

위의 내용을 파이썬으로 작성한다면 다음과 같다.

```
>>> import numpy as np
>>> A = np.matrix([[3, 2, 4], [0, 4, 0], [0, 0, 5]])
>>> B = np.matrix([[5, 0, 0], [3, 1, 0], [0, 2, 1]])
>>> A - B
matrix([[-2,  2,  4],
        [-3,  3,  0],
        [ 0, -2,  4]])
```

MATH FOR MACHINE LEARNING

2.3 행렬의 내적과 외적

지금까지 벡터와 행렬에 대한 기본적인 사항과 연산에 대해 알아보았다. 이 절에서는 좀 더 복잡한 연산을 살펴보고자 한다. 바로 벡터와 벡터, 행렬과 행렬, 벡터와 행렬의 곱셈이다. 우선 일반적인 곱셈에 대해 살펴보자. 2×3이라고 한다면 2가 3개 있다는 뜻으로 볼 수 있다. 예를 들어 바구니에 빵이 2개 있는데 그런 바구니가 3개 있는 것이다. 즉, 곱셈은 '~배'가 되게 하는 연산이다.

이번에는 바구니에 빵이 2개, 귤이 3개 있다고 하자. 이때 빵을 2배로, 귤을 3배로 하면 어떻게 될까? 바구니 안에 빵은 4개, 귤은 9개가 된다. 이를 도식화하면 다음과 같다.

▼ 그림 2-9 행렬의 곱셈 예시

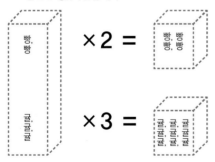

이 내용을 수식으로 표현해보자. 우선 바구니의 상황을 벡터 b로 표현해보자.

$$b = \begin{bmatrix} 2 \\ 3 \end{bmatrix}$$

그리고 곱하는 숫자인 2와 3도 벡터로 표현해보았다.

$$m = \begin{bmatrix} 2 \\ 3 \end{bmatrix}$$

이제 바구니에 대한 계산은 어떻게 해야 할까? 바구니 안의 내용을 나타낸 벡터 b와 곱하는 숫자를 나타낸 벡터 m의 곱셈은 어떻게 표현하고, 어떻게 계산되는지가 궁금하다. 어쩌면 다음처럼 계산하면, 다시 말해 b 곱하기 m으로 계산하면 되지 않을까라고 생각할 수도 있다. 하지만 벡터는 일반적인 숫자가 아니기 때문에 아무리 간단해 보이는 벡터라도 다음처럼 계산할 수는 없다.

$$\begin{bmatrix} 2 \\ 3 \end{bmatrix} \times \begin{bmatrix} 2 \\ 3 \end{bmatrix} = \begin{bmatrix} 4 \\ 9 \end{bmatrix}$$

이제 벡터는 열이 1개인(혹은 행이 1개인) 행렬의 일종이니 일반화하여 행렬의 곱셈 방법을 살펴보자. 행렬과 행렬의 곱셈에서 가장 중요한 것은 곱하는 두 행렬에서 첫 번째 행렬의 행과 두 번째 행렬의 열을 곱하는 것이다. 따라서 행렬 간의 곱에서는 앞 행렬의 행과 뒤 행렬의 열의 수가 같아야만 한다. 다음 식을 참고해보자.

$$\begin{bmatrix} a & b \\ c & d \end{bmatrix}\begin{bmatrix} e & f \\ g & h \end{bmatrix} = \begin{bmatrix} ae + bg & af + bh \\ ce + dg & cf + dh \end{bmatrix}$$

그림 2-10으로 확인해보자. 두 행렬 A, B의 곱셈은 다음과 같은 순서로 이뤄진다. 결과 행렬의 1행 1열의 값을 예로 들어보자. 이 값을 구하려면 A의 1행과 B의 1열을 곱해야 된다. A의 1행은 1과 0을 갖는 횡벡터이고, B의 1열은 2와 3을 갖는 종벡터이다. 횡벡터와 종벡터의 곱은 원소의 위치에 대응하는 값끼리 곱한 다음 더하는 것이다.

❤ 그림 2-10 행렬 간 곱셈

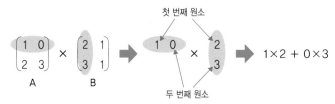

더한 결과 값이 바로 결과 행렬의 1행 1열의 값이 된다. 그리고 이 과정을 행렬의 각 원소에 대해 모두 수행한다. 전체적인 계산 과정은 다음과 같다.

2

▼ 그림 2-11 행렬 간 곱셈2

$$\begin{pmatrix} 1 & 0 \\ 2 & 3 \end{pmatrix} \times \begin{pmatrix} 2 & 1 \\ 3 & 1 \end{pmatrix} = \begin{bmatrix} (1\times2)+(0\times3) & (1\times1)+(0\times1) \\ (2\times2)+(3\times3) & (2\times1)+(3\times1) \end{bmatrix} = \begin{pmatrix} 2 & 1 \\ 13 & 5 \end{pmatrix}$$

A　　　　B

이때 바로 벡터 간의 곱셈에서 암기가 필요한 부분은 앞의 벡터는 횡벡터, 뒤의 벡터는 종벡터부터 계산한다는 것이다. 이 방식에 의하면 횡×종의 경우(두 벡터의 원소의 수가 같은 경우), 하나의 숫자가 나오게 되고 이를 내적(inner product)이라 부른다.

만약 두 벡터의 원소의 수가 같은데 앞 벡터는 종벡터이고, 뒤 벡터는 횡벡터이면 어떻게 될까? 우선, 앞 벡터가 종벡터이므로 열의 수는 항상 1이 되고, 뒤 벡터가 횡벡터이므로 행의 수는 항상 1이 된다. 즉, 곱셈은 가능하다. 앞 벡터의 각 행에는 숫자 한 개만 있고, 뒤 벡터의 각 열에도 숫자 한 개만 있게 되며, 두 숫자를 차례대로 곱하면 된다.

다음 예를 보면 앞 벡터 1행 1열인 a와 뒤 벡터 1행 1열인 c를 곱하고, 그 결과는 결과 행렬의 1행 1열이 된 것을 알 수 있다. 앞 벡터 2행 1열의 값인 b와 뒤 벡터 1행 1열의 값인 c를 곱한 결과는 결과 행렬의 2행 1열에 위치한다. 앞 벡터 1행 1열의 값은 다시 뒤 벡터 1행 2열의 값과 곱하고, 결과 행렬의 1행 2열에 위치한다. 앞 벡터 2행 1열의 값은 뒤 벡터 1행 2열의 값과 곱한 후 결과 행렬의 2행 2열에 위치한다. 그럼 이때 곱한 값들의 위치는 어떻게 정해질까?

$$\begin{bmatrix} a \\ b \end{bmatrix} \begin{bmatrix} c & d \end{bmatrix} = \begin{bmatrix} ac & ad \\ bc & bd \end{bmatrix}$$

몇몇 독자는 눈치를 챘겠지만, 바로 앞 벡터에서 곱하는 값의 행 위치와 뒤 벡터에서 곱하는 값의 열 위치로 결과 행렬에서의 위치가 정해진다. 처음에는 익숙하지 않겠지만 여러 번 손으로 계산해보면 익숙해질 것이다. 이처럼 종벡터와 횡벡터의 곱은 횡벡터와 종벡터의 곱과는 완전히 다른 결과를 주며, 이를 외적(outer product)이라고 부른다.[2]

지금까지 우리는 행렬과 행렬의 곱에 대해 알아보았고, 그 과정에서 내적과 외적의 개념을 살펴보았다. 행렬의 곱셈은 8장에서 살펴볼 인공 신경망 계산에서 중요하게 활용된다. 이제 경우별로 내용을 정리해보자.

- **횡벡터와 종벡터의 곱**: 내적을 의미하며, 스칼라가 남는다.
- **종벡터와 횡벡터의 곱**: 외적을 의미하며, 행렬을 만든다.
- **행렬과 행렬의 곱**: 행렬 곱셈의 방식을 따른다.
- **행렬과 벡터의 곱**: 행렬과 1행(또는 1열)짜리인 행렬의 곱이며, 행렬 곱셈의 방식을 따른다.

이제 마지막으로 행렬 곱셈의 특징을 좀 더 살펴보자. 우선 일반적으로 곱셈이라 한다면 ×(곱하기) 연산자 앞과 뒤의 숫자를 바꿔도(교환해도) 결과가 동일하며 이를 교환 법칙이라고 한다. 과연 행렬의 곱셈에서도 교환 법칙은 성립할까? 실제로 행렬의 곱셈 순서를 바꾸면 결과가 다르게 나온다.

$$AB \neq BA$$

그래서 우리는 '행렬의 곱셈은 교환 법칙이 성립되지 않는다.'라고 이야기한다.

또한, 행렬을 여러 개 곱한다고 할 때 어떠한 행렬부터 곱하는지를 고려할 수 있다. 예를 들어 세 행렬 ABC를 곱할 때 AB를 먼저 곱하고 C를 곱할지 혹은 BC를 먼저 곱하고 A를 곱할지를 고민할 수 있다. 이를 수식으로 나타내면 다음과 같다.

$$A(BC)=(AB)C$$

이러한 것을 결합 법칙이라 하며, 행렬의 곱셈에서도 성립한다.

그러면 분배 법칙은 어떨까? 다음과 같은 행렬의 곱셈을 살펴보자.

$$A(B+C)=AB+AC$$
$$(A+B)C=AC+BC$$

우리가 일반적으로 수치 계산에서 적용하는 분배 법칙이 행렬의 곱셈에서도 적용되는 것을 볼 수 있다.

2　내적과 외적은 계산 방식을 통해 이해할 수 있고, 또는 앞서 설명한 공간에서의 벡터 관점으로 이해할 수도 있다. 공간에서 어떤 상태 또는 힘이 벡터인데, 그 벡터에 내적으로 벡터를 곱하면 결과는 한 숫자, 즉 크기만 남는다. 공간에서의 위치라는 개념이 사라지고 특정한 크기만 남는 것 이다. 반면 외적으로 벡터끼리 곱하면 더 큰 차원의 행렬이 만들어진다.

2.4 / 행렬 연산의 의미와 활용

지금까지 행렬의 연산에 대해 알아보았다. 이제 한 가지 더 살펴볼 내용은 바로 행렬의 의미이다. 앞에서 설명했을 때의 행렬은 벡터 여러 개를 모아 수치를 행과 열을 갖는 2차원으로 나타낸 것에 불과했었다. 하지만 행렬은 곱셈이라는 방식을 통해 계산하면 좀 더 특별한 의미를 가지게 된다. 바로 어떤 공간이나 상태를 변형시키는 것이며 이를 사영(projection)이라고 부른다.

예를 들어 한 행렬이나 벡터에 영행렬을 곱한다고 하자. 영행렬은 앞서 살펴본 바와 같이 모든 원소가 0인 행렬이다. 이 행렬을 곱하면 어떤 벡터나 행렬도 영벡터, 영행렬이 된다. 즉, 주어진 벡터나 행렬의 값이 0으로 변환하여 뿌려주게(projection) 된다. 이러한 행렬의 역할을 일종의 함수나 필터로 이해해도 좋다.

좀 더 다른 예를 살펴보자. 우리가 살펴본 행렬 중에 항등행렬이라는 것이 있었다. 대각행렬의 일종이며, 대각 위의 값이 모두 1인 행렬이었다. 항등행렬에 어떤 행렬을 곱해보자. 앞에서는 행렬의 곱셈은 교환 법칙이 성립하지 않는다고 하였는데, 이번에는 다음의 두 개의 곱셈을 살펴보자.

$$\begin{bmatrix} a & b \\ c & d \end{bmatrix} \begin{bmatrix} 1 & 0 \\ 0 & 1 \end{bmatrix} = \begin{bmatrix} a & b \\ c & d \end{bmatrix}$$

$$\begin{bmatrix} 1 & 0 \\ 0 & 1 \end{bmatrix} \begin{bmatrix} a & b \\ c & d \end{bmatrix} = \begin{bmatrix} a & b \\ c & d \end{bmatrix}$$

재미있게도 항등행렬에 어떤 행렬을 곱해도(행렬 곱셈이 성립된다면) 곱한 행렬이 나온다. 항등행렬을 앞에 곱하거나 뒤에 곱해도, 항상 동일한 결과가 나온다. 그래서 항등행렬은 수치의 계산에서 사용되는 항등원[3]과 같이 어떤 행렬을 곱해도 항상 곱한 행렬이 나온다. 즉, 항등행렬은 항상 자기 자신이 나오게 하는 함수나 필터와 같은 역할을 한다는 것을 알 수 있다.

다른 예를 살펴보자. 다음과 같은 방정식이 있다고 하자.

$$x'=ax+by$$
$$y'=cx+dy$$

여기서 x, y, x', y'는 모두 미지수이며 a, b, c, d는 모두 수치(계수)가 된다. 이 방정식은 x와 y에 a, b, c, d를 연산하여 x'과 y'를 얻는 관계를 나타낸다. x'는 x와 y에 각각 a와 b를 곱한 결과를 더해

---

3 임의의 수 a에 어떤 연산을 했을 때 처음의 수 a를 만드는 수를 말한다. 예를 들어 곱셈에서는 1, 덧셈에서는 0이 이에 해당한다.

서 얻게 되며, y'는 x와 y에 각각 c와 d를 곱해서 얻을 수 있다. 이를 행렬과 벡터의 곱셈으로도 표현할 수 있다. 다음처럼 표현하고 행렬과 벡터의 곱셈을 수행하면 앞의 일차방정식과 동일하게 계산되는 것을 알 수 있다.

$$\begin{bmatrix} a & b \\ c & d \end{bmatrix} \begin{bmatrix} x \\ y \end{bmatrix} = \begin{bmatrix} x' \\ y' \end{bmatrix}$$

여기서 행렬은 x, y에 적절히 계산하여 x', y'를 만드는 방정식을 나타내지만 다른 관점에서 보면 x, y를 x', y'로 변환하는 필터 또는 함수와 같은 역할로 볼 수도 있다. 주어진 입력을 잘 변환하여 원하는 결과를 만들어주는 셈이다. 입력이 공간 내의 어떤 상태나 지점이었다면 행렬과 곱하여(필터를 적용하여) 변환된 공간 내의 상태나 지점을 얻을 수 있는 것이다. 이제 이러한 행렬의 곱셈이 어떻게 데이터 과학에 응용되는지를 다음 내용을 통해 살펴보도록 하자.

2.4.1 분석모형 응용-유사도행렬의 계산

행렬의 의미와 곱셈만으로도 단순한 머신 러닝의 추천 알고리즘을 구현할 수 있다. 우선 손님 4명이 제품 5개에 갖는 선호도를 표로 기록하였다고 하자.

▼ 표 2-3 제품별 손님 선호도

	손님 1	손님 2	손님 3	손님 4
소고기	5	1		1
치킨	4			1
우유	4			
치즈		5	4	4
콩			5	

표 2-3은 손님이 제품에 대한 선호를 1~5 사이의 값으로 기록한 것이며, 값이 비워져 있는 경우는 해당 손님이 그 제품을 아직 사지 않았음을 의미한다. 이 행렬을 유심히 살펴보면 아주 정확하지는 않지만, 손님 사이의 성향이 유사한지 아닌지를 알 수 있다. 예를 들어 손님 2와 4는 소고기와 치즈를 구매했고, 치즈를 좋아한다는 관점에서 유사하다. 물론 손님 4가 구매한 치킨은 아직 손님 2가 구매하지는 않았다. 대체적으로 둘은 유사한 성향을 보이는데, 이 사실을 바탕으로 손님 2에게 '당신과 유사한 성향의 손님 4가 치킨을 샀으니, 당신도 구매해보세요!'라고 제안할 수 있

고, 이게 바로 머신 러닝의 사용자 기반 협업 필터링(user based collaborative filtering) 추천 기법의 원리이다. 문제는 손님 간의, 물건 간의 이러한 관계를 하나씩 계산할 수 없는 데에 있다. 이 어려움을 해결하기 위해 행렬의 개념을 사용해보자.

표 2-3은 사실 손님이 물건에 평가를 매긴 평가행렬(rating matrix)이다. 이제 손님 간 유사한 정도를 알려주는 유사도로 구성된 유사도행렬(similarity matrix)을 구해보자.

❤ 표 2-4 손님 간 유사도행렬

	손님 1	손님 2	손님 3	손님 4
손님 1	0	0.13	0	0.28
손님 2	0.13	0	0.61	0.97
손님 3	0	0.61	0	0.59
손님 4	0.28	0.97	0.59	0

앞서 애기한 바와 같이 손님 2와 4는 아주 유사하게 나타났다. 이제 이 유사도행렬을 이용해서 손님 2에게 치킨을 추천해보자.

먼저 평가행렬과 유사도행렬을 곱해보자.

❤ 그림 2-12 평가행렬과 유사도행렬의 곱

	손님 1	손님 2	손님 3	손님 4
소고기	5	1		1
치킨	4			1
우유	4			
치즈		5	4	4
콩			5	

×

	손님 1	손님 2	손님 3	손님 4
손님 1	0	0.13	0	0.28
손님 2	0.13	0	0.61	0.97
손님 3	0	0.61	0	0.59
손님 4	0.28	0.97	0.59	0

곱하는 과정을 보면 평가행렬에서 각 제품에 대한 손님의 선호도 값과 유사도행렬에서 각 손님들 사이의 유사도 값을 곱하는 것이다. 예를 들어 손님 2의 치킨 선호도를 예측한 값은 손님 4뿐만 아니라 다른 손님과의 유사도를 모두 고려할 수 있고, 그림 2-12에서 노란 박스로 표시된 벡터의 내적과 같이 $4 \times 0.13 + 0 \times 0 + 0 \times 0.61 + 1 \times 0.97$인 1.49가 나온다. 이런 식으로 제품별로 각 손님이 선호하는 값을 계산하면 표 2-5와 같다.

	손님 1	손님 2	손님 3	손님 4
소고기	0.41	1.62	1.20	2.37
치킨	0.28	1.49	0.59	1.12
우유	0.00	0.52	0.00	1.12
치즈	1.77	6.32	5.41	7.21
콩	0.00	3.05	0.00	2.95

이 결과를 평가행렬과 비교하면 손님 2는 치킨을 구매하지 않았지만, 계산 결과에 의하면 1.49라는 꽤 높은 값이 나왔으니 앞으로 치킨을 구매하는 것을 추천할 수 있다. 또한, 콩 역시 높은 값이 나와서 콩도 권할 수 있다. 계산 결과가 0 또는 0에 가깝게 나온 경우에는 기준치를 정해서 그보다 작은 경우에는 추천하지 않을 수도 있다.

방금 살펴본 것은 추천 알고리즘을 굉장히 단순화한 예제이지만, 행렬 간의 곱셈이 데이터 분석에 어떻게 효과적으로 사용되는지를 보여주는 대표적인 예이다. 우리가 실제로 사용할 평가표에는 손님 수만 명과 아이템 수백 가지가 있을 수 있으며, 이를 행렬로 표현하여 행렬의 곱셈을 적용한다면 좀 더 쉽게 결과를 얻을 수 있다(물론 소프트웨어를 사용한다는 것을 전제로 한다).

2.5 행렬식, 역행렬 그리고 일차방정식

이 절에서는 행렬식과 역행렬 그리고 이를 이용한 일차방정식의 해를 구하는 방법을 살펴보고자 한다. 앞 절에서 우리는 항등행렬을 살펴봤다. 항등행렬은 항등행렬에 어느 행렬을 곱하면 항상 곱한 행렬이 나오는 신기한 행렬이었다. 이번에는 항등행렬을 어떤 행렬에 곱하는 것이 아니라 다른 두 행렬을 곱해 항등행렬이 나오는 경우를 생각해보자.

$$AB = I_n$$

행렬 A는 정방행렬이며 그 값이 주어져 있고, 행렬 I는 항등행렬이다. 이때 행렬 B는 모르는 상태이고 위 식을 통해 B를 구하려고 한다. 이 식을 만족하는 B는 왜 필요할까? 그리고 어떻게 찾을 수 있을까?

만약 A와 I의 값을 알고 있다면 B를 더 쉽게 구할 수 있다. 행렬 A를 어떤 행렬에 곱해서 항등행렬이 나오면 전체적인 식 계산이 훨씬 쉬워지기 때문이다. 이러한 어떤 행렬을 우리는 역행렬이라고 부르며 좀 더 정확한 정의는 다음과 같다. 다음 식을 만족하는 행렬 B가 있는 경우, 행렬 A는 비특이행렬(nonsingular matrix) 또는 가역행렬(invertible matrix), 정칙행렬(regular matrix)이라고 하며, B는 A의 역행렬이 된다.

$$AB=BA=I_n$$

이때 A의 역행렬 B는 A^{-1}로 표시하며 다음을 만족한다.

$$AA^{-1}=A^{-1}A=I_n$$

역행렬이 있으면 계산이 효율적이라는 것을 알 수 있는데, 그렇다면 과연 역행렬을 어떻게 구할까? 다행히도 역행렬을 구하는 공식이 이미 정리되어 있다. 다음은 역행렬을 계산하는 식이다.

$$A=\begin{bmatrix} a & b \\ c & d \end{bmatrix}$$

$$A^{-1}=\frac{1}{det(A)}\begin{bmatrix} d & -b \\ -c & a \end{bmatrix}$$

Note ≡   역행렬은 다음과 같은 특징이 있는데, 우선 A와 A의 역행렬을 곱하면 항상 항등행렬이 된다.

$$AA^{-1}=A^{-1}A=I_n$$

또한, ABC 세 행렬의 곱셈에 대한 역행렬은 다음과 같이 나타날 수 있다. 행렬 곱셈 전체에 대한 역행렬이 있다면 곱한 행렬도 각각 역행렬이 하나씩 있다는 의미이다.

$$(ABC)^{-1}=C^{-1}B^{-1}A^{-1}$$

그리고 A가 역행렬이 있으면 A의 역행렬도 역행렬이 있다.

$$A^{-1}=B,\ B^{-1}=A$$

A의 전치행렬(transpose matrix)의 역행렬은 A의 역행렬의 전치행렬과 같은 특징도 있다. 이때 전치행렬이란 기존 행렬에서 대각선을 중심으로 행과 열을 바꾸어 얻는 행렬이다. A의 전치행렬은 A^T로 표현한다.

$$(A^T)^{-1}=(A^{-1})^T$$

이때 $det(A)$를 행렬 A의 행렬식(determinant)이라 하며, 그 값은 스칼라 즉, 숫자가 된다. A의 행렬식을 구하는 방식은 다음과 같다.

$$|A|=ad-bc$$

A가 3×3 정방행렬이라면 그때는 소행렬식(minor)[4]과 여인수(cofactor)[5]를 통해 계산할 수 있다.

```
>>> import numpy as np
>>> a = np.array([[1., 2.], [3., 4.]])
>>> np.linalg.inv(a)      # 역행렬
array([[-2. ,  1. ],
       [ 1.5, -0.5]])

>>> np.linalg.det(a)      # 행렬식
-2.0000000000000004
```

행렬식의 결과는 스칼라이고, 행렬 A의 원소의 값에 따라 다양한 값이 될 수 있다. 행렬식이 0이면 어떻게 될까? 이 경우는 1을 0으로 나누는 것이어서 우리가 수학에서 불능(不能)이라고 부르는, 답을 구할 수 없는 경우가 된다. 그렇기 때문에 행렬식이 0이면 역행렬을 구할 수 없다. 그러므로 행렬식을 먼저 계산하는 것은 어떤 행렬이 역행렬을 가질 수 있는지를 알려주는 중요한 정보가 된다.

2.4절에서 행렬이 일종의 함수나 필터의 역할로 주어진 입력을 변환해 결과를 얻을 수 있으며, 그 예로 방정식을 제시하였다. 일차방정식의 해를 행렬로 구하는 내용을 다시 한 번 살펴보자. 우선 방정식이란 주어진 식에서 미지수를 구하는 것을 의미하고, 일차라는 것은 그 미지수가 미지수^{1}임을 의미한다. 참고로 이차인 경우에는 미지수의 제곱으로 미지수^{2}이 된다. 일차방정식을 푼다는 말은 제곱이 없는 미지수로 구성된 식을 통해 미지수를 알아내는 것을 말한다. 다음 예를 살펴보자.

$$2x+3y=1$$
$$x-2y=4$$

이원일차방정식으로 두 미지수 x와 y로 구성된 식이 두 개 있다. 이때 x와 y의 위치를 눈여겨보자. 미지수인 x와 y는 식에서 순서대로 나오며 두 식에 모두 등장한다. 미지수 앞에 붙은 숫자를 계수(coefficient)라고 부르는데, 계수만 따로 보면 첫 번째 행은 2와 3, 두 번째 행은 1과 -2인 행렬로 볼 수 있다. 그렇다면 방정식의 좌변은 계수로 구성된 행렬에 x와 y로 구성된 벡터를 곱한 것과 같다. 앞의 방정식을 조금 다르게 표현하면 다음과 같다.

---

4 행렬 A의 행이나 열을 제거하여 행렬 A보다 작게 만드는 행렬을 소행렬이라고 하는데 이때 소행렬의 행렬식이 소행렬식이다.

5 소행렬의 행렬식에 적당한 부호를 붙인 값으로 행렬 A의 행렬식을 구할 때 사용된다.

$$\begin{bmatrix} 2 & 3 \\ 1 & -2 \end{bmatrix} \begin{bmatrix} x \\ y \end{bmatrix} = \begin{bmatrix} 1 \\ 4 \end{bmatrix}$$
$$A \qquad x \;\; = \;\; b$$

계수로 구성된 행렬을 A, 미지수로 구성된 벡터를 x라고 하면 앞의 방정식 좌변은 A와 x의 곱으로 나타난다. 그리고 방정식의 우변은 1과 4로 구성된 벡터 b가 된다.

우리가 알고 싶은 것은 바로 미지수로 구성된 x라는 벡터 값이다. 어떻게 구할 수 있을까? 앞서 살펴본 역행렬을 떠올려보자. A의 역행렬을 구할 수 있는지 확인해보고, 가능하다면 양변에 곱해보자. 같은 역행렬을 양변에 곱하면 식의 등호는 그대로 유지된다(등식의 양변에 같은 값을 곱하면 등호는 유지된다). A의 역행렬은 다음과 같이 구할 수 있다.

$$A^{-1} = \frac{1}{det(A)} \begin{bmatrix} d & -b \\ -c & a \end{bmatrix}$$

그리고 행렬식 $det(A)$는 다음과 같이 구한다.

$$det(A) = \begin{vmatrix} a & b \\ c & d \end{vmatrix} = ad - bc$$
$$(2 \times -2) - (3 \times 1) = -4 + (-3) = -7$$

이 예에서는 0이 아닌 -7이 나온다. 이제 걱정 없이 역행렬의 식에 행렬식 값인 -7을 넣어 A의 역행렬을 구해보자.

$$A^{-1} = \frac{1}{-7} \begin{bmatrix} -2 & -3 \\ -1 & 2 \end{bmatrix} = \frac{1}{7} \begin{bmatrix} 2 & 3 \\ 1 & -2 \end{bmatrix}$$

이제 이 역행렬을 원래의 방정식을 나타냈던 등식 $Ax=b$의 양변에 동일하게 곱하자. 곱할 때 행렬의 곱셈에서 교환 법칙은 성립되지 않음에 유의해야 한다.

$$A^{-1}Ax = A^{-1}b$$

좌변의 $A^{-1}A$는 역행렬 정의에 의해 항등행렬 I가 나온다. 그리고 항등행렬에는 어떤 값을 곱해도 곱한 값이 다시 나오니 좌변은 벡터 x만 남는다. 이제 우변을 살펴보자. $A^{-1}b$의 값은 다음처럼 A의 역행렬과 벡터 b의 곱을 통해 직접 계산할 수 있다.

$$x = \frac{1}{7} \begin{bmatrix} 2 & 3 \\ 1 & -2 \end{bmatrix} \begin{bmatrix} 1 \\ 4 \end{bmatrix} = \frac{1}{7} \begin{bmatrix} 14 \\ -7 \end{bmatrix} = \begin{bmatrix} 2 \\ -1 \end{bmatrix}$$

즉, 미지수 벡터는 2와 −1의 값을 갖고, 원래 알고자 한 미지수 x는 2, 미지수 y는 −1이 됨을 알 수 있다. 결과적으로는 행렬을 활용하여 일차방정식이 해결된 셈이다.

행렬의 곱셈과 역행렬을 사용해 일차방정식의 해를 구하는 것은 대표적으로 행렬을 활용한 방법이다. 다음 절에서는 이러한 행렬의 성질이 데이터 분석에서 어떻게 사용되는지 살펴보겠다.

2.5.1 분석모형 응용–마르코프 체인

러시아의 수학자 안드레이 안드레예비치 마르코프는 1907년에 재미있는 확률 모형을 제안하였다. 예를 들어 오늘 비가 왔는데, 내일 비가 오거나 안 오는 경우가 있다. 모든 경우는 확정적이지 않고 확률적(stochastic)으로 발생한다. 이제 내일로 넘어가보자. 내일도 모레도 비가 오거나 안 오는 경우가 있다. 과거의 경험으로 오늘 비가 왔을 때 내일 비가 올 확률은 0.6, 안 올 확률은 0.4로, 오늘 비가 안 왔을 때 내일 비가 올 확률은 0.5, 안 올 확률도 0.5로 가정했다.

♥ 그림 2–13 어제부터 내일까지 비 오는 경우의 수

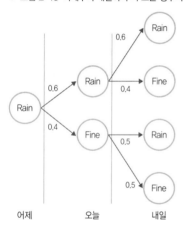

이때 우리가 관심을 갖는 비가 오거나, 안 오는 것을 '상태(state)'라고 부를 수 있다. 이처럼 연쇄적으로 어떤 상태를 확률 모형화한 것을 마르코프 체인(Markov Chain)이라 한다. 마르코프 체인은 현실 세계에서 상태 변환이 확률적으로 이뤄지는 시스템에 많이 적용된다.

이러한 마르코프 체인을 좀 더 쉽게 사용하려면 앞의 그림 2-13을 좀 더 간결하게 표현하는 것이 유리하다. 물론 어제, 오늘, 내일의 모든 상태 간 관계를 나타낼 수는 없지만, 매일매일 상태가 전이(transition)되는 관계를 그림 2-14처럼 표현할 수 있다.

▼ 그림 2-14 오늘 강수 여부에 따른 내일 강수 확률

		내일의 상태	
		Rain	Fine
오늘의 상태	Rain	0.6	0.4
	Fine	0.5	0.5

즉, 오늘 비가 왔는지만 알면 내일 비가 오는지, 안 오는지를 파악할 수 있다. 예를 들어 오늘 비가 왔으면 내일 비가 올 확률은 0.6이 된다. 반면, 오늘 날씨가 좋았는데 내일 비가 올 확률은 0.5가 된다. 이 행렬은 상태 간 전이를 알려주며 행에서 출발해 열로 나가는 관계를 갖고 있고, 이를 전이행렬(transition matrix)이라 한다.

재미있는 점은 전이행렬이 나타내는 일별 상태 간 전이 관계를 바탕으로, 모레에 비 올 확률도 예측할 수 있다는 점이다. 어떻게 할 수 있을까? 오늘 비가 왔고 내일도 비 올 확률은 0.6이 된다. 이 상태에서 모레 비 올 경우는 내일이 되었을 때 다음날 비가 오는 것이므로 0.6×0.6의 확률이다. 내일 비가 안 오지만 모레 비 올 경우의 확률은 0.4×0.5가 된다. 즉, 오늘 비가 오고 모레에 비가 올 확률은 0.6×0.6 + 0.4×0.5가 된다. 이런 식으로 가능한 네 개의 조합에 대한 확률을 모두 구해 모레의 날씨를 예측할 수 있다. 이 계산을 좀 더 쉽게 하려면 전이행렬에 전이행렬을 곱하면 된다. 전이행렬은 오늘과 내일의 날씨 관계만 알려주고, 내일의 입장에서 다시 전이행렬은 내일과 모레의 날씨 관계만 알려준다. 그렇다면 전이행렬을 두 번 곱하면 오늘을 바탕으로 모레의 날씨 상태를 알 수 있다.

$$전이행렬 \times 전이행렬 = \begin{bmatrix} 0.6 & 0.4 \\ 0.5 & 0.5 \end{bmatrix} \begin{bmatrix} 0.6 & 0.4 \\ 0.5 & 0.5 \end{bmatrix}$$

3일 후의 날씨는 전이행렬을 세 번 곱하면 되고, 4일 후는 네 번 곱하면 된다. 전이행렬을 이렇게 계속 거듭제곱하다 보면 더 이상 계산 결과가 변하지 않게 되는데, 그 관계가 장기적인 상태 간 전이 확률(steady state transition matrix)을 알려준다고 한다.

어떻게 보면 마르코프 체인은 상태 간 전이를 행렬로 구성한 후 거듭제곱하여 장기적으로 상태가 어떻게 변하는지를 예측할 수 있는 좋은 방법이 된다. 이러한 마르코프 체인을 자세히 살펴보면 더 복잡한 내용이 많이 있겠지만, 여기서는 더 깊게 들어가지 않겠다. 다만, 마르코프 체인을 통해 공학과 사회과학의 많은 현상을 효과적으로 이해할 수 있다는 점과 단순한 행렬의 곱셈만으로도 재미있는 결과를 얻을 수 있다는 점만 알아두자. 참고로 마르코프 체인은 알파고에 사용된 강화학습에서도 중요하게 활용되며, 베이지안 통계학에서도 사용되고 있다.

2.6
행렬의 분해:
고윳값과 고유 벡터, 대각화

앞서 우리는 행렬의 곱셈만으로 (역행렬도 사용하기는 했지만) 일차방정식의 해를 구했고, 마르코프 체인에도 응용해보았다. 이제 마르코프 체인에서 전이행렬을 거듭제곱하는 경우를 생각해보자.

한 전이행렬이 있는데, 이 전이행렬이 다루는 상태의 개수는 10,000개이다. 그리고 이 전이행렬은 10,000개의 상태에서 10,000개의 상태로의 전이 확률을 값으로 갖는다. 10,000행 10,000열짜리 행렬을 거듭제곱한다면 생각보다 쉬운 작업은 아닐 것이다. 특히 원소가 0이 아닌 행렬이라면 곱해야 하는 원소가 많아 계산량이 많아진다. 그리고 만약 행과 열의 수가 각 1,000,000개가 된다면 이제는 복잡한 계산 문제로 바뀐다. 행렬의 곱셈 자체는 그리 어려운 것은 아니지만, 실생활의 문제를 다루다 보면 행과 열이 큰 행렬을 곱하게 되는데, 이는 종종 어려운 문제가 된다. 어떻게 하면 잘 해결할 수 있을까?

만약 행렬에 0이 아주 많다면, 다르게 표현해서 값이 아주 희박(sparse)하다면 의외로 쉽게 곱셈할 수 있다. 곱하는 두 행렬에서 한 행렬이라도 원소가 0이면 계산하지 않아도 결과가 0이라는 것을 쉽게 알 수 있기 때문이다. 이 부분에서 여러분은 아마도 2장 초반에 다룬 다양한 행렬의 종류 가운데 영행렬, 대각행렬, 상삼각행렬, 하삼각행렬 등을 떠올렸을 것이다. 바로 0이 많이 포함된 행렬들이다. 행렬의 곱셈에서 이렇게 0이 많은 행렬을 활용한다면 아무리 큰 행렬이라도 생각보다 단순하게 계산할 수 있다.

$$M = \begin{bmatrix} 0.1 & ... & 0.4 \\ ... & 0.6 & ... \\ 0.4 & ... & 0.5 \end{bmatrix}$$

주어진 정방행렬 M을 0이 많이 포함된 다른 행렬의 곱으로 표현할 수 있다. 예를 들어 10이 2와 5의 곱인 것처럼 행렬 M도 다른 행렬의 곱으로 나타낼 수 있다고 하자. 만약 $P^{-1}MP$가 대각행렬이 되면서 역행렬이 있는 행렬 P를 찾을 수 있으면 정방행렬 M은 대각화가 가능하다(diagonalizable)고 표현한다. 대각화의 구체적인 알고리즘을 직관적으로 이해하면 행렬 P의 역행렬과 정방행렬 M과 행렬 P를 곱한 것이 대각행렬이 된다는 의미이고, 대각화를 통해서 이런 계산 결과가 가능한 행렬 P를 찾는다는 것이다. 여기서 주목해야 하는 것은 행렬 P와 P의 역행렬이 사용된다는 점이다.

예를 들어 M을 10번 거듭제곱한다면 다음과 같이 계산해야 한다.

$$M^{10}=MMMMMMMMMM$$

이때 대각화가 가능하여 P와 P의 역행렬을 찾았다고 하자. 그러면 위의 식은 대각화의 정의에 따라 다음과 같이 표현할 수 있다.

$$P^{-1}MP=D(D\text{는 대각행렬})$$

이후 양변에 P와 P의 역행렬을 동일하게 곱하면

$$PP^{-1}MPP^{-1}=PDP^{-1}$$

P와 P의 역행렬은 정의에 의해 항등행렬이 되는 것을 볼 수 있다.

$$IMI=PDP^{-1}$$

결국 $M=PDP^{-1}$이 된다. 이제 P와 D를 사용하여 M의 거듭제곱 식에 넣어보자.

$$M^{10}=MMMMMMMMMM$$
$$=PDP^{-1}PDP^{-1}PDP^{-1}PDP^{-1}PDP^{-1}PDP^{-1}PDP^{-1}PDP^{-1}PDP^{-1}PDP^{-1}$$
$$=PDP^{-1}PDP^{-1}PDP^{-1}PDP^{-1}PDP^{-1}PDP^{-1}PDP^{-1}PDP^{-1}PDP^{-1}PDP^{-1}$$

색칠된 부분은 항등행렬이 되어서 다음처럼 표현된다.

$$=PDIDIDIDIDIDIDIDIDIDP^{-1}$$
$$=PDDDDDDDDDDP^{-1}$$

대각에만 값이 있는 대각행렬 D를 거듭제곱한다면 대각 위 원소만 거듭제곱해도 결과 행렬을 계산할 수 있다. 그리고 나서 P와 P의 역행렬만 계산하면 복잡한 계산을 간단하게 수행할 수 있다.

행과 열이 10,000개인 행렬의 곱셈은 각 행렬에 원소 1억 개가 있고, 두 행렬의 곱셈에서는 1억 개 원소 간의 내적을 구해야 한다. 하지만 대각화를 한다면 대각 위 원소 10,000개만 제곱하여, 즉 P와 P의 역행렬만 곱하면 답을 구할 수 있다.

$$\begin{bmatrix} 1 & 0 & 0 \\ 0 & 2 & 0 \\ 0 & 0 & 3 \end{bmatrix} \times \begin{bmatrix} 1 & 0 & 0 \\ 0 & 2 & 0 \\ 0 & 0 & 3 \end{bmatrix} = \begin{bmatrix} 1 & 0 & 0 \\ 0 & 2^2 & 0 \\ 0 & 0 & 3^2 \end{bmatrix} = \begin{bmatrix} 1 & 0 & 0 \\ 0 & 4 & 0 \\ 0 & 0 & 9 \end{bmatrix}$$

이러한 대각화는 주어진 행렬을 다른 행렬의 곱으로 나타낸 것이고 분해(decomposition)라는 표현을 사용하기도 한다.

그렇다면 행렬의 분해는 단지 계산을 쉽게 하기 위해서만 사용할까? 사실 행렬의 분해는 데이터 분석에 도움이 되기도 한다. 그중 많이 사용되는 것이 바로 행렬의 고윳값(eigenvalue, characteristic value)과 고유 벡터(eigenvector, characteristic vector)를 찾아주는 고윳값 분해다.

행렬과 벡터를 곱하면 새로운 값을 갖는 벡터가 결과로 나온다. 원래의 벡터는 행렬에 의해 변형이 일어나 새로운 벡터가 되고, 이때 행렬은 벡터를 선형 변환시킨다. 그리고 우리는 주어진 행렬 A에 대해서 다음을 만족하는 x와 λ를 고유 벡터와 고윳값으로 정의한다.

$$Ax = \lambda x$$

이때 A는 $n \times n$ 행렬이고, x는 원소를 n개 갖는 벡터, λ는 상수가 된다. 앞의 식을 만족하는 x와 λ가 있다면 행렬 A를 x와 λ로 알 수 있다. 즉, 벡터 x를 행렬 A로 선형 변환한 Ax 값이 벡터 x와 λ를 곱한 값과 같게 된다. 앞의 식을 다시 표현하면 $(A - \lambda I)x = 0$이 되며, I는 $n \times n$ 항등행렬이 되며 $(A - \lambda I)$도 행렬이 된다.

$$(A - \lambda I)\, x = 0$$

이 식에서 x가 0이 아닌 해를 가지기 위해서는 행렬 $(A - \lambda I)$가 역행렬을 가지면 안 된다. 행렬$(A - \lambda I)$의 역행렬이 존재하면 x는 0이라는 값을 갖게 되기 때문이다. $(A - \lambda I)$의 역행렬이 나오지 않게 하려면 $(A - \lambda I)$의 행렬식이 0이 되어야 하며, 이는 x가 0이 아닌 해를 가질 필요충분조건이 된다.

$$det(A - \lambda I) = 0$$

우리는 이 식을 A의 특성방정식(characteristic equation)이라고도 지칭하며, 이 방정식을 풀면 고윳값인 λ를 찾을 수 있다. 그리고 고윳값을 찾은 후에는 $Ax = \lambda x$에 λ를 대입하여 x를 구할 수 있으며 이 값이 고유 벡터가 된다. 즉, A를 λ와 x로 나타낼 수 있다.

이제 주어진 행렬 A의 고윳값과 고유 벡터를 구하는 간단한 예제를 살펴보자.

$$A = \begin{bmatrix} 1 & -2 \\ 3 & -4 \end{bmatrix}$$

행렬 A에서 λI를 뺀 결과는 다음과 같다. 이때 I는 2×2 항등행렬임을 기억하자.

$$A - \lambda I = \begin{bmatrix} 1 - \lambda & -2 \\ 3 & -4 - \lambda \end{bmatrix}$$

그리고 행렬 $A-\lambda I$의 행렬식을 구하면 다음과 같다.

$$det(A-\lambda I)=(1-\lambda)(-4-\lambda)-(3)(-2)=\lambda^2+3\lambda+2$$

이때 앞서 살펴본 정의에 의해 행렬식의 값은 0이 되어야 한다. 그러므로 다음의 방정식을 푸는 문제로 바뀌게 된다.

$$\lambda^2+3\lambda+2=0$$

이 방정식은 중고등학교에서 배운 방식으로 해결하면 $(\lambda+1)(\lambda+2)=0$으로 변경하여 λ는 −1 또는 −2를 갖는다. 혹은 근의 공식에 대입해서 해를 구할 수도 있다.

λ의 값이 −1이나 −2이므로 각각을 $Ax=\lambda x$를 다르게 표현한 $(A-\lambda)x=0$에 대입해보자.

우선 −1을 대입하면 고유 벡터의 두 원소는 같은 값이라는 해가 나온다.

$$\begin{bmatrix} 1 & -2 \\ 3 & -4 \end{bmatrix}\begin{bmatrix} x_1 \\ x_2 \end{bmatrix}=-1\begin{bmatrix} x_1 \\ x_2 \end{bmatrix} \Rightarrow \begin{matrix} x_1-2x_2=-x_1 \\ 3x_1-4x_2=-x_2 \end{matrix} \Rightarrow \begin{matrix} 2x_1-2x_2=0 \\ 3x_1-3x_2=0 \end{matrix}$$

$$\Rightarrow \quad x_1-x_2=0 \quad \text{또는} \quad x_1=x_2$$

같은 값이라는 것을 t라는 매개변수로 표현하면 다음과 같다.

$$t\begin{bmatrix} 1 \\ 1 \end{bmatrix}$$

즉, 고윳값 −1에 대한 고유 벡터는 위와 같이 $\begin{bmatrix} 1 \\ 1 \end{bmatrix}$에 t 배수인 벡터로 표현이 된다.

이제 고윳값이 −2인 경우를 살펴보자.

$$\begin{bmatrix} 1 & -2 \\ 3 & -4 \end{bmatrix}\begin{bmatrix} x_1 \\ x_2 \end{bmatrix}=-2\begin{bmatrix} x_1 \\ x_2 \end{bmatrix} \Rightarrow \begin{matrix} x_1-2x_2=-2x_1 \\ 3x_1-4x_2=-2x_2 \end{matrix} \Rightarrow \begin{matrix} 3x_1-2x_2=0 \\ 3x_1-2x_2=0 \end{matrix}$$

이 식을 만족하는 고유 벡터의 값은 $3x_1=2x_2$ 관계를 만족하고 다음처럼 표현할 수 있다.

$$t\begin{bmatrix} 2 \\ 3 \end{bmatrix}$$

이제 고유 벡터를 다 구했다.

고윳값과 고유 벡터를 구하는 과정을 살펴보며, 한 가지 의문이 들었을 것이다. "도대체 왜 이렇게 계산을 해야할까!" 사실, 고윳값과 고유 벡터는 어떤 행렬의 특징을 알려주는 역할을 한다. 사람으로 치면 키와 몸무게처럼, 행렬도 고유한 특징의 값을 갖기 때문이다. 고윳값과 고유 벡터는 행렬의 어떤 특징을 나타내는 것일까? 이전에 행렬은 일종의 필터 역할을 한다고 했다. 필터라는 것은 한 벡터를 공간에서 다른 벡터로 변환시켜주는 것을 의미한다. 이때 공간상에서 벡터가 변환한다는 것은 벡터의 크기(magnitude)와 방향(direction)이 바뀌는 것을 의미한다. 그리고 행렬이 갖는 고유한 특징인 고유 벡터와 고윳값에 따라, 어떤 벡터는 어떤 행렬이 고유하게 갖는 크기와 방향으로 변환하기도 한다. 이때, 고윳값은 그 크기를 나타내는 역할을 하며(내적을 거치며 길이가 바뀐다), 고윳 벡터는 방향을 나타내는 역할을 하는 것이다. 그 행렬만이 갖는 변환의 특징을 잘 잡아낸 것이 고윳값과 고유 벡터인 셈이다.

2.6.1 분석모형 응용-주성분 분석

이제 고윳값과 고유 벡터가 널리 활용되는 분야를 살펴보자. 살펴본 바와 같이 고윳값과 고유 벡터는 어떤 행렬이 갖는 특징이다. 바꿔 말하면, 어떤 행렬을 대표하는 고유한 값이라고 이해할 수 있다. 그럼 어떤 행렬 대신 고윳값과 고유 벡터를 통해 그 행렬을 '대신'할 수도 있을 것이다. 그냥 '대신'하는 것이 아니라 분해를 통해 좀 더 단순한 형태로, 하지만 원래 행렬의 특징은 더 잘 드러나게 표현할 수 있다. 그래서 고윳값과 고유 벡터는 크기가 큰 행렬(많은 변수를 갖는 어떤 데이터셋의 공분산행렬 또는 상관관계행렬)을 나타낼 때 해당 데이터셋의 변수 크기를 줄여주는 역할을 하며, 이를 차원 축소(dimension reduction)라 한다. 그리고 이러한 기법의 이름을 주성분 분석(principal component analysis)이라고 한다.

예를 들면 그림 2-15와 같이 변수 세 개로 표현된 점 열 한 개가 있다고 하자. 이 점들은 변수 세 개로 설명이 되지만, 더 잘 설명할 수 있는 두 개의 관점(주성분)을 찾아 그 관점으로 설명한다면 점 열 한 개의 특성을 더 잘 나타날 수 있다.

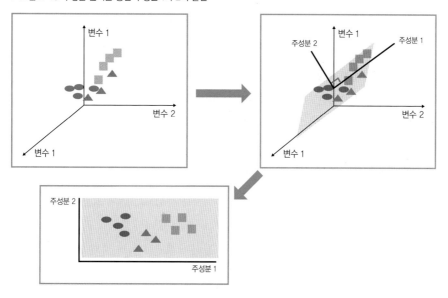

▼ 그림 2-15 주성분 분석을 통한 주성분 1과 2의 발견

> Note ≡ 앞서 자료 구조에서 살펴본 '차원'과 이 절에서 얘기하는 '차원'의 성격은 다르다. 앞서 파이썬 자료 구조 부분에서 살펴본 '차원'은 자료 형태를 나타냈는데, 예를 들어 2차원이면 행과 열이 있는 자료 구조였다. 반면에 여기서의 '차원'은 변수의 개수를 나타내고, '차원'의 감소는 분석 시 사용하는 변수 개수의 감소를 의미한다. 이런 맥락에서 차원의 저주(curse of dimensionality)라는 표현도 간혹 볼 수 있는데, 변수가 많으면 분석 모델링에 어려운 점이 늘어나는 것을 의미한다.

주성분 분석은 기본적으로 고윳값과 고유 벡터를 활용하여 자료(행렬)를 다르게 표현하는 방법인데, 특히 행렬에서 열에 해당하는 변수를 주성분으로 대신할 수 있다. 주성분 분석에 대한 너무 상세한 내용이나 수식보다는 우선 직관적으로 이해해보자. 앞에서 살펴본 것처럼 변수들은 각 특성을 나타내다 보니 사실 서로 관련이 없어야 하지만, 현실에서는 상관관계가 어느 정도 존재한다. 일반적으로 변수들이 서로 상관관계가 없다면 좀 더 효과적으로 데이터를 분석할 수 있다. 그래서 주성분은 기존 변수의 선형 변환을 통해 상관관계가 적은 새로 만들어진 변수를 의미한다.

여기서의 선형 변환이라는 것은 기존 변수를 나타낸 데이터를 다음과 같은 변수에 어떤 값을 곱하고 더하여 일차식으로 변환해서 새로운 값을 얻는 것을 의미한다.

주성분=계수×원데이터(raw data)+절편

즉, 원데이터에 한 숫자를 곱하고, 또 다른 숫자를 더해서 새로운 값으로 만드는 것이 바로 주성분이 된다. 주성분은 최대로 원래 변수의 개수만큼 만들 수 있다. 그런데 첫 번째 주성분부터 원데이터를 최대한 잘 표현해 만들다 보니, 마지막에 만드는 주성분은 별로 영양가가 없을 수 있다. 그러므로 주성분 분석에서 주성분은 변수의 개수보다 적게 사용한다.

어떻게 해서 주성분 사이에서 선형적인 관계가 안 나오는 것일까? 선형 관계란 한 변수가 커질 때 다른 변수도 커지거나 작아지는 관계이다. 그런데 인위적으로 주성분들은 서로 수직이 되도록 생성되어 선형적인 상관관계가 없는 것이며, 기존 변수(행렬의 열에 해당하는)가 주성분에 의해 행렬에서 새로운 좌표로 표현된다. 특히, 자료의 분산이 잘 표현되니 원래 행렬이 갖는 분산을 잘 나타내게 된다. 즉, 주어진 데이터의 변수보다 적은 수의 주성분으로 주어진 데이터를 최대한 많이 표현한다.

여기서 한 가지 궁금한 점은 자료를 잘 나타낸다는 것이 자료의 정보를 많이 표현한다는 것과 같은 의미냐라는 것이다. 사실 정보라는 것은 한 가지 고정된 어떤 값에서 변화가 없다면 굳이 그 정보를 알 필요도 없고 정보의 가치도 없게 된다. 즉, 각 값이 중심에서 어느 정도 떨어져서 변동이 있어야 우리는 그 데이터를 통해 분석할 이유가 있는 것이다. 이러한 변동을 우리는 일반적으로 자료가 갖는 정보로 이해할 수 있다. 원데이터의 변수도 이러한 정보를 나타내지만, 주성분은 이러한 정보를 더 잘 나타낸다. 그것도 분산을 더 잘 나타내는 주성분을 찾을 수 있다.

다음 그림을 통해서 주성분이 어떻게 구해지는지 살펴보자.

▼ 그림 2-16 주성분 발견 과정

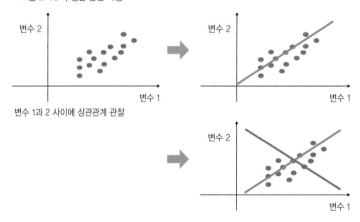

예를 들어 변수가 두 개인 데이터(열이 두 개인 행렬)가 있다고 하자. 이 데이터들은 그림 2-16과 같이 회색 점으로 분포되어 있다. 변수 간의 관계를 살펴보니 변수 1과 2는 선형적인 상관관계가 존재한다. 그렇다면 주성분을 통해 상관관계가 없는 새로운 두 변수를 만들어 보자.

우선 첫 번째 주성분은 데이터의 정보를 가장 잘 표현하는 축을 찾아준다. 그림 2-16에서는 데이터를 가장 잘 나타내는 주황색 직선이 된다. 첫 번째 주성분 위의 좌표로 각 점들을 표현할 수 있다. 그리고 주황색 직선은 변수 1과 2의 선형식으로 나타낼 수 있다. 이제 두 번째 주성분을 찾아보자.

우리가 공들여 찾은 첫 번째 주성분과 선형 관계가 없어야 하니 첫 번째 주성분에 수직인 직선을 찾아야 한다. 회색 직선이 하는 역할은 주황색 직선에 의해 미처 설명되지 못했던 데이터의 정보를 설명하는 것이다. 그리고 데이터들은 두 번째 주성분 위의 좌표로 표현된다.

다음 코드에서는 원래 주어진 변수 세 개로 표현되는 데이터를 주성분 분석하며, 결과 중 1열과 2열이 바로 주성분 1과 주성분 2에 해당된다(당연히 3열은 주성분 3이 된다.)

```
# sklearn 패키지 decomposition 모듈의 PCA 함수 불러오기
>>> from sklearn.decomposition import PCA
>>> M = np.array( [[-1, -1, -1], [-2, -1, 2], [-3, -2, 0], [1, 1, 2], [2, 1, 1], [3, 2,
4], [2, 0, 3], [3, 5, 1], [4, 2, 3], [3, 3, 2]] )    # 원래 데이터
>>> pca = PCA(n_components=2)                          # 주성분을 두 개로 지정
# 주성분 분석
>>> pca.fit(M)
PCA(copy=True, iterated_power='auto', n_components=2, random_state=None,
svd_solver='auto', tol=0.0, whiten=False)
>>> PC = pca.transform(M)
# w는 고윳값, V는 고유 벡터
>>> w, V = np.linalg.eig(pca.get_covariance())
# 원래 데이터를 나타내는 주성분 세 개
>>> V.T.dot(M.T).T
array([[-1.63789386,  0.38309423, -0.41296792],
       [-1.50265209, -1.67967793,  1.98008049],
       [-3.43143719, -0.83088857,  0.73134327],
       [ 1.9287851 , -0.84878936,  1.24873722],
       [ 2.3753258 ,  0.28259255,  0.52722744],
       [ 4.59500215, -1.03189193,  2.61173397],
       [ 2.3475376 , -0.06571181,  2.73582697],
       [ 5.55104049, -1.38406422, -1.5067567 ],
       [ 5.04154285,  0.09948998,  1.89022418],
       [ 4.62279035, -0.68358757,  0.40313444]])
```

지금까지 살펴본 것처럼 자료를 행렬로 표현하면 선행대수를 활용할 수 있어 데이터 분석을 더 효율적으로 할 수 있다. 다음 절에서 실습을 통해 다양한 내용을 연습해보자.

2.7 파이썬 실습

1. numpy, scipy 이용해 다양한 선형대수 연산하기

```
>>> import numpy as np
>>> from scipy import linalg, sparse

# 다양한 행렬 생성하기
>>> A = np.matrix(np.random.random((2, 2)))      # 임의의 2×2 행렬
>>> b = np.random.random((2, 2))                 # 2×2의 numpy array를 생성
>>> B = np.asmatrix(b)                           # 2차원 배열을 행렬로 변환
>>> C = np.mat(np.random.random((10, 5)))        # 임의의 10×5 행렬
>>> D = np.mat([[3, 4], [5, 6]])      # 2차원 자료를 나타낸 리스트를 행렬로 표현

# 생성된 행렬값을 출력하기(A, B, C는 랜덤하게 생성된 행렬이어서 출력되는 값은 다를 수 있음)
>>> print(A)
[[0.23802577 0.83021245]
 [0.27761001 0.41390777]]
>>> print(B)
[[0.98366338 0.93891379]
 [0.31946012 0.70162502]]
>>> print(C)
[[0.47942554 0.14614912 0.72527566 0.24848096 0.672195  ]
 [0.95391968 0.53811287 0.4381367  0.41756843 0.67695504]
 [0.7973271  0.35189987 0.20631437 0.33594133 0.42311024]
 [0.65076435 0.89150768 0.41177873 0.0802376  0.48507753]
 [0.43534521 0.90750782 0.81458807 0.29733113 0.19031471]
 [0.96064973 0.79412535 0.55409336 0.92349208 0.53128102]
 [0.28941246 0.95789271 0.78484396 0.97818842 0.10871831]
 [0.17874455 0.73936612 0.19987832 0.44403499 0.25813561]
 [0.20198655 0.05437364 0.17213718 0.76249775 0.71608498]
 [0.08927154 0.68623912 0.25118742 0.77492885 0.42316711]]
>>> print(D)
[[3 4]
 [5 6]]

>>> A.I              # A의 역행렬
matrix([[-4.63127975,  1.90409431],
        [ 4.87385971, -0.9422031 ]])
>>> linalg.det(A)    # A의 행렬식
```

```
-0.20338917932186817
>>> A.T                    # A의 전치행렬
matrix([[0.19163392, 0.99129033],
        [0.38727218, 0.94195219]])


>>> np.add(A, D)          # A와 D의 합
matrix([[3.19163392, 4.38727218],
        [5.99129033, 6.94195219]])
>>> np.subtract(A, D)     # A와 D의 차
matrix([[-2.80836608, -3.61272782],
        [-4.00870967, -5.05804781]])
>>> np.divide(A, D)       # A 나누기 D
matrix([[0.06387797, 0.09681804],
        [0.19825807, 0.15699203]])


>>> print(D@B)                   # D와 B의 행렬곱을 @로 계산
[[1.77196455 0.98728987]
 [2.78505526 1.52286312]]
>>> print(np.dot(D, B))          # D와 B의 행렬곱을 numpy의 dot 함수로도 계산할 수 있다
[[1.77196455 0.98728987]
 [2.78505526 1.52286312]]
>>> print(np.multiply(D, B))     # 행렬 D와 B에 대해서, 행렬곱이 아닌 대응되는 원소끼리의
                                 #   단순 곱셈 수행

[[0.76265056 0.3354265 ]
 [1.26164249 1.10357999]]


>>> G = np.mat(np.identity(2))  # 2×2 항등행렬
>>> G
matrix([[1., 0.],
        [0., 1.]])
```

2. 행렬 A의 고윳값, 고유 벡터 구하기

```
>>> linalg.eigvals(A)         # 행렬 A의 고윳값 확인
array([-0.2627262 +0.j,   1.24344323+0.j])


>>> la, v = linalg.eig(A)     # A의 고유 벡터
>>> l1, l2 = la               # 고윳값을 l1, l2로 받기
>>> v[:,0]                    # 첫 번째 고유 벡터
array([-0.74270385,  0.66962003])
>>> v[:,1]                    # 두 번째 고유 벡터
array([-0.33222483, -0.94320022])
```

3. 희소행렬을 만들고 확인하기

```
>>> C[C > 0.5] = 0
>>> H = sparse.csr_matrix(C)          # C를 희소행렬 형태로 변환
>>> H.todense()                       # H를 일반적인 행렬(dense matrix) 형태로 변환
matrix([[0.        , 0.        , 0.43534134, 0.        , 0.        ],
        [0.07342227, 0.        , 0.30735072, 0.15488613, 0.        ],
        [0.        , 0.025351  , 0.02042982, 0.16949131, 0.03686751],
        [0.33252121, 0.        , 0.        , 0.        , 0.        ],
        [0.        , 0.        , 0.49437409, 0.        , 0.04242765],
        [0.00260561, 0.        , 0.        , 0.26040999, 0.3068053 ],
        [0.        , 0.        , 0.        , 0.06467423, 0.4854314 ],
        [0.        , 0.        , 0.        , 0.2270463 , 0.19946562],
        [0.25941044, 0.21958497, 0.        , 0.1728005 , 0.        ],
        [0.        , 0.        , 0.        , 0.        , 0.        ]])
>>> sparse.isspmatrix_csr(H)          # 희소행렬 여부 확인
True
```

2.8 R 실습

1. 1부터 16까지 연속된 정수로 행이 4개인 m1 행렬 만들기

```
>>> m1 <- matrix(1:16, nrow=4)
>>> dim(m1)     # m1행렬의 행과 열을 발견
[1] 4 4
>>> m1
     [,1] [,2] [,3] [,4]
[1,]    1    5    9   13
[2,]    2    6   10   14
[3,]    3    7   11   15
[4,]    4    8   12   16
>>> t(m1)     # m1 행렬의 행과 열을 바꿈
     [,1] [,2] [,3] [,4]
[1,]    1    2    3    4
[2,]    5    6    7    8
[3,]    9   10   11   12
[4,]   13   14   15   16
```

2. m2 행렬을 생성한 후 m1, m2를 이용해서 다양한 연산하기

```
# 행을 기준으로 값이 차례대로 들어가는 m2 행렬 생성
>>> m2 <- matrix(1:16, nrow=4, byrow=T)
>>> m2
     [,1] [,2] [,3] [,4]
[1,]    1    2    3    4
[2,]    5    6    7    8
[3,]    9   10   11   12
[4,]   13   14   15   16

>>> m1 + 1
     [,1] [,2] [,3] [,4]
[1,]    2    6   10   14
[2,]    3    7   11   15
[3,]    4    8   12   16
[4,]    5    9   13   17
>>> m1 * 2
     [,1] [,2] [,3] [,4]
[1,]    2   10   18   26
[2,]    4   12   20   28
[3,]    6   14   22   30
[4,]    8   16   24   32
>>> m1 + m2
     [,1] [,2] [,3] [,4]
[1,]    2    7   12   17
[2,]    7   12   17   22
[3,]   12   17   22   27
[4,]   17   22   27   32
>>> m1 * m2      # m1과 m2에 같은 위치의 값끼리 단순 곱셈
     [,1] [,2] [,3] [,4]
[1,]    1   10   27   52
[2,]   10   36   70  112
[3,]   27   70  121  180
[4,]   52  112  180  256
>>> m1 %*% m2      # m1과 m2의 행렬 곱
     [,1] [,2] [,3] [,4]
[1,]  276  304  332  360
[2,]  304  336  368  400
[3,]  332  368  404  440
[4,]  360  400  440  480
```

3. m3 행렬을 생성하고 대각 원소 찾기

```
>>> m3 = matrix(1:25, nrow=5)
>>> m3
     [,1] [,2] [,3] [,4] [,5]
[1,]    1    6   11   16   21
[2,]    2    7   12   17   22
[3,]    3    8   13   18   23
[4,]    4    9   14   19   24
[5,]    5   10   15   20   25
>>> diag(m3)    # 대각 원소만 추출
[1]  1  7 13 19 25
>>> diag(m2)
[1]  1  6 11 16
```

4. 역행렬 계산하기

```
>>> A = matrix( c(2, -5, 4, 1, -2, 1, 1, -4, 6), byrow=T, nrow=3)
>>> B = solve(A)    # A의 역행렬
>>> print(B)
     [,1] [,2] [,3]
[1,]   -8   14    3
[2,]   -5    8    2
[3,]   -2    3    1
```

```
>>> c = c(-3, 5, 10)
# Ab = c에서 b는 B(A의 역행렬)와 벡터 b를 곱하여 구함
>>> b = B %*% c
>>> b
     [,1]
[1,]  124
[2,]   75
[3,]   31
```

5. 역행렬이 존재하지 않는 행렬 D를 만들고 행렬식을 계산하기

```
# 역행렬이 존재하지 않는 행렬
>>> D = matrix(c(2, -5, 4, 1, -2, 1, 1, -4, 5), byrow=T, nrow=3)
# solve로 역행렬을 구하며 역행렬이 존재하지 않는 특이행렬(singular)로 결과 출력
>>> solve(D)
Error in solve.default(D) :
  Lapack routine dgesv: system is exactly singular: U[3,3] = 0
```

D의 1행을 2배, 2행을 -3배의 합과 D의 3행을 비교

```
>>> D[1, ] * 2 + D[2, ] * -3    # D의 1행을 2배, 2행을 -3배의 합
[1]  1 -4  5
>>> D[3,]                       # D의 3행
[1]  1 -4  5

>>> det(A)                      # 0이 아니면 행들이 선형적 독립, 비특이(정칙)행렬
[1] 1
>>> det(D)
[1] 0
```

2.9 핵심 요약

1. 선형대수의 필요성

- **데이터 표현**: 행렬로 많은 데이터를 자연스럽게 표현할 수 있다.

- **데이터 변환**: 다른 벡터 공간을 사용한 데이터를 표현할 수 있고, 좌표를 변환할 수 있다.

- **데이터 처리**: 특징 추출, 행렬 분해, 수학적 기술의 편의성, 명확하고 간결한 표현할 수 있어서 데이터를 분석하는 기법 및 알고리즘에 널리 사용된다.

2. 행렬

- 행렬은 행과 열로 구성된 일련의 원소 모음이다.

- 대문자로 표현하며, 각 원소는 $A_{i,j}$로 표현한다.

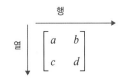

3. 행렬의 연산

- 더하기 $\begin{bmatrix} a & b \\ c & d \end{bmatrix} + \begin{bmatrix} e & f \\ g & h \end{bmatrix} = \begin{bmatrix} a+e & b+f \\ c+g & d+h \end{bmatrix}$

- 빼기 $\begin{bmatrix} a & b \\ c & d \end{bmatrix} - \begin{bmatrix} e & f \\ g & h \end{bmatrix} = \begin{bmatrix} a-e & b-f \\ c-g & d-f \end{bmatrix}$

- 곱하기 $\begin{bmatrix} a & b \\ c & d \end{bmatrix} \begin{bmatrix} e & f \\ g & h \end{bmatrix} = \begin{bmatrix} ae+bg & af+bh \\ ce+dg & cf+dh \end{bmatrix}$

$$\begin{bmatrix} 1 & 0 \\ 2 & 3 \end{bmatrix} \times \begin{bmatrix} 2 & 1 \\ 3 & 1 \end{bmatrix} = \begin{bmatrix} (1\times2)+(0\times3) & (1\times1)+(0\times1) \\ (2\times2)+(3\times3) & (2\times1)+(3\times1) \end{bmatrix} = \begin{bmatrix} 2 & 1 \\ 13 & 5 \end{bmatrix}$$

4. 역행렬과 항등행렬

- **역행렬**: $p \times p$ 정방행렬 A에 대해서 $AB=I$, $BA=I$가 되는 정방행렬 B가 있으면 B를 A의 역행렬이라고 하며, A^{-1}로 표시하고 A inverse라고 읽는다.
- **항등행렬**: 대각 원소가 모두 1인 $p \times p$ 대각행렬로 어떤 행렬 A를 곱하면 곱한 A가 나온다.

5. 행렬 활용

- 마르코프 체인(Markov Chain), 거리행렬, 유사도행렬, 인공 신경망 계산 등에 널리 활용된다.

6. 고윳값과 고유 벡터

- **고윳값**: 행렬에 벡터를 곱한 결과가 곱한 벡터의 상수배일 때 그 상수 값을 의미한다.
- **고유 벡터**: 고윳값에 대응되는 벡터를 의미한다.
- 고윳값과 고유 벡터는 행렬을 분해하는 방법 중 하나로, 고윳값 분해로 값을 얻을 수 있다.

7. 주성분 분석

- 변수가 많은 데이터셋의 공분산 또는 상관관계행렬을 고윳값과 고유 벡터로 분해한다. 이후 데이터의 변동을 잘 설명하도록 기존 변수들의 선형 결합인 주성분을 발견한다.
- 주어진 변수를 모두 사용하지 않아도 전체 데이터의 변동을 잘 설명하기 때문에 기존 변수보다 적은 수의 주성분으로 분석할 수 있다.

3^장

미분과 적분의 이해와 응용

3장에서는 머신 러닝과 딥러닝에서 중요하게 다뤄지는 미분과 적분의 개념과 필요성에 대해서 알아보겠다. 적은 분량으로 미분과 적분을 완벽하게 이해하기는 쉽지 않겠지만, 미분과 적분이 어느 곳에 활발하게 적용되는지를 알 수 있다면 머신 러닝과 딥러닝의 원리를 이해하는 데 도움이 될 것이다. 단순하게 미분과 적분의 주요 개념만 이해하는 것이 아니라 파이썬을 활용하여 주요 계산도 직접 실습하면서 이해할 수 있게 내용을 구성하였다.

3.1 함수의 개념 이해

엑셀과 같은 컴퓨터 관련 기능을 평소에 잘 활용하고 있다면 '함수'라는 용어를 많이 들었을 것이다. 이런 맥락에서 '함수'는 컴퓨터 기능의 하나로 이해할 수 있고 혹은 주어진 입력에 따라 정해진 계산을 적용하여 결과를 출력하는 기능으로 이해할 수도 있다. 수학에서 함수는 좀 더 복잡한 정의를 갖고 있는데, 3장에서는 미분과 적분의 이해와 활용 소개에 앞서 함수에 대한 주요 개념을 수학적으로 이해하고 이를 바탕으로 미분과 적분을 살펴보고자 한다.

우선, 함수를 이해하기 위해 다음 상황을 고려해보자. 예를 들어 어느 신제품이 출시되어 매일 신제품의 판매량이 그림 3-1과 같이 그려졌다고 해보자. 그림 3-1은 시간에 따라 판매량을 보여준다. 일반적으로 성공적인 신제품이라고 한다면 아마도 제품 출시 후 판매량은 갑자기 많아졌다가 다시 증가 폭이 줄어드는 경향을 보일 것이다.

▼ 그림 3-1 시간에 따른 누적 판매량

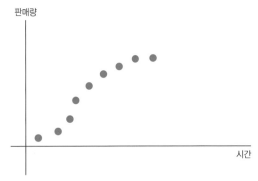

하지만 그림 3-1은 사실 각 시점의 판매량을 누적한 것이므로 연속적인 시간에서 어느 한 시점으로 바꾸어 판매량을 그린다면 더 촘촘한 그림이 될 것이다. 이제는 시간 단위가 매우 작아져서 시간 단위별 판매량을 더욱 촘촘하게 그린다고 하자. 이때 시간에 따른 판매량을 그림 3-2와 같이 곡선으로 나타낼 수 있다. 물론 현실에서는 판매된 제품의 수와 아래 곡선은 오차가 있겠지만, 일단 이 예에서는 그러한 오차는 고려하지 않았다.

▼ 그림 3-2 매우 작은 시간 단위에서의 시간에 따른 누적 판매량

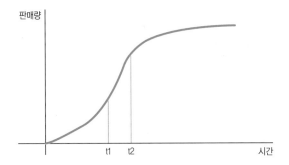

최초 시점에서 신제품을 구매한 고객의 수는 0이었지만, 시간이 지남에 따라 신제품을 구매한 고객의 수가 증가한다. 초기에는 입소문을 타서 증가 폭이 점차 가파르다가 이후에는 경쟁 제품이 출현하거나, 고객들이 해당 신제품에 식상하게 되어 점차 감소한다고 하자. 물론 신제품의 판매에는 다양한 요인이 연관되지만, 그림 3-2에서 보여주고자 하는 것은 시간에 따른 판매량(구매 고객 수)의 관계이다. 일반적으로 y축에는 어떤 사건의 결과에 해당하는 요인을, x축에는 그에 영향을 줄 수 있는 요인을 표시한다. 그림 3-2의 곡선이 시간에 따른 제품 판매량을 잘 나타내고 있다면 우리는 며칠인지만 알아도 곡선 식에 대입해서 제품의 판매량을 알 수 있다. 이때 '시간에 따른 판매량'이라는 표현을 좀 더 살펴보면 시간이 변함에 따라 판매량이 변하는 관계임을 알 수 있다. 우리는 시간을 x축에, 판매량을 y축에 나타냈는데, 이때 각각을 X와 Y로 부를 수 있다.

3.1.1 함수와 합성 함수

이제 X와 Y의 관계를 함수(function)로 고려하고 함수에 의해서 표현되는 X와 Y의 관계에 대해 조금 더 자세하게 살펴보자. 사실, 함수는 라이프니츠(Leibniz)가 특수한 식을 지칭한 것으로 사용되었다. 이후 오일러(Euler), 코시(Cauchy) 등의 수학자에 의해 그 의미가 일반화되었으며, 디리클레(Dirichlet)에 의해 두 변수 X와 Y에 대하여 원소 x값이 정해지면 y값이 정해질 때 Y를 X의 함수라고 정의되었다. 이 함수에 대한 정의가 우리에게는 좀 더 직관적으로 다가온다. 그리고 함수에

서 X, Y가 주어진 두 집합인 경우, X에 속하는 임의의 원소 x와 Y에 속하는 임의의 원소 y로 만든 순서쌍 (x, y)의 집합을 X와 Y의 카르테시안 곱(cartesian product)이라고 한다. 이때 X는 정의역, x는 정의역에 속하는 원소, Y는 공역, y는 치역이라고 부른다. 함수는 X의 모든 원소 x에 Y의 원소 y가 반드시 대응되고, 특히 x에 y가 오직 하나씩 대응되는 특징을 갖고 있다. 이때 함수에서 최대 정의역의 법칙은 $y=f(x)$ 함수의 정의역이 f에 의해 $x=a$에서 $f(a)$의 값이 유일하게 결정되는 모든 실수 a의 집합임을 의미한다.

함수의 정의가 아직 낯설 수 있으니 예를 들어 설명하겠다. 앞에서 살펴본 일별로 몇 개가 팔릴지를 알려주는 함수가 있다고 하자. 이 함수는 시점을 입력하면 그 시점의 판매량을 알려준다. 이때 이 함수에서 판매량을 결정하는 날짜들의 집합을 정의역이라 한다.

▼ 그림 3-3 일별 판매량을 알려주는 함수

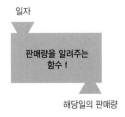

이제 우리는 이러한 일별 판매량에 따라서 회사의 수익이 결정된다고 가정할 수 있다. 이 경우, 일별 판매량(판매량을 알려주는 f 함수의 결괏값)이 새로운 입력 값이 되고, 이 값에 따라 회사의 수익이 계산되는 새로운 g 함수를 생각할 수 있다. 즉, 회사의 수익은 g 함수에 의해 계산되며 이는 일별 판매량에 따라 달라지고, 이때의 일별 판매량이라는 것은 f 함수에서 일자에 의해 계산된다. 즉, 우리는 특정 일자를 알면 이 과정에 연관된 f와 g 함수를 통해 그날 회사의 수익을 계산하게 되는 셈이다. f 함수를 통해 그날의 판매량이 먼저 나오게 되고, g 함수를 통해 그날의 판매량에 따른 수익이 계산되는 과정을 거친다. 수익을 알려면 두 함수를 거쳐야 하는데, 이때 한 함수의 출력이 다른 함수의 입력이 된다. 이러한 두 함수의 관계를 합성 함수로 나타낼 수 있다. $f:X{\rightarrow}Y$와 $g:Y{\rightarrow}Z$에 대해 $g(f(x))$ 형태로 이해할 수 있다. 이를 $g{\circ}f$로 나타내는데, f와 g의 합성 함수라고 부른다.

▼ 그림 3-4 합성 함수의 예시

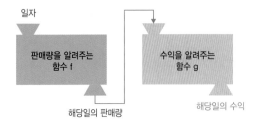

3.1.2 미분과 적분을 이해하기 위한 몇 가지 개념

미분과 적분을 이해하려면 다음 몇 가지 개념을 살펴보는 것이 좋겠다. 우선, 함수의 극한과 연속성에 대해 살펴보자.

우리는 앞에서 함수라는 개념에 대해 배웠다. 디리클레의 정의에 따르면 두 변수 x와 y에 대해 x값이 정해지면 이에 따라 y값이 정해질 때 y를 x의 함수라고 하였다. 이러한 함수의 극한이란 무엇일까?

> **Note ☰ 함수의 극한 정의**
>
> f 함수가 $x=a$에서 극한값 L을 갖는다는 의미로, 아무리 작은 양수 ε이라도 상응하는 양수 δ가 존재하여 $0 < |x-a| < \delta$일 때 $|f(x)-L| < \varepsilon$이 성립한다.
>
> $$\lim_{x=a} f(x) = L$$

코시에 의한 정의를 먼저 살펴보면 어떤 f 함수가 $x=a$에서 극한값 L을 갖는다는 것은, L을 중심으로 '아무리 작은' 개구간을 잡더라도 a를 중심으로 상응하는 '충분히 작은' 개구간이 존재하여, 이 구간에 속하는 모든 점(a는 제외)의 함수 값이 처음 취한 '아무리 작은' 구간에 속하는 것을 의미한다. 예를 들어 $x \to 2$일 때 $f(x)=x^2+1$의 극한은 5가 되는 것이다. 간단히 말하면 함수의 입력 값이 어느 특정한 값에 아주 가까워질 때 함수가 갖는 값이 극한이다.

함수의 극한이 성립되려면 함수의 연속성이 필요하다. 함수의 연속성에 대한 개념은 함수의 그래프로부터 직관적으로 판단할 수 있다. 함수의 그래프에서 불연속점이 발견되면 연속적이지 않은 함수로 고려한다. 이러한 함수의 연속성은 19세기에 열역학에 대한 열연구부터 보다 엄밀한 수학적 의미가 요구되어 나타나게 되었다. 1821년 코시에 의해 함수의 연속성의 정의가 이루어졌으며, 극한의 개념을 필요로 한다. 다음 정의를 살펴보자.

> **Note ☰ 함수의 연속성 정의**
>
> f 함수가 $x=a$에서 연속이라는 것은 그 점에서의 극한값과 함수 값이 존재하고 두 값이 일치함을 의미한다. f가 정의역 D의 모든 점에서 연속이면 f를 연속 함수라 한다.
>
> $$\lim_{x=a} f(x) = f(a)$$

쉽게 설명하면 함수 그래프가 끊임 없이 매끄럽게 이어지면 그 함수는 연속이라고 정리할 수 있다. 이때 함수가 폐구간 $[a, b]$에서 연속이면 함수가 최댓값과 최솟값을 갖는 특징이 있고 이를 최대 최소 정리(extreme value theorem)라 한다.

다음으로는 중간값 정리(Intermediate value theorem)가 있다. 어떤 함수가 폐구간 $[a, b]$에서 연속이고 $f(a)$와 $f(b)$의 값이 같지 않은 조건에서 $f(a)$와 $f(b)$ 사이의 어떤 값 k에 대해 $f(c)=k$인 c가 적어도 한 개 이상 존재하는 것을 의미한다. 다음 그림 3-5를 보면 a에서 함수 값 $f(a)$는 b에서의 함수 값 $f(b)$보다 작다. $f(a)$와 $f(b)$ 사이의 어떤 y값, 여기서는 k가 되는데, 이 값을 지나는 직선은 a와 b 구간에서 f함수와 적어도 한 번 이상 만나게 됨을 알 수 있다.

▼ 그림 3-5 중간값 정리 예시

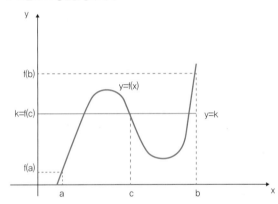

지금까지 몇 가지 개념은 살펴봤다. 이러한 개념들은 미분과 적분의 바탕이 된다. 실수의 부분 집합 위에서 정의된 함수에 대한 극한의 개념으로 전개된 이론이 바로 미분과 적분이다. 이때 미분은 뉴턴(Newton)과 라이프니츠에 의해 발견되었고, 적분은 아르키메데스(Archimedes)에 의해 구분 구적법과 유사한 실진법으로 알려지게 되었다. 이후 라이프니츠는 미적분학을 기호화하여 발전의 토대를 제공하였다.

다시 일별로 판매량을 알려주는 f함수로 돌아와보자. 앞에서 특정 일자를 알면 f함수를 통해 특정 일자의 판매량을 계산할 수 있었다. 또한, 특정 일자 하루 전의 판매량도 계산할 수 있다. 그렇다면 일별 판매량의 변화를 알 수 있어 일별로 얼마나 판매량이 증가하는지도 알 수 있다. 일별 판매량의 증가나 감소를 알 수는 있지만, 모든 시점에서의 이러한 변화를 하나의 숫자로 나타낼 수는 없고 이를 수식으로 표현할 수 있는데, 이런 개념을 미분이라고 한다.

또 다른 관점에서 f 함수를 살펴보자. 신제품의 출시 이후 하루가 지났을 때의 판매량, 그리고 이틀이 지났을 때의 판매량도 계산할 수 있다. 그렇다면 출시 이후부터 특정 일자까지의 누적 판매량도 계산할 수 있다. 일별 판매량을 모두 더해서 구하게 되는데, 이를 적분이라는 개념으로 접근할 수 있다.

▼ 그림 3-6 일별 판매량으로 보는 미분과 적분

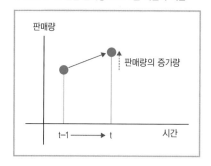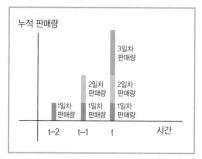

미분과 적분의 개념을 이해하는 것은 값의 변화를 이해하는 데에 무척 중요하다. 그리고 데이터 과학에서도 매우 중요하니 다음의 절에서 미분과 적분에 대해 좀 더 수학적으로 살펴보자.

MATH FOR MACHINE LEARNING

3.2 미분의 이해

앞서 살펴본 시간에 따른 판매량 그림을 다시 살펴보자. 일반적으로 신제품은 초기에 판매량이 더 많고 시간이 갈수록 판매량이 줄어드는 경향을 보인다. 이를 좀 더 정량적으로 표현하는 방법은 무엇일까? 우선 그림을 통해 직관적으로 이해해보자.

그림 3-7처럼 특정 시점에서 함수의 그래프가 갖는 변화하는 정도를 통해 판매량을 파악할 수 있을 것이다. 구체적으로 특정 시점에서 함수의 그래프가 나타내는 값의 변화 정도를 회색 화살표로 나타낼 수 있으며, 이는 그래프가 갖는 증감의 변화를 알려주는 매 순간의 기울기가 된다. 이러한 회색 화살표를 일반화하여 나타낸 것을 도함수라 한다.

함수의 극한이 정의되면 도함수와 정적분(definite integral)의 정의도 가능하다. 도함수는 함수의 국소적 또는 순간적인 특징을 나타내며, 정적분은 함수의 전체적인 특징을 나타낸다. 다음 도함수의 정의를 보자.

❤ 그림 3-7 시간에 따른 판매량과 변화율

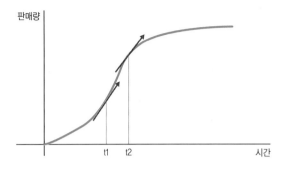

Note ≡ **도함수 정의**

f 함수의 정의역 D에 속하는 $x=a$에 대해 극한값이 실수로 존재하면 f는 $x=a$에서 미분 가능(differentiable)하며 $f'(a)$로 표시한다.

$$f'(x) = \lim_{\Delta x \to 0} \frac{f(a+\Delta x) - f(a)}{\Delta x}$$

위의 도함수가 $x=a$에서 어떤 실수로 존재하면 f가 $x=a$에서 미분 가능하며, 그 실숫값을 $f'(a)$로 표현한다. 그리고 f가 정의역 D의 모든 점에서 미분 가능하면 f는 미분 가능 함수(differentiable function)라 부른다.

이때 도함수 f'도 함수이므로 미분이 가능하며, 도함수, 도함수의 도함수, 도함수의 도함수의 도함수를 각각 1계, 2계, 3계, … 도함수라 부른다. 1계도함수는 변화량의 함수, 2계도함수는 변화량의 변화량 함수, 3계도함수는 변화량의 변화량의 변화량 함수이며 다음처럼 표시할 수 있다.

$$f', f'', f''' \quad \text{또는} \quad \frac{d}{dx}, \frac{d^2 f}{dx^2}, \frac{d^3 f}{dx^3}$$

앞에서 살펴본 바와 같이 어떤 관계의 변화량을 알 수 있다는 것은 우리가 현상을 이해하는 데 많은 도움이 된다. 그러한 '변화량'을 이해하는 방법인 도함수를 실제로 구하려면 다음의 몇 가지 수식을 먼저 살펴보자. 가급적 딱딱한 수식을 지양하면 좋겠으나, 도함수의 이해를 위해서 도함수에 대한 다양한 형태를 살펴보겠다. 만약 f, g 함수가 미분 가능하고, a, b가 상수라면 다음 등식들이 성립한다. 이 등식들은 각 미분 계산에 많이 사용되니 참고하자.

- X의 n차항을 미분하는 방법

$$\frac{d}{dx} x^n = nx^{n-1}$$

- $Logx$를 미분하는 방법

$$\frac{d}{dx}\ln x = \frac{1}{x}$$

- 지수를 미분하는 방법

$$\frac{d}{dx}e^x = e^x$$

- f 함수에 숫자 a를 곱하고, g 함수에 숫자 b를 곱해서 더한 함수의 미분

$$\frac{d}{dx}(af + bg) = a\frac{df}{dx} + b\frac{dg}{dx}$$

- 두 함수의 곱을 미분하는 방법

$$\frac{d}{dx}(fg) = f\frac{dg}{dx} + \frac{df}{dx}g$$

- 함수의 역수를 미분하는 방법

$$\frac{d}{dx}\frac{1}{f} = -\frac{1}{f^2}\frac{df}{dx}$$

특히, 합성 함수의 도함수도 계산할 수 있는데, 이때 연쇄 법칙(chain rule)을 따르게 되며, $f \cdot g$는 $f'(g(x))g'(x)$로 구할 수 있다. 즉, 합성 함수에서 먼저 계산되는 함수를 미분하고, 나중에 계산되는 함수도 미분하여 둘을 곱한다.

3.2.1 간단한 미분 실습

이제 파이썬으로 간단한 함수를 미분해보자. 우선 다음과 같은 f 함수가 있다.

$$f(x) = 3x^2 + 1$$

이 함수는 앞에서 살펴본 방법에 의해 x^2항의 차수 2가 x^2의 계수 3과 곱해지고, 차수 2에서 1을 뺀 것이 새로운 차수가 된다. 숫자는 미분하면 0이 되므로 미분의 결과는 $6x$가 된다. 파이썬의 심파이(SymPy)를 활용하면 쉽게 미분을 계산할 수 있다. 심파이는 파이썬에서 미적분과 같은 수학 계산을 지원하는 라이브러리이다. 설치하려면 1장에서 설명한 것처럼 아나콘다 프롬프트에서 pip install sympy를 입력하자.

```
>>> import sympy as sp
>>> x = sp.Symbol('x')
>>> print(sp.diff(3 * x**2 + 1, x))     # **는 파이썬에서 차수를 의미한다
6*x
```

앞의 코드는 $3x^2+1$을 x로 미분하는 코드이다. 결과는 우리가 예상한 대로 $6x$가 나왔다.

다음과 같이 사이파이를 활용하는 방법도 있다. 사이파이는 파이썬에서 과학 계산을 위해 널리 사용되는 라이브러리로, 아나콘다에서는 별도로 설치할 필요 없이 바로 사용할 수 있다. 사이파이의 여러 하위 모듈 중에서도 misc에 있는 derivative 함수를 사용해보자. 이 기능을 사용하면 x의 특정 값, 예를 들어 x=2에서 어떤 미분 값이 나오는지도 알 수 있다.

```
>>> from scipy.misc import derivative
>>> def f(x):                       # 원래 함수 정의
>>>     return 3*x**2+1
>>> def d(x):
>>>     return derivative(f, x)     # 미분한 함수
>>> print(d(2.0))
12.0
```

위 코드는 함수를 미분한 다음 x가 2일 때의 미분 값까지 계산하였다.

3.2.2 분석모형 응용-신제품 확산 모형

이제 (이 책을 집필하기 시작할 당시만 해도) 혁신적인 제품인 하이브리드 자동차의 판매량을 통해 앞으로의 판매량을 예측하는 사례를 살펴보자. 미분을 활용하는 신제품 확산 모형인 Bass 모형을 활용한 사례이다. 다음은 Bass 모형 수식이다.

$$y(t) = \{p + q\frac{Y(t-1)}{M}\}\{M - Y(t-1)\}$$

이 식에서 보이듯이 t 시점의 신제품 판매량이 $y(t)$이고, $Y(t-1)$는 t-1 시점에서의 누적 판매량이 된다. M은 시장의 크기, p는 신제품을 사는 정도를 나타내는 혁신 계수로, q는 주변의 신제품 구매를 모방하는 정도를 나타내는 모방 계수로 이해할 수 있다.

Bass 모형은 시간에 따른 누적 판매량을 함수로 표현하고, 그 함수를 t 시점에서 미분하여 특정 시점의 판매량을 예측하는 대표적인 기법이다. 그 과정에서 p, q 등을 계산하면 시장을 더 잘 이

해할 수 있다. 그림 3-8은 2004년부터 2014년까지 미국의 하이브리드 차량 판매량을 반기별로 정리하여 위의 모형을 적용한 것이다.

❤ 그림 3-8 반기별 하이브리드 차량의 판매량과 예측[1]

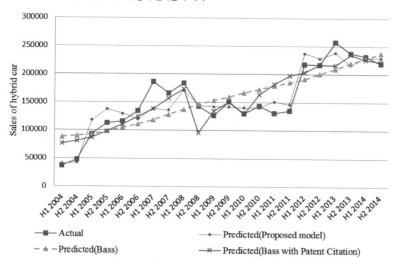

이 사례에서는 확산 모형 세 개가 고안되었고, 실제 판매량을 따라가며 예측한 값들을 볼 수 있다. 이때 추정된 각 M, p, q는 다음 표 3-1과 같다. 여기서 M은 하이브리드 차량의 전체 시장 규모를 추정한 값이고, p는 모험적으로 하이브리드 차량을 구매하는 정도, q는 주변 사람의 하이브리드 차량 구매를 모방하는 정도이다.

❤ 표 3-1 하이브리드 차량 판매량의 예측 파라미터

하이브리드 자동차	
파라미터(parameter)	계수(coefficient)
M	17,354,671
p	0.00467
q	0.06391 .
MAPE	0.25604

* 위 0.06391.에서 끝에 있는 .는 10% 유의 수준에서 통계적으로 유의하다는 것을 의미한다.

이처럼 미분은 Bass 모형에서 중요한 역할을 한다. 사실 이외에도 신제품 확산 예측과 같은 변화량을 중시하는 여러 분야에 미분이 많이 적용되는 것을 볼 수 있다.

---

1 출처: Lee, W. S., Choi, H. S., & Sohn, S. Y., "Forecasting New Product Diffusion using both Patent Citation and Web Search Traffic", PLoS ONE, 13(4), 2018.4.

3.3 적분의 이해

이제 미분에 이어서 적분을 살펴보자. 미분은 함수의 순간적, 국소적인 변화율을 나타내는 반면, 적분은 함수의 전체적인 특성을 나타낸다. 적분은 구체적으로 부정적분과 정적분으로 나누어 살펴볼 수 있다. 우선, 부정적분이란 함수 $f(x)$가 모든 정의역에서 $F'(x)=f(x)$라면 함수 $F(x)$는 $f(x)$의 역미분(anti-derivative)이며 $f(x)$의 x에 대한 부정적분이라고 간주하는 것을 의미한다. 이러한 부정적분은 미분의 역과정으로도 볼 수 있으며, $\int f(x)dx$로 표현한다. 정적분은 부정적분과는 다른 접근법인데, 어떤 구간의 함수 $f(x)$ 아래의 면적을 구해서 적분을 하는 방식이다. 즉, 함수 $f(x)$와 x축으로 이뤄진 공간의 면적을 정적분으로 고려한다.

다음 시간에 따른 판매량을 나타내는 함수에서, 전체 기간의 판매량은 결국 시점별 판매량 함수의 면적을 구하는 것과 같다. 이때 시간에 따른 판매량의 함수를 의미하는 곡선의 면적을 바로 구하기는 어려우니, 좀 더 편하게 계산하기 위해서 곡선을 잘 채우는 직사각형들을 생각해보자.

▼ 그림 3-9 누적 판매량의 이해

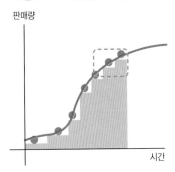

즉, 함수의 면적을 구하기 위해서는 각 값에 해당하는 네모를 채우는 방식이 가장 직관적일 텐데, 그러다 보니 그림 3-9에서 점선으로 표시된 영역처럼 세밀하게 면적이 구해지지 않는다. 결국 계산에서 누락되는 부분이 생기게 되며, 이를 방지하려면 네모를 점점 더 가늘게 만들어야 한다. 이 과정을 계속 진행하면 네모는 아주 가늘어진다. 반복할수록 네모의 너비가 0에 가까워지게 만들 수 있고, 궁극적으로는 함수와 x축이 이루는 면적을 구할 수 있게 된다.

3.3.1 리만 적분 또는 정적분

앞의 과정을 수학적으로 나타내 보자. 한 폐구간 [a, b]를 작게 나누는데, 분할된 간격들이 갖는 최댓값의 극한이 0에 가까워질 때 (즉, 면적을 구하기 위한 사용한 직사각형의 너비가 아주 좁게 될때) 분할된 x의 간격에 상관없이 다음의 극한값이 존재하면 함수 f는 적분 가능(integrable)하다.

$$a = x_0 < x_1 < x_2 < \cdots < x_{n-1} < x_n = b, \Delta x_i = x_i - x_{i-1}$$

$$\lim_{|\Delta| \to 0} \sum_{i=1}^{n} f(x_i^*) \Delta x_i, \ |\Delta| = \max\{\Delta x_i\}, \ x_i^* \in [x_{i-1}, x_i]$$

이렇게 구하게 되는 극한값을 f의 정적분 또는 리만(Riemann) 적분이라고 부르며 수식은 다음과 같다.

$$\int_a^b f(x) dx$$

만약 함수 $f(x)$가 폐구간에서 연속이면 적분 가능하고, 또는 단조증가하면 그때도 적분이 가능하다. 이러한 적분은 다음과 같이 파이썬을 통해서 실행할 수 있다. 앞에서 봤던 $f(x)=3x^2+1$을 적분하는 경우를 생각해보자. 이번에도 미분에서 사용했던 심파이의 integrate 함수를 사용해 적분해 보자.

```
>>> import sympy as sp
>>> x = sp.Symbol('x')
>>> sp.integrate(3.0*x**2+1, x)
1.0*x**3 + 1.0*x
```

또는 사이파이 라이브러리를 사용할 수 있다. 다음 코드는 적분한 다음 x가 0~2일 때까지의 적분한 값을 계산한 것이다. 결과를 보면 소숫점 밑에 숫자가 붙는데, 이는 사이파이에서 사용하는 알고리즘 때문에 발생하는 것이다.

```
>>> import numpy as np
>>> from scipy.integrate import quad

>>> def f(x):
>>>     return 3.0*x**2 +1
>>> i = quad(f, 0, 2)
>>> print(i[0])
10.000000000000002
```

3.4 미적분학의 기본정리, 편미분 그리고 경사 하강법

지금까지 간략하게 미분과 적분을 살펴보고 각 계산에 대해 실습해보았다. 이번 절에서는 미분과 적분을 연결할 수 있는 미적분학의 기본정리에 대해 이해한 후 이어서 다변수 함수를 미분하는 편미분도 알아본다. 이러한 미분이 최적의 값을 찾는 데 활용되는 경사 하강법도 살펴보고자 한다.

3.4.1 미적분학의 기본정리

우선 미적분학의 기본정리를 이해하려면 먼저 평균값 정리를 살펴봐야 한다. 평균값 정리는 미분 가능한 함수의 그래프에서 시작한다. 평균값 정리에 따르면 그래프 위, 임의의 점 두 개의 기울기와 그 두 점 사이의 어떤 점의 기울기가 같은 것이 적어도 한 개는 존재한다. 평균값 정리는 곡선의 기하학적 특성을 도함수로 표현할 수 있으며, 미적분학의 기본정리를 전개할 때 사용된다.

> Note ≡ **평균값 정리 정의**
>
> 함수 f가 폐구간 $[a, b]$에서 연속이고 개구간 (a, b)에서 미분 가능하면 개구간 (a, b) 안의 적어도 하나의 점 x_1이 존재하여 다음이 성립된다.
>
> $$f(b) = f(a) = f'(x_1)(b - a)$$

그리고 연쇄 법칙을 볼 수 있는데, 연쇄 법칙은 함수 f와 g가 미분 가능한 함수일 때 합성 함수 $h = f \cdot g$는 미분 가능한 함수이고, 그 도함수는 $h'(x) = f'(g(x))g'(x)$로 나타낼 수 있음을 의미한다.

이제 이 개념을 바탕으로 미적분학의 기본정리(fundamental theorem of calculus)에 대해 살펴보자. 이 정리는 리만 적분을 계산하기 위해 피적분함수 $f(x)$의 역도함수(antiderivative)인 $F(x)$를 구하는 것과 관련이 있다.

만약 함수 f가 폐구간 $[a, b]$에서 연속이고 개구간 (a, b)에서 미분 가능하며 f의 역도함수가 F이면 F의 도함수가 함수 f가 되어 다음과 같이 나타낼 수 있다.

$$F'(x) = f(x)$$

또한, 함수 F와 함수 f의 관계를 바탕으로 다음과 같이 나타낼 수 있다.

$$\int_{a}^{b} f(x)dx = F(b) - F(a)$$

그리고 도함수 $f'(x)$를 나타내는 또 다른 기호로 dy/dx를 사용하며 $y=f(x)$를 미분하며 $dy=df(x)=f'(x)dx$로 정의된다. 미적분학의 기본정리가 미분과 적분으로 연결된다 정도로 이해하자.

3.4.2 편미분

앞서 살펴본 미분과 적분은 머신 러닝과 데이터 과학의 여러 분야에서 사용된다. 특히 미분은 앞에서 배운 Bass 모형에서도 살펴봤었는데, 그 외에도 최적의 값을 찾을 때도 많이 사용된다.

예를 들어 다음과 같이 판매량을 나타내는 함수가 있다고 하자.

❤ 그림 3-10 시간에 따른 판매량의 변화

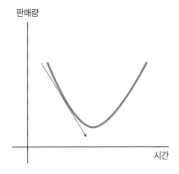

이 함수의 미분은 x축의 각 지점에서 다르게 나타날 수 있다. 만약 이 함수의 최솟값인 시점을 찾으로고 한다면 우리는 최솟값을 찾는 문제로 보고, 이 함수의 미분 값을 여러 개 비교할 수 있다. 다음 그림 3-11을 보면 이 함수의 미분 값은 회색 화살표의 기울기로 볼 수 있는데, 지점별로 다른 값을 갖는다. 한 가지 확실한 사항은 함수의 최솟값은 미분이 0인 지점에서 나타난다는 것이다.

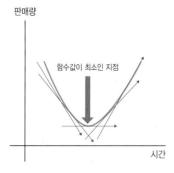

판매량

함수값이 최소인 지점

시간

즉, 2차식 함수를 미분해 얻은 1차식이 0일 때의 x값을 찾는 것이, 최적의 값(최소값)을 찾는 문제의 해가 된다. 이때 사이파이를 사용하면 함수의 해를 찾는 것은 쉽게 구할 수 있다. 다음 코드는 $y=x+3$ 함수가 0이 될 때의 x값을 찾는 문제다.

```
>>> from scipy.optimize import fsolve
>>> import numpy as np
>>> line = lambda x: x + 3
>>> solution = fsolve(line, -2)     # 해를 -2부터 찾기 시작한다
>>> print(solution)
[-3.]
```

지금까지는 미분을 이용해 함수의 해를 찾는 것을 알아보았다. 이 문제를 더 확장하여, 다변수 함수의 미분과 적분을 살펴보자. x에 해당하는 변수가 여러 개인 다변수 함수에서 사용되는 도함수를 우리는 편도함수(partial derivative)라 부른다. 예를 들어 함수 $z=f(x, y)$는 x, y 두 변수를 가지며, 이 함수를 미분한 것이 바로 편도함수이다. 미분하는 방법은 y를 상수로 고정하는 경우, z는 x로만 구성된 1변수 함수로 볼 수 있는데, 만약 그 함수가 미분 가능하면 x에 대한 도함수를 얻을 수 있다. 이렇게 얻어진 도함수를 f의 x에 관한 편도함수라고 하며 $\partial f/\partial x$로 표현한다. 그리고 x에 관한 편도함수는 partial derivative of f with respect to x로 읽을 수 있다.

이렇게 다변수 함수에서 여러 개의 편도함수를 구할 수 있고, 다변수 함수의 모든 편도함수를 다음처럼 한 묶음으로 표현할 수 있는데 이를 그라디언트 벡터(gradient vector)(기울기 벡터)라 부른다. 함수 $f(x, y, z)$의 그라디언트 벡터는 다음과 같다.

$$\nabla f = grad f = (\frac{\partial f}{\partial x}, \frac{\partial f}{\partial y}, \frac{\partial f}{\partial z})$$

이때 여기서 ▽은 편미분 연산자($\partial/\partial x$, $\partial/\partial y$, $\partial/\partial z$)를 표시하는데, 그라디언트 벡터는 매끄러운 곡면 $f(x, y, z)=0$에 수직인 법선 벡터이다. 즉, 곡면 위의 임의의 점을 잡았을 때 그 점을 지나는 곡면 위의 모든 곡선의 접선 벡터에 수직인 벡터를 나타내게 된다.

3.4.3 분석모형 응용－경사 하강법과 뉴턴랩슨 메서드

최적화는 주어진 문제에서 최적의 해를 찾는 과정을 의미한다. 예를 들어 월급의 몇 %를 저축해야 가장 큰 만족감을 얻는지 알아본다고 하자. 월급의 저축 비율은 최소 10%부터 최대 14%까지이다. 저축하는 %를 달리해가며 매월 만족도를 기록하였다.

▼ 표 3-2 월별 저축 비율에 따른 만족도

월	1월	2월	3월	4월	5월
저축 비율	10%	11%	12%	13%	14%
만족도(1~5)	2	3	5	3	2

만족도는 저축 비율이 올라감에 따라 같이 상승하다가 저축 비율이 12%가 넘어가면서 다시 하락한 것을 볼 수 있다. 표 3-2를 바탕으로 최적의 저축 비율이 12%임을 알 수 있다. 이 사례는 단순한 형태로 최적화하기 위해 저축 비율에 따른 만족도 함수를 다음과 같이 표현하는 것이다.

▼ 그림 3-12 저축 비율에 따른 만족도 변화

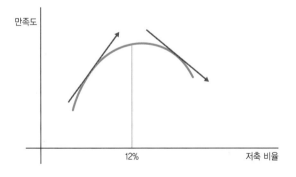

저축 비율에 따른 만족도는 이차 함수의 형태로 가정할 수 있다. 저축 비율이 높아짐에 따라 만족도가 증가하다가 어느 지점 이후로 감소한다. 바로 이 어느 지점을 찾아야 하는데, 예시처럼 단순한 형태의 자료인 경우에는 큰 어려움은 없겠지만, 자료의 양이 많아지면 관찰을 통한 객관적인 최적의 값을 찾기가 쉽지는 않다. 이때 앞서 살펴본 미분을 활용해보자. 2차식을 미분하면 1차식이 나오는 것은 이미 앞에서 설명하였다. 1차식은 그림 3-12의 화살표 같이 나타낼 수 있고 그 기울기는 저축 비율마다 다른 값을 보여준다. 1차식에 저축 비율의 값을 넣으면 +가 나오기도 하고 -가 나오기도 한다. 그리고 최적의 위치는 바로 기울기가 +에서 -로 변하는 지점, 즉 기울기가 0인 지점이 된다. 이렇게 기울기를 통해 만족도가 최고인 지점을 발견할 수 있다. 변수 x가 두 개 이상이라면 미분 대신 편미분을 활용할 수 있으며, 미분을 통해 최적의 값을 찾는 방법을 경사 하강법(gradient descent)이라고 부른다.

경사 하강법은 최적화, 머신 러닝 알고리즘 등에서 많이 활용되며, 인공 신경망에서 최적의 가중치를 찾을 때도 많이 사용된다. 잘 적용되는 가장 대표적인 예인 뉴턴랩슨 메서드(Newton-Raphson method)를 살펴보도록 하자. 뉴턴랩슨 메서드는 방정식의 해를 수치적으로 찾는 대표적인 방법이다. 일종의 선형 근사라는 개념에 기반하였는데, 자세한 내용은 다음 예로 살펴보자.

함수 $f(x)=x^3-1$의 실수 해를 찾으려 한다. 실수 해는 이 함수가 0일 때의 x값이다. 그리고 실숫값 중에서 이 식을 0으로 만드는 값은 1인 것을 알 수 있다. 미분과 경사 하강법을 사용해 해를 구해보자.

```
>>> def f(x):                    # 함수 정의
>>>     return (x**3 - 1)        # x = 1에서 하나의 해 존재
>>> from scipy import optimize   # 사이파이에서 optimize 모듈 불러오기

# x축의 1.5값 지점에서 시작하여 뉴턴랩슨 메서드로 x의 해를 구함
>>> root = optimize.newton(f, 1.5)
>>> print(root)
1.0000000000000016
```

결과를 보면 거의 1에 가까운 해를 얻었다. newton 함수에 $f(x)$를 미분한 결과를 넣어 해를 구할 수 있는데, fprime에 미분한 결과를 lambda 함수로 넣어보았다.

```
# f의 미분된 함수를 표시
>>> root = optimize.newton(f, 1.5, fprime = lambda x: 3 * x**2)
>>> print(root)
1.0
```

역시 1을 얻었다. 그리고 처음 얻은 해가 정확히 1이 아닌 이유는 뉴턴랩슨 메서드가 수치적으로 해에 접근하는 방식때문이다.

```
# f의 미분된 함수를 또 미분한 함수를 표시
>>> root = optimize.newton(f, 1.5, fprime2 = lambda x: 6 * x)
>>> print(root)
```

```
1.0000000000000016
```

```
>>> root = optimize.newton(f, 1.5, fprime = lambda x: 3 * x**2, fprime2 = lambda x: 6 * x)
>>> print(root)
1.0
```

경사 하강법은 함수 위의 임의의 점에서 시작하여 함수에서 계산한 기울기의 반대 방향으로 움직여가며 국소 또는 전역 최솟값에 도달하는 방법이다. 이해를 위해 다음의 간단한 예제를 살펴보자.

우리는 $x=3$에서 시작하여 $y=(x+5)^2$의 국소 최솟값(local minima)을 찾고자 한다. 가장 직관적인 방법은 그래프를 통해 최솟값을 찾는 것이다.

다음 그림 3-13을 보자. $y=(x+5)^2$ 함수의 그래프에서 x가 −5일 때 최솟값인 0을 갖게 된다. 그러므로 이 함수의 국소 및 전역 최솟값은 −5가 된다.

하지만 컴퓨터가 수식이나 그래프를 보고 최소 지점을 직관적으로 이해하고 답 −5를 바로 내놓기란 쉽지 않다. 그러면 똑같은 결과를 기계적이고 수치적으로 발견하기 위해 경사 하강법을 사용해 보자.

▼ 그림 3-13 $y=(x+5)^2$ 그래프

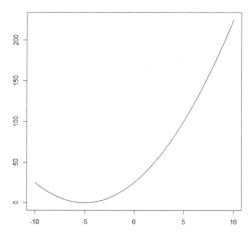

1단계: x의 초깃값을 3으로 보고 $x=3$에서 시작하여 함수의 기울기를 찾아보자. 여기서 기울기는 $dy/dx=2\times(x+5)$가 된다.

2단계: 1단계에서 구한 기울기를 x축에서 왼쪽 방향으로 움직여보자. 이때 얼마나 움직여야 할까? 우선 x축에서 0.01씩 움직이는데, 이를 학습률(learning rate)이라고 하자. 이때 초깃값 3과 학습률 0.01을 대입하면 x값이 나온다.

$$x_1 = x_0 - 학습률 \times \frac{dy}{dx}$$
$$= 3 - 0.01 \times 2 \times (3+5)$$
$$= 2.84$$

3단계: 2단계를 반복해서 수행한다. 2단계에서 새로 계산된 x값은 다음 단계의 초깃값으로 사용된다.

$$x_2 = x_1 - 학습률 \times \frac{dy}{dx}$$
$$= 2.84 - 0.01 \times 2 \times (2.84+5)$$
$$= 2.6832$$

$$x_3 = x_2 - 학습률 \times \frac{dy}{dx}$$
$$= 2.6832 - 0.01 \times 2 \times (2.6832+5)$$
$$= 2.529536$$

$$\vdots$$

(계속 반복)

위의 계산을 계속 반복하면 처음 3에서 시작한 x값이 계속 업데이트되어 계산되는 것을 볼 수 있다. 그리고 이전 단계의 x와 다음 단계의 x를 비교하면 값의 차이가 점점 줄어드는 것도 볼 수 있다. 이 계산을 무한정 반복할 수 없으니, 우리가 생각하는 기준(tolerance rate)보다 이전 단계의 x와 새로 계산한 x의 차이가 작아지면 계산을 멈춘다.

이는 반복문을 통해서 파이썬으로 쉽게 구현할 수 있다. 이 부분이 익숙하지 않다면 앞에서 본 newton 함수를 사용하면 된다.

```
>>> cur_x = 3        # x = 3에서 계산 시작
>>> rate = 0.01      # 학습률
>>> precision = 0.000001        # 반복 계산에 사용할 기준(tolerance rate)
>>> previous_step_size = 1
>>> max_iters = 10000        # 최대 반복 횟수 10000
>>> iters = 0        # 반복 횟수를 기록하기 위해 생성, 0부터 시작
>>> df = lambda x: 2*(x + 5)     # 현재 예제에서 함수의 기울기

>>> while (previous_step_size > precision) and (iters < max_iters):
>>>     prev_x = cur_x      # 현재 x를 이전 단계 x로 저장
>>>     cur_x = cur_x - rate * df(prev_x)        # 경사 하강법 계산
>>>     previous_step_size = abs(cur_x - prev_x)     # x값의 변화
```

```
>>>     iters = iters+1    # 반복 카운터 증가
```

```
>>> print("국소 최솟값은?", cur_x)
국소 최솟값은? -4.9999518490318176
```

MATH FOR MACHINE LEARNING

3.5 파이썬 실습

1. $3x^2+1$ 미분하기

```
>>> import sympy as sp
>>> x = sp.Symbol('x')
>>> sp.diff(3.0*x**2 + 1, x)
6.0x
```

2. 미분 개념을 활용하여 미분한 $x+3$ 함수가 0이 되는 해 찾기

```
>>> from scipy.optimize import fsolve
>>> import numpy as np
>>> line = lambda x: x + 3
>>> solution = fsolve(line, -2)
>>> print(solution)
[-3.]
```

3. x^2을 적분하고 0~3 사이의 적분 값 찾기

```
>>> import numpy as np
>>> from scipy.integrate import quad
# 적분할 함수 정의
>>> func = lambda x: np.cos(np.exp(x))**2

# 0부터 3까지의 구간에 대해 함수 func를 적분
>>> solution = quad(func, 0, 3)
>>> print(solution)
# 첫 번째 값은 적분, 두 번째 값은 오차
(1.296467785724373, 1.397797133112089e-09)
```

4. $sin(x)+cos(x^2)+1$ 함수를 적분하고 구간 0~5의 적분 값 찾기

```
>>> import numpy as np
>>> from scipy.integrate import quad
>>> x = np.sort(np.random.randn(150) * 4 + 4).clip(0, 5)   # 0~5 사이의 랜덤한 값 생성
>>> func = lambda x: np.sin(x) * np.cos(x**2) + 1          # 적분할 함수
>>> y = func(x)

>>> fsolution = quad(func, 0, 5)              # 함수 quad로 적분하기
>>> print(fsolution)
(5.100345067540932, 1.2589916699365199e-08)   # 결과의 첫 번째 값이 적분 값
```

3.6 R 실습

1. 입력 값을 제곱해서 반환하는 함수 f 만들기(1, 2번의 실습은 이후에도 연결된다.)

```
>>> f <- function(x) {
>>> print(x)
>>> return(x^2)
>>> }
```

2. x^3+3x^2-6x-8을 미분하고 그래프 그리기

```
# 수식을 함수로 표현
>>> f <- function(x) (x^3 + 3 * x^2 - 6 * x - 8)

# curve() 함수를 이용해 그래프 그리기
>>> curve(f, -5, 4, ylab = "y = f(x)")
```

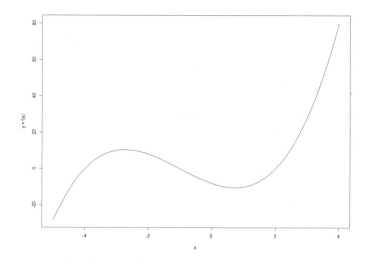

```
# 미분하고 그래프 그리기
>>> g <- function(x) {}
>>> body(g) <- D(body(f), 'x')
>>> curve(g, -5, 4, ylab = "g(x)")
```

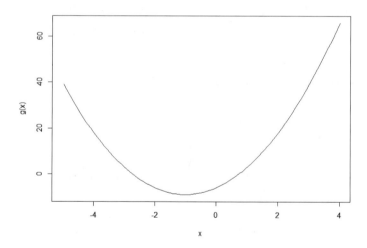

3. 함수 integrate()로 적분하기

```
# x²+1 적분하기
>>> f2 = function(x)(x^2 + 1)
>>> integrate(f2, lower = 0, upper = 1)
1.333333 with absolute error < 1.5e-14

# g 적분하기
>>> integrate(g, lower = 0, upper = 10)
```

```
1240 with absolute error < 1.4e-11
>>> f(10) - f(0)
1240
```

4. 미적분 응용하기–뉴턴랩슨 메서드

```
# f(x) = 0인 x를 찾기
>>> newton = function(f, tol = 1e-7, x0 = 1, N = 100){
>>>     h = 1e-7;
>>>     i = 1
>>>     x1 = x0;
>>>     p = numeric(N)
>>>     while(i <= N) {
>>>         df.dx = (f(x0 + h)-f(x0)) / h
>>>         x1 = (x0 - (f(x0) / df.dx))
>>>         p[i] = x1
>>>         i = i + 1
>>>         if(abs(x1 - x0) < tol) break
>>>         x0 = x1
>>>     }
>>>     return(p[1 : (i - 1)])
>>> }


# 함수 적용
>>> f <- function(x) (x^2 - 2)     # x^2-2 함수에 적용
>>> newton(f)
1.500000 1.416667 1.414216 1.414214 1.414214
>>> f <- function(x) (x^3 + 3 * x^2 - 6 * x - 8)     # x^3+3x^2-6x-8 함수에 적용
>>> newton(f)
4.333333 2.974769 2.270963 2.030331 2.000449 2.000000 2.000000 2.000000
```

3.7 핵심 요약

1. 함수

- 두 변수 x와 y에 대하여 x값이 정해지면 y값이 정해질 때 y를 x의 함수라고 한다.
  예 $y=x^3+2$

- 파이썬에서는 def 키워드로 함수를 정의할 수 있다.

2. 미분

- 주어진 함수의 국소적, 순간적 특성을 나타내는 도함수(derivative)를 구하는 과정이다.
- 도함수도 함수이므로 미분이 가능하다.
- 도함수에 x값을 넣으면 해당 값에서의 원래 함수의 순간적 특성을 구할 수 있다.
  > **예** $y=x^3+2$ 함수의 도함수는 $3x^{3-1}$이 되고 숫자 부분은 0이 되어, $3x^2$으로 정리할 수 있다.
  > $y=x^3+2$ 함수에서 $x=2$일 때 순간적인 특성은 도함수에서 $x=2$일 때 값으로 이해할 수 있다.
- 심파이의 diff나 scipy.misc의 derivative 함수로 미분할 수 있다.

3. 적분

- 미분의 역과정(부정적분), 함수와 x축 사이 면적을 구하는 과정(정적분)이다.
- 함수의 전체적 특성을 나타낸다.
- 심파이의 integrate나 scipy.integrate의 quad 함수로 적분할 수 있다.

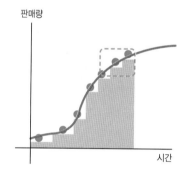

4. 편미분과 경사 하강법

- 함수가 x로만 이뤄진 1변수 함수가 아닌 두 개 이상의 변수로 구성된 경우, 이 함수의 미분은 각 변수로 이뤄지며, 이때 다른 변수는 숫자처럼 취급한다.
- 이렇게 구한 각 변수에 대한 도함수를 편도함수(partial derivative)라 하며, 다변수 함수의 편도함수들을 그라디언트(경사)라고 지칭한다.
- 편미분의 개념은 경사 하강법 등에 사용된다.

5. 미적분의 활용

- 미분을 통해 함수의 기울기(경사)를 구할 수 있으며 최적 값 찾기 등에 활용된다. 적분은 어떤 대상의 변화를 알려주는 함수 또는 단편적인 정보만 있는 경우에 총량을 구하는 데에 사용된다.

  예 Bass 모형, 뉴턴랩슨 메서드, 경사 하강법 등

4^장

확률과 통계

4장에서는 확률과 통계에 대한 주요 개념을 살펴보고자 한다. 우리 주변에 일어나는 대부분의 현상은 불확실하게 발생한다. 그 불확실한 발생 정도를 정량적으로 표현한 것이 확률(probability)이다. 확률을 통해서 우리는 어떤 특정한 이벤트가 발생할 가능성을 숫자로 나타낼 수 있으며, 이를 통해 이벤트가 발생할 가능성을 이해할 수 있다. 통계(statistic)는 분석 대상에 대하여 조사하고 실험하여 얻은 결과인 관측값의 요약 값을 의미한다. 통계학(statistics)은 통계에 대해 체계적으로 접근하는 이론과 방법을 제시한다. 이러한 통계학으로 주어진 자료를 과학적이고 논리적으로 정리하여 이해할 수 있다.

4.1 기초 통계 개념: 모집단/표본, 모수/통계량

통계는 분석의 대상이 되는 집단에 대하여 실시한 조사 및 실험의 결과로 얻어진 관측값을 의미하고 더 구체적으로는 그 관측값의 요약된 형태를 의미한다. 즉, 주어진 관측값을 요약한 값이라고 이해할 수 있다. 그리고 이러한 통계를 다루는 학문인 통계학[1]은 특정한 의도나 목적으로 조사, 연구할 때 자료 수집 방법과 수집한 자료를 과학적이고 논리적인 이론으로 정리/분석하는 역할을 한다. 이때 분석 대상에 관련된 자료를 수집/요약/정리/해석하며, 불확실한 사실에 대한 결론을 도출하는 데 필요한 이론과 방법을 제시한다.

그렇기에 통계와는 멀어보이는 머신 러닝, 딥러닝을 사용한다 하더라도 데이터를 기반으로 하는 모든 분석 활동에 앞서, 통계를 통해 데이터를 이해하는 것은 필수적이다. 무엇보다도 통계학은 데이터를 효율적으로 이해할 수 있게 도와준다.

예를 들어 살펴보자. 그림 4-1을 보면 여러 명의 어린이가 있는데, 그중에서 한 어린이만 주변 친구들에 비해 키가 상당히 큰 것을 볼 수 있다. 이 어린이의 부모는 자녀의 키가 다른 친구들의 키보다 실제로 큰 것인지, 아니면 주변 친구들의 키가 유난히 작은지를 알고 싶다고 하자.

---

1   통계학은 원래 국가산술(國家算術, state arithmetics)을 의미하고 세금을 거두기 위해 실시한 인구조사, 지가(地價) 산출로부터 시작되었다. 영국의 존 싱클레어(John Sinclair) 경에 의해 1791년에서 1799년 사이에 발간된 책자에 최초로 사용되었다.

▼ 그림 4-1 어린이들의 키 비교

비교하려면 이 어린이와 성별과 나이가 같은 어린이들의 키를 관측한 값이 필요하다. 이렇게 우리가 알고자 하는 대상을 위해 필요한 전체 데이터의 집합을 모집단(population)이라 한다. 천신만고 끝에 모집단에 속하는 어린이들의 키 값을 모두 얻었다고 하자. 이 경우 우리는 얻은 수많은 값을 하나씩 이해하기가 어려우므로 이 값들을 요약한 하나의 값을 사용하게 되는데, 이를 모수(parameter)라고 한다. 가장 대표적인 예가 평균, 표준편차 등이다. 모집단에 속하는 값은 아주 많은데, 전수조사를 통해서 얻어지고 그 상황과 시점에서 그 값들은 변하지 않는 특징이 있다. 이제 우리는 평균 키라는 모수를 파악하여 자녀의 키와 비교할 수 있다.

▼ 그림 4-2 모집단과 표본

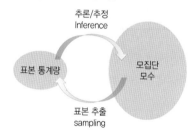

하지만 아이들은 매일 자라기 때문에 동일한 작업을 내일, 모레, 내년에도 계속하기란 사실상 불가능하며, 특정 연령과 성별에 해당하는 모든 어린이의 키를 측정하는 것은 비현실적인 일이다(가능한 방법은 있을 수 있지만, 단순히 자녀의 키를 또래와 비교하려는 목적에서 본다면 비현실적이다). 그래서 이러한 어려움을 덜고자 사용할 수 있는 방법이 자녀의 친구들만을 대상으로 평균 키를 내서 자녀의 키와 비교하는 것이다. 대상이 되는 모든 어린이의 키를 측정하는 것에 비해 훨씬 더 현실적이고 비용과 시간이 적게 든다. 이때 우리가 비교 대상으로 삼는 자녀 주변의 친구들의 키 값을 표본(sample)이라고 부른다.

표본은 가변적이라는 특징이 있다. 자녀의 친구 범위를 어디까지 할 것인가에 따라 표본으로 측정되는 값들은 달라진다. 물론 어느 시점에서 자녀의 성별과 나이가 같은 어린이들은 불변이지만, 실제로 표본이 되는 자녀의 친구들은 부분 집합이면서 구성이 계속 다를 수 있기 때문이다. 그리고 이러한 표본을 요약하는 평균을 구할 수 있는데, 이를 통계량이라고 부른다. 표본에 따라 통계량의 값은 가변적이다.

이처럼 통계량은 우리가 다루려는 관측값을 정리하고 요약한다. 여러 명의 키 값을 요약한다면 관측값을 보다 효율적이고 편리하게 이해할 수 있다. 그리고 통계적 분석이란 여러 관측값의 특징 (주로 어떤 값이 많이 나오거나, 대략적으로 어떤 값과 비슷한 수준의 관측값들이 많거나 등)을 이해하는 과정으로 볼 수 있는데, 주로 관측값들이 어떻게 존재하는지를 알아보거나 또는 같은 관측값의 분포를 찾아내서 숫자로 표시하기 위한 작업을 말한다.

자료를 효율적으로 이해하려면 한 종류의 관측값들이 갖는 여러 특징을 하나의 숫자로 요약해야 하는데, 그 과정에서 두 가지 유형의 요약 값을 고려할 수 있다. 하나는 여러 관측값이 어느 위치에 집중되어 있는지를 알려주는 요약 값이고, 나머지 하나는 그 집중된 값으로부터 얼마나 퍼져있는지를 알려주는 요약 값이다. 이러한 요약 값을 각각 집중화 경향(measure of central tendency)과 산포도(measure of dispersion)라 부른다. 집중화 경향은 관측값들을 대표하는 일종의 중심값으로 산술 평균, 중앙값, 최빈값 등이 있으며, 산포도는 자료가 집중화 경향(예를 들어 평균)을 중심으로 흩어져 있는 정도를 나타내며 범위, 분산, 표준편차, 백분위수 등이 대표적인 예다. 이러한 통계량은 한 종류의 여러 관측값을 요약하고 한 변수로도 표현하는 것이며, 이를 단변수 통계량이라고 한다. 두 종류의 관측값에 대한 통계량을 구하면 이변수 통계량이라 부르며, 이는 두 변수의 관계에 대한 요약 정보를 제공한다. 우선 다음 절에서 단변수 통계량에 대해 살펴보자.

4.2 통계량의 이해: 단변수 통계량

우선 단변수 통계량 중에서 집중화 경향에 속하는 통계량을 살펴보자. 대표적인 것으로는 산술 평균(mean)이 있다. 평균은 mean, arithmetic mean, average 등의 용어로 나타내며, 여러 값의 중심 또는 균형점을 나타낸다. 평균으로 자료의 중심을 효율적으로 나타낼 수 있다. 한 변수에 속하는 모든 관측값의 크기(정보)를 반영해야 하며 평균을 구하는 방법은 모든 값을 더해서 값의 개수로 나누는 것이다. 평균은 간단하면서 쉽게 여러 값들의 중심을 나타낼 수 있어서 많이 사용되는 대표적인 통계량이다.

$$\bar{x} = \frac{1}{n} \sum_{i=1}^{n} x_i$$

반면에 이상값(outlier)의 영향을 받는다는 단점이 있다. 예를 들어 네 명의 머리 둘레의 평균을 구하는데, 첫 번째 집단에는 100, 105, 95, 100의 값이 있고, 평균은 100이 된다. 두 번째 집단에는 150, 100, 100, 100의 값이 있고, 평균은 112.5가 된다. 두 집단 대부분은 머리 둘레가 비슷하지만, 두 번째 집단에는 머리가 아주 큰 사람이 있다 보니 관측값과 평균은 차이가 많이 난다. 즉, 이러한 이상값의 영향을 받아 평균이 실제 값과 다르게 계산될 수 있는 단점이 있다.

다음으로 중앙값(median)이 있는데, 이는 관측값을 크기순으로 나열하였을 때 중앙에 위치하는 관측값을 의미한다. 평균과는 다르게 이상값에 덜 민감하다. 다만, 값의 개수가 홀수인 경우는 문제가 없지만, 짝수인 경우에는 중앙에 속하는 두 관측값의 평균으로 구한다.

▼ 그림 4-3 중앙값의 예

최빈값(mode)은 한 변수에 속한 값 중에서 가장 많이 출현하는 관측값을 의미한다. 예를 들어 10명의 성별을 조사할 때 성별 값은 숫자가 아닌 '남성' 또는 '여성'이다. 이러한 숫자가 아닌 값을 명목 자료라고 부르는데, 명목 자료인 경우에는 평균과 중앙값은 계산되지 않는다(10개의 '여성' 또는 '남성' 값을 더해서 10으로 나눌 수가 없음). 이 경우 우리는 최빈값을 구할 수 있다. 최빈값은 한 개일 수도 있으며, 혹은 두 개 이상 존재할 수도 있다.

지금까지 살펴본 통계량은 바로 집중화 경향에 속하는 것이었다. 한 변수에 값이 100개나 1,000개가 있을 때 집중화 경향에 속하는 통계량으로 요약하면 적은 수의 요약 값으로 관측값이 대략 어느 정도인지를 이해하는 데 큰 도움이 된다. 다음의 경우를 생각해보자.

학생이 3명씩 있는 두 학급이 있을 때 각 학급의 수학 시험의 결과를 살펴보자. 1반은 60, 70, 80점을 받아 평균이 70이고, 2반은 40, 70, 100점을 받아 평균이 70이다. 두 반 모두 평균은 70이다. 하지만 실제 점수의 분포를 보면 1반 학생들은 모두 10점 차이로 수학 점수를 받은 반면에, 2반 학생들은 30점 차이로 점수를 받았다. 그런데 평균이 같다니!

▼ 그림 4-4 두 학급의 성적 비교

이러한 관측값 간의 차이는 집중화 경향만으로는 알기가 어렵다. 그래서 집중화 경향이 보여주는 요약 정보 외에 또 다른 요약 정보가 필요하다. 바로 앞서 살펴본 산포도이다. 이 예처럼 자료를 대표값으로 요약, 정리하는 것만으로는 자료를 충분히 이해할 수 없다. 그렇기 때문에 자료에서 관측값이 얼마나 퍼져있는가를 측정하는 척도인 산포도를 고려할 수 있으며, 이러한 산포도는 자료에서 관측값들이 변화하는 크기인 변동량을 나타내는 값을 나타낸다. 산포도가 나타내는 값이 퍼진 정도라는 것은 어떤 기준을 필요로 한다. 그때에는 집중화 경향의 요약 값을 기준으로 각 관측값이 얼마나 퍼져 있는지를 살펴볼 수 있다. 그렇다면 산포도로는 모든 것이 설명될까? 그렇지는 않다. 여전히 더 알아야 할 정보가 있고 이는 또 다른 통계량으로 파악해야 한다. 하지만 일반적으로 집중화 경향과 산포도를 많이 사용하니 이 책에서도 이 두 종류의 통계량만 소개한다.

가장 쉽게 접할 수 있는 산포도로, 범위(range)가 있다. 범위는 관측값 중 가장 큰 값인 최댓값(max)과 가장 작은 값인 최솟값(min)의 차이를 나타내며, 최댓값-최솟값으로 구할 수 있다. 값이 아무리 많더라도 최댓값, 최솟값 두 관측값만 이용하므로 모든 관측값의 크기가 반영되지 못하고, 이상값에 크게 영향 받는다는 단점이 있다. 이처럼 이상값에 영향받으면 관측값의 분포에 대해 잘 설명하기가 어려워진다. 특히 관측값의 산포도 중에서도 어디로 치우쳤는지를 살펴보는 것이 중요할 수 있다. 그래서 이상값에 영향받지 않고 관측값의 분포를 파악하려면 다른 통계량을 이용하는 것을 고려해보자.

바로 백분위수(percentile)이다. 백분위수는 크기에 따라 순서대로 나열한 관측값을 100 등분한 수이고, X 분위값은 관측값이 X%보다 작거나 같게 되는 값이다. 아주 크거나 아주 작은 값이 있다하더라도 관측값을 크기 순서로 나열하여 100 등분했기 때문에 이상값에 영향을 덜 받는다. 특히 그중에서 X를 25, 50, 75로 하게 되는 것을 사분위수(quartile)라고 하며, 이는 백분위수가 25%, 50%, 75%인 경우를 의미한다. 이중에서 50%인 백분위수만 따로 놓고 보면 집중화 경향의 중앙값과 같은 것을 알 수 있다.

이제 가장 많이 사용되는 산포도인 분산과 표준편차에 대해 살펴보자. 분산(variance)은 각 관측값이 평균에서 얼마나 퍼져있는지를 보는 척도이다. 각 관측값과 평균의 차이가 있고, 그 차이들의 평균을 나타낸 것이다. 모집단으로부터 분산을 구하면 이는 모분산(population variance)이 된다.

$$\sigma^2 = \frac{1}{N} \sum_{i=1}^{N} (X_i - \mu)^2$$

표본에서 얻은 분산은 표본 분산(sample variance)이라고 하며, 다음처럼 구한다.

$$S^2 = \frac{1}{n-1} \sum_{i=1}^{N} (X_i - \overline{X})^2$$

다음 그림 4-5와 같이 분산을 구하려면 먼저 관측값과 평균의 차이를 제곱해야 한다. 이 값들은 각 관측값이 평균과 떨어진 정도를 의미하는데, 관측값의 개수만큼 계산된다. 이 값들을 효율적으로 요약하려면 이 값들의 평균을 구해야 하는데, 이게 바로 분산이다.

▼ 그림 4-5 분산의 계산 과정

분산을 구하는 과정에서 관측값과 평균의 차이를 제곱하는 이유는 관측값과 평균의 차이에서 음수가 나올 수 있는데 이때 제곱하지 않고 더하게 되면 값들끼리 상쇄되어 원래 퍼진 정도와 다른

값이 나오기 때문이다. 이렇게 제곱하여 계산했기 때문에 모분산이나 표본 분산의 측정 단위는 관측값과 평균의 차이를 측정한 크기보다 커진다. 사실 우리가 알고 싶은 것은 각 관측값이 평균과 대체로 어느 정도 차이 나는지이지만, 분산은 평균과의 차이를 제곱한 값으로 원래 알고자 한 크기가 제곱되어 나타난다. 그렇기 때문에 분산을 원래 알고자 하던 크기로 바꾸려면 분산값의 양의 제곱근을 사용해야 한다. 이를 표준편차(standard deviation)라 한다.

4.3 통계량의 이해: 다변수 통계량

이제 두 종류 이상의 관측값에 대한 요약인 다변수 통계량을 살펴보자. 앞에서는 한 과목의 성적에 대한 요약 값을 다뤘다면 여기서는 두 과목의 성적에 대한 요약 값으로 넓어진 경우를 가정해 보자. 한 과목의 성적에 대한 요약 값을 구하는 것은 앞서 살펴본 단변수 통계량의 영역이다. 과목 수를 늘리면 다변수 통계량이 된다. 이 절에서는 두 과목으로 넓어진 경우로 다변수 통계량을 살펴보자.

다음 그림 4-6처럼 한 반에서 두 과목에 대한 성적을 정리하였다. 이 절에서 살펴보려는 다변수 통계량은 수학과 영어 두 과목 간의 관계에 대한 요약 값을 의미한다.

▼ 그림 4-6 한 학급의 두 과목 성적

두 변수가 같은 개수의 값을 갖고 있을 때 우리가 말하는 두 변수의 관계라는 것은 한 변수가 커질 때 다른 변수도 커지거나 작아지는 관계를 의미한다. 이러한 다변수 통계량의 대표적인 예가 바로

공분산(covariance)이다. 공분산은 단변수 통계량의 분산(한 변수에 대한 관측값의 퍼짐 정도)과 비슷하다. 공분산은 두 변수 X, Y가 각 평균으로부터 떨어진 정도로, 변수와 변수 평균값의 차이를 각 곱한 다음 평균으로 구한 값이다. 한 학급의 두 과목 성적을 다음 표 4-1에 나타내고, 공분산을 계산해보자.

▼ 표 4-1 세 학생의 수학과 영어 점수

	수학	영어
학생 1	60	40
학생 2	70	70
학생 3	80	100
평균	70	70

$$공분산 = \frac{(60 - 70)(40 - 70) + (70 - 70)(70 - 70) + (80 - 70)(100 - 70)}{3} = 200$$

공분산을 통해 두 변수의 증감 관계를 알 수 있는데, 공분산이 0보다 크면 두 변수가 같이 증가하는 관계이고, 0보다 작으면 한 변수가 커질 때 다른 변수는 작아지는 관계를 의미한다.

예를 들어 학생 10명의 시력과 키, 두 변수의 공분산을 10이라고 하자. 시력이 좋아지면(값이 커지면) 키도 커지는 관계를 볼 수 있다(인과관계는 아니다). 만약 공분산이 −0.9라고 하면 시력이 좋아질 때 키는 작아지는 관계임을 알 수 있다. 공분산의 크기는 변하는 정도를 알려준다. 하지만 공분산을 계산하는 데 사용한 두 변수 값의 단위가 아주 크거나 작은 경우에는 변수의 크기가 공분산에 반영된다. 그러다 보니 순수한 의미에서 두 변수의 변화 관계를 보여주지는 못한다. 구체적으로 시력과 키의 공분산이 10이고, 몸무게와 키의 공분산이 5라고 할 때 두 관계 중에서 어느 관계가 더 큰지에 대해 얘기하기가 어려워진다. 시력과 키의 공분산이 큰 것이 실제 두 변수의 증감 관계에 의한 것인지 아니면 시력과 키라는 각 변수의 크기에 영향을 받은 것인지를 구분할 수가 없기 때문이다. 그래서 구하게 되는 것이 바로 상관관계(correlation)이다.

상관관계 역시 두 변수의 증감 관계를 보기 위한 통계량인데, 두 변수의 공분산을 바로 각 변수의 표준편차로 나눠 구한다. 이렇게 하면 값은 언제나 −1~1 사이의 값으로 조정된다. 표준편차라는 것은 그 변수가 갖는 변수의 중심으로부터의 평균적인 퍼짐 정도라고 볼 수 있으며, 일종의 값의 단위가 된다. 이러한 표준편차로 공분산을 각각 나누면 변수의 크기로 인한 부분이 제거가 되어 두 변수의 증감에 대한 관계만 남는다. 그래서 두 변수의 공분산이 각 변수의 절대적 크기에 영향을 받지 않도록 각 변수의 표준편차로 나눠준 버전(scaled version)을 상관관계라 한다. 대표적인 상관관계로는 피어슨의 상관관계(Pearson correlation)가 있으며, 다음과 같이 구할 수 있다.

$$R = \frac{\sum (X_i - \overline{X})(Y_i - \overline{Y})}{\sqrt{\sum (X_i - \overline{X})^2 (Y_i - \overline{Y})^2}}$$

앞서 살펴본 바와 같이 상관관계는 -1~1 사이의 값으로 주어지는데, 1은 두 변수 간 강한 양의 상관관계가 있음을, 0은 관계가 없음을, -1은 강한 음의 상관관계가 있음을 의미한다. 즉, 두 변수의 증감 관계를 좀 더 표준화된 통계량으로 볼 수 있다. 예를 들어 어떤 상관관계가 0.9이고, 다른 상관관계가 0.7이면 우리는 변수 크기의 단위에 상관없이 0.9인 상관관계가 더 강하다고 얘기할 수 있다.

4.4 확률이란

우리 주변의 거의 모든 현상은 불확실하게 발생한다. 불확실하게 발생하는 정도를 수치화하여 표현하는 것을 확률이라고 부른다. 확률은 어떤 특정한 이벤트가 발생할 가능성을 숫자로 나타낸 값이며, 이벤트의 발생할 가능성을 의미한다. 이때 불확실한 정도를 수치화한 확률은 불확실성을 나타내는 측도(measure)로 0~1 사이의 값으로 표현한다.

예를 들어 어떤 무작위(random)한 실험에서 실험 결과가 항상 동일하게 나오지 않는데, 이 경우 우리는 불확실성이 있다고 하며, 그 불확실한 정도를 확률로 측정한다. 이렇게 불확실성이 있는 이벤트를 랜덤 이벤트(random event)라고 하는데, 이는 사건이 발생하기 전에는 어떠한 결과가 나타날지 미리 알 수 없는 사건이다. 이때 확률 계산의 원리는 이러한 랜덤 이벤트에서 각 실행의 결과가 무작위지만, 장기적으로 실행의 빈도수가 많아지면 어느 결과가 나타나는 것을 의미한다.

그리고 랜덤 이벤트의 정량적 표현(quantitative expression)이 바로 확률이다. 확률을 정의하기 위해서는 표본 공간(sample space)을 먼저 정의해야 하는데, 표본 공간은 통계 조사에서 얻을 수 있는 모든 결과의 집합 또는 실험이나 관측했을 때 출현 가능한 모든 결과의 집합이다. 그리고 이러한 표본 공간을 구성하는 각 원소를 표본점(sample point)이라고 부른다.

표본 공간은 이산형과 연속형으로 나눌 수 있는데, 이산형 표본 공간(discrete sample space)은 표본점의 수가 무한(infinite)개인 경우라도 하나씩 셀 수 있는 경우의 표본 공간을 의미한다. 예를 들어 동전을 던지는 경우를 생각하면 앞면과 뒷면만 가능하고, 주사위를 생각하면 1~6의 눈이 여기에 해당한다.

반면에 연속형 표본 공간(continuous sample space)이란 표본점이 하나씩 셀 수 없는 형태로 무한히 많은 표본 공간을 의미한다. 예로 전구나 전자 제품의 수명 시간이 있을 수 있다.

표본 공간은 표본점으로 구성되고 표본 공간(S)의 부분 집합을 사상(event)이라 한다. 예를 들어서 동전을 던지는 경우를 생각해보자. 동전을 한 번 던져서 결과를 관측하는 경우 표본 공간 S는 다음과 같이 앞면과 뒷면으로 이뤄지며, 그 외의 경우는 없을 것이다.

표본 공간 $S=\{H, T\}$(H: 앞면, T: 뒷면)

이때 표본 공간 S의 부분 집합인 사상을 구하면 다음과 같이 나올 수 있다.

표본 공간의 부분 집합인 사상: $\{H\}$, $\{T\}$, $\{H, T\}$, $\varnothing$

이처럼 사상은 표본 공간의 부분 집합, 즉 실험 결과로 발생 가능한 결과의 집합으로 볼 수 있다. 사상이 하나의 표본점으로 이뤄진 경우에는 단일 사상(simple event)이라 하고, 여러 개의 표본점으로 이루어진 사상을 복합 사상(compound event)이라고 한다.

이러한 사상들은 언제나 출현하는 것은 아니며 불확실성을 갖고 나타나는데, 이러한 불확실한 정도를 확률로 나타낼 수 있다. 예를 들어 표본 공간이 정의되고, 표본 공간의 부분 집합인 사상 A에 대하여 A의 출현 가능성을 숫자로 나타낼 수 있다. 이제부터 사상의 확률을 줄여서 확률이라고 지칭해보자.

MATH FOR MACHINE LEARNING

4.5 조건부 확률과 베이즈 정리

지금까지 어떤 사상의 확률에 대해서 살펴보았다. 우리 주변에는 무수히 많은 사상이 있고, 이 사상들은 서로 관련되어 있을 가능성이 높다. 이 경우 각 사상의 확률을 보는 것도 중요하지만, 관련 있는 사상 간의 관계를 고려한 확률을 보는 것도 의미가 있다. 만약 한 사건(사상)이 일어났을 때

이 사건이 다른 사건과 관련이 있는 경우, 확률은 어떻게 측정할 수 있을까? 이때 우리가 사용할 수 있는 것이 바로 조건부 확률이다.

조건부 확률을 구하려면 우선, 대상인 사상과 이 사상에 조건으로 고려할 수 있는 사상을 생각해야 한다. 예를 들어 사상 A가 주어졌을 때 사상 B가 일어나는 경우를 생각해보자. 이때 사상 A가 주어지고, 사상 B가 발생할 조건부 확률은 $P(B|A)$로 표시한다. 이러한 조건부 확률은 다음 식과 같이 A의 확률, A와 B가 동시에 발생할 확률을 통해 계산할 수 있는데, 이때 분모 자리에 들어가는 A의 확률인 $P(A)$는 0보다 커야 한다.

$$P(B \mid A) = \frac{P(A \cap B)}{P(A)}$$

그리고 앞의 식에서 A와 B가 서로 관련이 없는 경우를 생각해보자. 이러한 경우를 우리는 두 사상이 '독립'이라고 하는데, 두 사상이 발생할 때 서로 관계없음을 의미한다. 독립을 확률로 나타내면 B의 조건부 확률을 구한 것이 온전한 B의 확률과 같게 나온다. 이러한 두 사상의 독립은 A와 B가 동시에 발생하는 확률로도 표현할 수 있다. 즉, $P(A \cap B)$는 각 사상의 발생 확률을 곱한 것이며, $P(A \cap B) = P(A)P(B)$로 나타낸다. 그때 조건부 확률의 식은 다음처럼 다시 쓸 수 있으며, 결국 조건인 A 사상과는 상관없이 A가 조건인 B의 조건부 확률은 B의 확률로 볼 수 있다.

$$P(B \mid A) = \frac{P(A \cap B)}{P(A)} = \frac{P(A)P(B)}{P(A)} = P(B)$$

두 사상에 대해서 각 발생할 확률과 동시에 발생할 확률을 구해서 비교해보자. 앞에서 $P(A \cap B) = P(A)P(B)$가 성립한다면 두 사상은 독립, 그렇지 않다면 조건부 확률을 고려할 수 있다.

여기서 주의할 점은 두 사건의 독립은 $P(A \cap B) = P(A)P(B)$를 의미하지만, $P(A \cap B) = 0$을 나타내지는 않는다는 것이다.

다시 조건부 확률로 돌아오자. 조건부 확률은 두 사건 A, B에 대해 $P(A) > 0$일 때 사건 A가 참인 조건 하에서 사건 B가 일어날 확률을 의미하는데, 앞서 살펴본 표본 공간의 관점에서 본다면 원래의 표본 공간은 S이지만, 조건부 확률에서는 조건이 되는 사건 A가 표본 공간의 역할을 하는 셈이다. 조건부 확률 역시 확률이므로 0~1 사이의 값을 가지며, 조건이 되는 사상의 자기 자신에 대한 조건부 확률은 $P(A|A) = 1$로 나타난다.

이제 조건부 확률 식을 잠깐 변경해보자.

$$P(B \mid A) = \frac{P(A \cap B)}{P(A)}$$

이때 곱의 법칙(multiplication rule)을 이용하여 앞의 식에 0이 아닌 값을 양변에 곱해도 등호가 유지된다.

$$P(A \cap B) = P(A)P(B \mid A) = P(B)P(A \mid B)$$

위의 관계를 바탕으로 우리는 다음과 같은 식을 생각할 수 있다.

$$P(B \mid A) = \frac{P(B)P(A \mid B)}{P(A)}$$

이를 베이즈 정리(bayes theorem)라고 부르며, 확률 변수의 조건부(conditional) 확률 분포와 주변부(marginal) 확률 분포를 연관 짓는 정리이다. 확률 분포에 대한 내용은 5장에서 자세히 다루니, 여기서는 베이즈 정리를 새로운 자료에서 나온 확률에 기반하여 과거의 확률을 향상(update)하는 관계로 이해해보자. 앞의 식에서는 B의 확률이 원래 있었는데, 새롭게 얻은 자료인 A와 B의 관계를 나타내는 확률을 이용하여 결과적으로 A가 주어진 경우 B의 조건부 확률로 향상하게 된다.

> Note ≡　베이지안 통계학(Bayesian statistics) 또는 베이즈 통계학은 확률을 어떤 사건에 대한 믿음의 정도로 나타내는 베이즈 확률론에 기반한다. 이때 믿음의 정도는 우리가 관심을 갖는 그 '어떤' 사건에 대한 사전 지식에 의해 얻어지는데, 예를 들어 이전에 이뤄진 실험 결과나 그 사건에 대한 개인적인 믿음 등이 사전 지식이 되기도 한다. 베이즈 정리는 사전 지식으로 표현된 확률에 현재 데이터를 통해 업데이트하여 우리가 관심 갖는 확률의 값을 계산하는 방법을 제시한다.

4.6 분석모형 응용–확률을 활용한 패턴의 발견

앞서 살펴본 확률과 조건부 확률은 머신 러닝의 주요 기법에 활용된다. 대표적인 예가 연관 규칙(association rule)을 발견하는 연관 규칙 마이닝(association rule mining)이다. 이 분석 기법은 장바구니 분석으로 많이 알려져 있는데, 판매되는 제품의 품목을 분석하여 품목 간의 패턴을 발견하는 기법이다. 이 기법에서 품목이라는 것은 확률에서의 사상으로 이해할 수 있으며, 품목 간의 패턴이라는 것은 두 개 이상의 품목이 같이 발생하는 확률로 이해할 수 있다. 즉, 확률이나 조건부 확률, 사상의 독립에 대한 개념이 많이 활용되는데, 이 기법에서는 확률과 조건부 확률을 지지도와 신뢰도라는 이름으로 나타낸다.

- **지지도**(support): 전체 거래에서 제품 A와 B를 동시에 구매한 확률

$$P(A \cap B)$$

- **신뢰도**(confidence): 제품 A를 구매했을 때 추가로 B를 구매할 조건부 확률

$$P(B \mid A) = \frac{P(A \cap B)}{P(A)}$$

또한, 두 지표 외에도 사상의 독립성을 고려하여 구하는 향상도(lift)를 사용할 수도 있다.

- **향상도**(lift): 제품 A를 고려한 B의 구매 확률을 A를 고려하지 않은 B의 구매 확률로 나눈 것으로, 이 값이 높다면 두 품목은 독립이 아니며 연관성이 높다.

$$\frac{P(B \mid A)}{P(B)}$$

향상도에서 두 사상 A와 B가 독립이라면 분자는 P(B)가 되어 향상도는 1이 된다. 독립이 아니라면 1이 아닌 값이 나오게 되는데, A가 조건일 때 B가 더 발생한다면 향상도는 1보다 크게 된다. 그래서 이 값이 높게 나오는 패턴에 더 관심을 가질 수 있다.

다음의 예를 살펴보자. 한 마트에서 손님 7명이 구매한 내역이 다음 표 4-2와 같다. 손님 7명 중에서 소고기를 산 손님은 4명으로, 산술적으로 오늘 마트에서 소고기가 팔릴 확률은 $\frac{4}{7}$가 된다. 손님들은 여러 물건을 구매하였으니, 이제 여러 제품의 조합에 대해 팔릴 확률을 구할 수 있다. 여러 제품의 조합을 이제부터 판매되는 제품의 패턴으로 고려하자.

소고기와 닭고기를 모두 구매한 손님은 7명 중에서 3명이고, 발생 확률은 $\frac{3}{7}$이 된다. 이제 소고기를 사는 조건에서 닭고기를 사는 경우도 생각해보자. P(닭고기 | 소고기)를 구하는 문제가 되며, 전체 손님 중 소고기를 사는 확률 $\frac{4}{7}$가 분모가 되고, 닭고기와 소고기를 같이 사는 확률 $\frac{3}{7}$이 분자가 되어 계산할 수 있다. 이 조건부 확률은 $\frac{3}{4}$의 값을 가지며 이 값이 바로 신뢰도가 된다.

▼ 표 4-2 손님들의 구매 목록

	구매 목록			
손님 1	소고기	닭고기	우유	
손님 2	소고기	치즈		
손님 3	치즈	신발		

	구매 목록				
손님 4	소고기	닭고기	치즈		
손님 5	소고기	닭고기	옷	치즈	우유
손님 6	닭고기	옷	우유		
손님 7	닭고기	옷	우유		

이제 옷을 사는 경우, 우유와 닭고기를 사는 패턴에 대해서 지지도를 구하면 전체 손님 7명 중에서 옷, 우유, 닭고기를 같이 산 손님이 3명이므로 $\frac{3}{7}$이 된다. 그 경우 신뢰도를 구하면 옷을 산 손님이 우유와 닭고기를 사는 조건부 확률이므로 $\frac{3}{3}$의 값을 가진다. 이렇게 손님의 구매 내역으로 모든 품목을 최대한 조합하여 지지도와 신뢰도를 계산할 수 있다. 분석자는 계산된 값에서 높은 지지도와 신뢰도를 갖는 것만 필터링하여 보면 된다.

이러한 패턴을 발견하는 연관 규칙 분석에서 결과를 해석할 때 주의할 점이 있다. 예를 들어 손님들에게서 우유를 사고, 소고기를 사는 패턴을 발견하였다고 하자. 이때 우유를 샀기 때문에 소고기를 샀다고 해석하면 안된다. 어디까지나 각 사상의 확률을 계산하는 것이므로 이 결과는 인과관계를 나타내지는 않는다. 실제로 우유와 소고기의 인과관계가 있을 수도 있지만, 이 분석의 결과로 인과관계를 얘기할 수는 없는 것이다.

파이썬에서 연관 규칙 분석을 위해 1장에서 설치한 모듈인 mlxtend를 활용해보자. 다음은 손님 5명이 마트에서 산 물건에서 패턴을 발견하는 예제이다. 각 손님이 산 물건은 한 리스트로 묶었고, 5명의 구매 내역 리스트도 한 리스트로 다시 묶었다.

```
dataset = [['Milk', 'Cookie', 'Apple', 'Beans', 'Eggs', 'Yogurt'],
           ['Coke', 'Cookie', 'Apple', 'Beans', 'Eggs', 'Yogurt'],
           ['Milk', 'Apple', 'Kidney Beans', 'Eggs'],
           ['Milk', 'Orange', 'Corn', 'Beans', 'Yogurt'],
           ['Corn', 'Cookie', 'Cookie', 'Beans', 'Ice cream', 'Eggs']]
```

이제 손님 5명의 구매 내역을 트랜잭션(transaction) 형태로 표현하려고 한다. 트랜잭션이란 원래 데이터를 처리하는 작업의 단위를 의미하지만, 여기서는 손님 한명 한명의 구매 내역을 효율적으로 나타내는 형태로 이해해보자. 위에서 리스트 형태로 표현된 구매 내역은 판다스의 데이터프레임을 통해 트랜잭션으로 표현할 수 있다. 이때 mlxtend에서 제공하는 TransactionEncoder를 활용한다.

```
>>> import pandas as pd
>>> from mlxtend.preprocessing import TransactionEncoder
```

```
>>> te = TransactionEncoder()
>>> te_ary = te.fit(dataset).transform(dataset)
>>> df = pd.DataFrame(te_ary, columns = te.columns_)
>>> df
```

	Apple	Beans	Coke	Cookie	Corn	Eggs	Ice cream	Kidney Beans	Milk	Orange	Yogurt
0	True	True	False	True	False	True	False	False	True	False	True
1	True	True	True	True	False	True	False	False	False	False	True
2	True	False	False	False	False	True	False	True	True	False	False
3	False	True	False	False	True	False	False	False	True	True	True
4	False	True	False	True	True	True	True	False	False	False	False

이후 연관 규칙의 모든 발생 가능한 패턴을 다 찾아주는 Apriori 알고리즘을 적용해 패턴을 발견해보자. 최소 지지도의 기본값이 0.5인데, 우리는 0.6으로 지정해보았다(min_support = 0.6). 최소 지지도가 0.6이라는 이야기는 대상이 되는 후보 패턴의 발생 확률이 전체 구매 내역에서 60%임을 의미한다. use_colnames 옵션은 데이터프레임의 열 이름이 아이템의 이름으로 사용되는 것을 말한다.

```
>>> import mlxtend
>>> from mlxtend.frequent_patterns import apriori
>>> frequent_itemsets = apriori(df, min_support = 0.6, use_colnames = True)
>>> frequent_itemsets
```

	support	itemsets
0	0.6	(Apple)
1	0.8	(Beans)
2	0.6	(Cookie)
3	0.8	(Eggs)
4	0.6	(Milk)
5	0.6	(Yogurt)
6	0.6	(Eggs, Apple)
7	0.6	(Cookie, Beans)
8	0.6	(Eggs, Beans)
9	0.6	(Yogurt, Beans)
10	0.6	(Cookie, Eggs)
11	0.6	(Eggs, Cookie, Beans)

앞 결과는 발견한 패턴을 frequent_itemsets 데이터프레임에 표현한 것이다. 다음 절의 실습을 통해 이 패턴을 조금 더 정제해보자.

4.7 파이썬 실습

1. 연관 규칙 분석의 실습을 위해 트랜잭션으로 표현하기

```
>>> import mlxtend
>>> from mlxtend.frequent_patterns import apriori
>>> from mlxtend.frequent_patterns import association_rules

# 리스트 형태로 표현된 트랜잭션을 생성하기
>>> dataset = [['Milk', 'Cookie', 'Apple', 'Beans', 'Eggs', 'Yogurt'],
>>>            ['Coke', 'Cookie', 'Apple', 'Beans', 'Eggs', 'Yogurt'],
>>>            ['Milk', 'Apple', 'Kidney Beans', 'Eggs'],
>>>            ['Milk', 'Orange', 'Corn', 'Beans', 'Yogurt'],
>>>            ['Corn', 'Cookie', 'Cookie', 'Beans', 'Ice cream', 'Eggs']]
>>> type(dataset)   # 자료 구조 확인하기
list
```

2. 판다스의 데이터프레임으로 트랜잭션 나타내기

```
>>> import pandas as pd
>>> from mlxtend.preprocessing import TransactionEncoder
>>> te = TransactionEncoder()   # 트랜잭션 생성을 위해 Encoder 객체 생성
# 해당 객체에 dataset 자료를 적합(fitting)시키고 트랜잭션 형태로 변환
>>> te_ary = te.fit(dataset).transform(dataset)
>>> te_ary
array([[ True,  True, False,  True, False,  True, False, False,  True,
        False,  True],
       [ True,  True,  True,  True, False,  True, False, False, False,
        False,  True],
       [ True, False, False, False, False,  True, False,  True,  True,
        False, False],
       [False,  True, False, False,  True, False, False, False,  True,
         True,  True],
       [False,  True, False,  True,  True,  True,  True, False, False,
        False, False]])
# 데이터프레임으로 생성하며, 열 이름은 제품명으로 지정
>>> df = pd.DataFrame(te_ary, columns = te.columns_)
>>> df
```

	Apple	Beans	Coke	Cookie	Corn	Eggs	Ice cream	Kidney Beans	Milk	Orange	Yogurt
0	True	True	False	True	False	True	False	False	True	False	True

1	True	True	True	True	False	True	False	False	False	False	True
2	True	False	False	False	False	True	False	True	True	False	False
3	False	True	False	False	True	False	False	False	True	True	True
4	False	True	False	True	True	True	True	False	False	False	False

3. mlxtend의 Apriori 알고리즘 적용하기

```
>>> import mlxtend
>>> from mlxtend.frequent_patterns import apriori
>>> from mlxtend.frequent_patterns import association_rules
>>> apriori(df, min_support = 0.6)    # 최소 지지도를 0.6으로 하여 Apriori에 적용하기
```

	support	itemsets
0	0.6	(0)
1	0.8	(1)
2	0.6	(3)
3	0.8	(5)
4	0.6	(8)
5	0.6	(10)
6	0.6	(0, 5)
7	0.6	(1, 3)
8	0.6	(1, 5)
9	0.6	(1, 10)
10	0.6	(3, 5)
11	0.6	(1, 3, 5)

```
# itemsets에 제품명이 나오도록 지정
>>> apriori(df, min_support = 0.6, use_colnames = True)
```

	support	itemsets
0	0.6	(Apple)
1	0.8	(Beans)
2	0.6	(Cookie)
3	0.8	(Eggs)
4	0.6	(Milk)
5	0.6	(Yogurt)
6	0.6	(Eggs, Apple)
7	0.6	(Cookie, Beans)
8	0.6	(Eggs, Beans)
9	0.6	(Yogurt, Beans)
10	0.6	(Cookie, Eggs)
11	0.6	(Eggs, Cookie, Beans)

4. 연관 규칙 분석 결과를 필터링해보기

```
# itemsets의 제품 개수에 따른 필터링을 위해 length 열을 추가
# 결과를 frequent_itemsets라는 이름으로 생성
>>> frequent_itemsets = apriori(df, min_support = 0.6, use_colnames = True)
>>> frequent_itemsets['length'] = frequent_itemsets['itemsets'].apply(lambda x:
len(x))    # length 추가
>>> frequent_itemsets
```

	support	itemsets	length
0	0.6	(Apple)	1
1	0.8	(Beans)	1
2	0.6	(Cookie)	1
3	0.8	(Eggs)	1
4	0.6	(Milk)	1
5	0.6	(Yogurt)	1
6	0.6	(Eggs, Apple)	2
7	0.6	(Cookie, Beans)	2
8	0.6	(Eggs, Beans)	2
9	0.6	(Yogurt, Beans)	2
10	0.6	(Cookie, Eggs)	2
11	0.6	(Eggs, Cookie, Beans)	3

```
# 필터링: 패턴 내 아이템은 두 개이고, 최소 지지도는 60% 이상인 패턴만 필터링
# frequent_itemsets에서 특정 조건을 만족시키는 행들을 선택
>>> frequent_itemsets[(frequent_itemsets['length'] == 2) & (frequent_
itemsets['support'] >= 0.6)]
```

	support	itemsets	length
6	0.6	(Eggs, Apple)	2
7	0.6	(Cookie, Beans)	2
8	0.6	(Eggs, Beans)	2
9	0.6	(Yogurt, Beans)	2
10	0.6	(Cookie, Eggs)	2

5. 연관 규칙 분석 결과에서 confidence, lift 등 조건에 맞는 패턴 찾기

```
# association_rules 함수: 데이터프레임을 입력, 기본값(confidence), 향상도(lift) 등을 조건으
로 사용, 각 metric별 사용하는 최솟값은 min_threshold로 지정하며, 기본값은 0.8로 지정
# Apriori 결과에서 패턴을 발견, 이때 최소 신뢰도는 0.7로 지정
>>> rules = association_rules(frequent_itemsets, metric = "confidence", min_threshold =
0.7)
>>> rules
```

	antecedents	consequents	antecedent support	consequent support	support	confidence	lift	leverage	conviction
0	(Eggs)	(Apple)	0.8	0.6	0.6	0.75	1.250000	0.12	1.6
1	(Apple)	(Eggs)	0.6	0.8	0.6	1.00	1.250000	0.12	inf
2	(Cookie)	(Beans)	0.6	0.8	0.6	1.00	1.250000	0.12	inf
3	(Beans)	(Cookie)	0.8	0.6	0.6	0.75	1.250000	0.12	1.6
4	(Eggs)	(Beans)	0.8	0.8	0.6	0.75	0.937500	−0.04	0.8
5	(Beans)	(Eggs)	0.8	0.8	0.6	0.75	0.937500	−0.04	0.8
6	(Yogurt)	(Beans)	0.6	0.8	0.6	1.00	1.250000	0.12	inf
7	(Beans)	(Yogurt)	0.8	0.6	0.6	0.75	1.250000	0.12	1.6
8	(Cookie)	(Eggs)	0.6	0.8	0.6	1.00	1.250000	0.12	inf
9	(Eggs)	(Cookie)	0.8	0.6	0.6	0.75	1.250000	0.12	1.6
10	(Cookie, Eggs)	(Beans)	0.6	0.8	0.6	1.00	1.250000	0.12	inf
11	(Cookie, Beans)	(Eggs)	0.6	0.8	0.6	1.00	1.250000	0.12	inf
12	(Eggs, Beans)	(Cookie)	0.6	0.6	0.6	1.00	1.666667	0.24	inf
13	(Cookie)	(Eggs, Beans)	0.6	0.6	0.6	1.00	1.666667	0.24	inf
14	(Eggs)	(Cookie, Beans)	0.8	0.6	0.6	0.75	1.250000	0.12	1.6
15	(Beans)	(Cookie, Eggs)	0.8	0.6	0.6	0.75	1.250000	0.12	1.6

```
# 향상도가 1.2 이상인 패턴을 발견
>>> rules2 = association_rules(frequent_itemsets, metric = "lift", min_threshold = 1.2)
>>> rules2
```

	antecedents	consequents	antecedent support	consequent support	support	confidence	lift	leverage	conviction
0	(Eggs)	(Apple)	0.8	0.6	0.6	0.75	1.250000	0.12	1.6
1	(Apple)	(Eggs)	0.6	0.8	0.6	1.00	1.250000	0.12	inf
2	(Cookie)	(Beans)	0.6	0.8	0.6	1.00	1.250000	0.12	inf
3	(Beans)	(Cookie)	0.8	0.6	0.6	0.75	1.250000	0.12	1.6
4	(Yogurt)	(Beans)	0.6	0.8	0.6	1.00	1.250000	0.12	inf
5	(Beans)	(Yogurt)	0.8	0.6	0.6	0.75	1.250000	0.12	1.6
6	(Cookie)	(Eggs)	0.6	0.8	0.6	1.00	1.250000	0.12	inf
7	(Eggs)	(Cookie)	0.8	0.6	0.6	0.75	1.250000	0.12	1.6
8	(Cookie, Eggs)	(Beans)	0.6	0.8	0.6	1.00	1.250000	0.12	inf
9	(Cookie, Beans)	(Eggs)	0.6	0.8	0.6	1.00	1.250000	0.12	inf
10	(Eggs, Beans)	(Cookie)	0.6	0.6	0.6	1.00	1.666667	0.24	inf
11	(Cookie)	(Eggs, Beans)	0.6	0.6	0.6	1.00	1.666667	0.24	inf
12	(Eggs)	(Cookie, Beans)	0.8	0.6	0.6	0.75	1.250000	0.12	1.6
13	(Beans)	(Cookie, Eggs)	0.8	0.6	0.6	0.75	1.250000	0.12	1.6

```
# 결과 중 필터링
# antecedents 열에 각 값에 포함된 item 개수를 len() 함수로 측정하여 antecedent_len이라는 새
로운 열을 생성
>>> rules["antecedent_len"] = rules["antecedents"].apply(lambda x: len(x))
```

```
# 특정 조건을 만족하는 패턴을 출력
>>> rules[(rules['antecedent_len'] >= 2) & (rules['confidence'] > 0.75) &
(rules['lift'] > 1.2)]
```

	antecedents	consequents	antecedent support	consequent support	support	confidence	lift	leverage	conviction	antecedent_len
10	(Cookie, Eggs)	(Beans)	0.6	0.8	0.6	1.0	1.250000	0.12	inf	2
11	(Cookie, Beans)	(Eggs)	0.6	0.8	0.6	1.0	1.250000	0.12	inf	2
12	(Eggs, Beans)	(Cookie)	0.6	0.6	0.6	1.0	1.666667	0.24	inf	2

4.8 R 실습

1. 연관 규칙 분석 실습을 위한 패키지를 설치하고 로드하기

```
>>> install.packages("arules")     # 최초 1회만 실행
>>> install.packages("arulesViz")
>>> library(arules)
>>> library(arulesViz)
```

2. Groceries 예제 데이터를 불러와 출력하기

```
# 예제 데이터 불러오기
>>> library(datasets)
# 예제 데이터 로드하기
>>> data(Groceries)
>>> Groceries
transactions in sparse format with
 9835 transactions (rows) and
 169 items (columns)

# 많이 발생하는 아이템 상위 20개 출력하기
>>> itemFrequencyPlot(Groceries, topN = 20, type = "absolute")
```

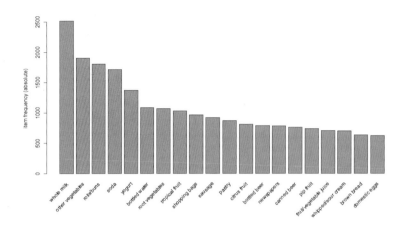

3. 연관 규칙 분석을 위한 Apriori 알고리즘 적용하고 시각화하기

```
# 연관 규칙 발견하기: Apriori 적용, 최소 지지도 0.1%, 최소 신뢰도 80%
>>> rules <- apriori(Groceries, parameter = list(supp = 0.001, conf = 0.8))
>>> summary(rules)
set of 410 rules

rule length distribution (lhs + rhs):sizes
  3   4   5   6
 29 229 140  12

  Min. 1st Qu.  Median    Mean 3rd Qu.    Max.
 3.000   4.000   4.000   4.329   5.000   6.000

summary of quality measures:
    support         confidence        lift            count
 Min.   :0.001017  Min.   :0.8000  Min.   : 3.131  Min.   :10.00
 1st Qu.:0.001017  1st Qu.:0.8333  1st Qu.: 3.312  1st Qu.:10.00
 Median :0.001220  Median :0.8462  Median : 3.588  Median :12.00
 Mean   :0.001247  Mean   :0.8663  Mean   : 3.951  Mean   :12.27
 3rd Qu.:0.001322  3rd Qu.:0.9091  3rd Qu.: 4.341  3rd Qu.:13.00
 Max.   :0.003152  Max.   :1.0000  Max.   :11.235  Max.   :31.00

mining info:
      data ntransactions support confidence
 Groceries          9835   0.001        0.8

>>> plot(rules)
```

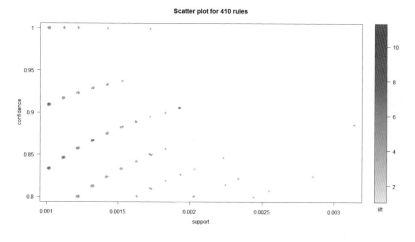

Scatter plot for 410 rules

4. Apriori 알고리즘 결과 필터링하기

 # 결과 중 처음 5개만 출력

```
>>> inspect(rules[1:5])
lhs                           rhs              support     confidence lift       count
[1] {liquor,red/blush wine} => {bottled beer}  0.001931876 0.9047619  11.235269  19
[2] {curd,cereals}          => {whole milk}    0.001016777 0.9090909   3.557863  10
[3] {yogurt,cereals}        => {whole milk}    0.001728521 0.8095238   3.168192  17
[4] {butter,jam}            => {whole milk}    0.001016777 0.8333333   3.261374  10
[5] {soups,bottled beer}    => {whole milk}    0.001118454 0.9166667   3.587512  11
```

 # 신뢰도 기준으로 내림차순의 패턴들을 rules에 할당

```
>>> rules<-sort(rules, by = "confidence", decreasing = TRUE)
>>> inspect(rules[1:5])
lhs                                               rhs             support     confidence
lift       count
[1] {rice,sugar}                               => {whole milk} 0.001220132 1
3.913649 12
[2] {canned fish,hygiene articles}             => {whole milk} 0.001118454 1
3.913649 11
[3] {root vegetables,butter,rice}              => {whole milk} 0.001016777 1
3.913649 10
[4] {root vegetables,whipped/sour cream,flour} => {whole milk} 0.001728521 1
3.913649 17
[5] {butter,soft cheese,domestic eggs}         => {whole milk} 0.001016777 1
3.913649 10
```

4.9 핵심 요약

1. 모집단과 표본

- **통계**: 분석의 대상이 되는 집단에 대하여 실시한 조사 및 실험 결과로 얻어진 관측값(수치) 또는 관측값의 요약된 형태이다.

- **통계학**: 특정 의도나 목적으로 조사, 연구할 때 자료 수집 방법 및 수집한 자료를 과학적이고 논리적인 이론에 의하여 정리하고 분석하는 학문이다.

- **모집단**: 얻고자 하는 정보와 관련 있는 모든 개체로부터 얻을 수 있는 모든 관측값의 집합, 관심을 갖는 대상 전체이다.

- **표본**: 모집단의 일부분으로, 원하는 정보를 얻기 위해 수행한 관측을 통해 얻어진 관측값이다.

2. 통계량

- **집중화 경향**: 관측값이 어느 위치에 집중되어 있는가를 나타낸다.

- **산포도**: 자료가 산술 평균을 중심으로 흩어져 있는 정도를 의미한다.

- **평균**(mean): 변수의 모든 값을 더해서 값의 개수로 나누며, 관측값의 중심이 되는 값을 의미한다.

- **중앙값**(median): 관측값을 크기순으로 배열하였을 경우 중앙에 위치한 값이다. 이상값에 덜 민감하다.

- **분산**(variance): 각 관측값이 평균에서 얼마나 퍼져 있는지를 보는 정도이다. 각 관측값과 평균의 차이를 제곱한 후 평균을 구한 값이다.

- **표준편차**(standard deviation): 표준화된 분산이다.

- **공분산**(covariance): 두 변수의 관계를 알기 위해 공분산을 사용한다. 공분산은 X, Y가 각 평균으로부터 떨어진 거리, 즉 변수와 변수 평균값의 차이를 각 곱한 다음 평균으로 구한 값이다.

- **상관관계**(correlation): 두 변수의 공분산을 각 변수의 편차로 나눠서 -1~1 사이로 조정한 값이다.

3. 확률

- **확률**: 랜덤 이벤트의 정량적 표현(0~1)이다.

- **표본 공간**: 통계 조사에서 얻을 수 있는 모든 가능한 결과의 집합 또는 실험이나 관측을 했을 때 출현 가능한 모든 결과의 집합이다.

- **표본점**: 표본 공간(S)을 구성하는 각 원소이다.

- **조건부 확률**: 어떤 사상이 주어졌을 때 다른 사상이 발생할 확률이다.

- **베이즈 정리**(bayes theorem): 새로운 자료에서 나온 확률에 기반하여 과거의 확률을 향상(update)하는 관계를 나타낸다.

4. 연관 규칙(association rule)

- 라케시 아그라왈(Rakesh Agrawal)에 의해 1993년 소개되었으며, 다수의 거래 내역 각각에 포함된 품목(item)의 관찰을 통해 규칙을 발견한다.

- 모든 데이터를 범주형 자료(categorical data)로 가정, 수치 자료(numeric data)는 범주형 자료로 변환 후 사용한다.

- 장바구니 분석에 처음 사용되었고, 모든 규칙을 찾으며, 특정한 타깃(target) 변수가 없다.

- **지지도**(support): 발생 확률, 전체 자료에서 관련성이 있는 거래나 사상의 모든 확률(두 항목이 동시에 일어날 확률)이다.

- **신뢰도**(confidence): 어떤 사상 X가 일어났을 때 사상 Y가 추가로 일어날 조건부 확률이다.

- **향상도**(lift): 사상 A를 고려한 B의 발생 확률을 A를 고려하지 않은 B의 발생 확률로 나눈 것으로, 이 값이 높다면 우연에 의해 연관성이 나타난다. 두 사상이 독립인 경우에는 분모 분자가 동일하고 Lift=1, 독립이 아닌 경우(연관된 경우)에는 분모, 분자 값이 다르다.

5장

확률 분포와
통계적 추론

이번 장에서는 확률과 통계의 개념을 활용하여 통계적 추론을 하는 과정에 대해 살펴보고자 한다. 확률의 대상이 되는 사건은 하나만 존재하지 않으며, 여러 사건이 있을 수 있고 이 사건의 확률이 어떻게 분포하는지 이해하는 것이 중요하다. 또한, 확률과 통계를 바탕으로 하여 실생활에서 다양한 의사 결정을 하는 데 도움을 얻고자 한다. 이때 확률과 통계가 통계적 추론에 어떻게 활용이 되어 의사 결정에 기여하는지도 살펴보자.

5.1 / 확률 변수와 확률 분포

5장에서는 우선 확률에 대한 개념을 확률 변수와 확률 분포로 확장하여 살펴볼 것이고, 통계량을 이용한 통계적 추론에 대해서도 살펴보겠다.

앞서 이해한 바와 같이 확률이란 특정한 사상이 발생할 정도를 0~1 사이로 계량화한 값이다. 하지만 현실에서 다루는 현상에는 여러 사상[1]이 발생할 수 있으며, 그로 인해 다루게 되는 확률도 많아진다.

예를 들어 한 반의 어린이들을 대상으로 오늘 결석하였는지를 살펴본다고 하자. 어린이마다 결석이라는 사상이 발생할 확률을 측정할 수 있다. 하지만 이 반에는 어린이가 여러 명 있으며, 결석 확률 값 역시 어린이의 수만큼 존재한다. 그리고 어린이들이 모두 비슷한 결석 확률을 갖고 있을 수도 있고 아니면 특정 어린이만 높은 결석 확률을 갖고 있을 수도 있다. 이 반에서 결석이라는 사상을 잘 이해하려면 각 어린이가 발생시키는 확률 값의 분포를 이해하는 것이 중요하다.

좀 더 구체적으로 어린이들의 출석과 결석 여부를 측정한다고 하자. 여러 개의 출석 또는 결석 값이 수집될 것이고, 이 사상들에 대한 확률 값이 필요하다. 한 반에 어린이가 5~6명이면 큰 문제는 안 되겠지만, 그 수가 늘어난다면 여간 복잡한 작업이 아닐 수 없다. 이때 입력이 출석이면 숫자 1을 출력하고 결석이면 숫자 0을 출력하는 함수를 이용해서 이 작업을 정리해보자.

---

1 사상은 2장에서 자세히 다루었다. 사상의 개념을 다시 한번 확인하려면 2장을 참고하기 바란다.

▼ 그림 5-1 출석과 결석의 확률 분포

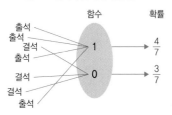

측정치에서 얻을 수 있는 값의 총 집합을 표본 공간이라 하는데, 앞의 경우와 같이 표본 공간의 각 값에 실수를 부여하는 함수를 확률 변수라고 한다. 확률 변수는 여러 확률 값을 사상과 연결할 수 있으며, 그 결과는 확률 분포로 나타난다. 즉, 확률 분포(probability distribution distribution)는 확률 변수가 취할 수 있는 모든 값에 대해 이들 값이 취할 수 있는 확률을 그림이나 표, 함수식으로 나타낸 것이다.

표본 공간이 이산형과 연속형이 있는 것처럼, 확률 분포 역시 이산형과 연속형으로 구분할 수 있다. 이산형 확률 분포는 불량 수나 결점 수와 같이 셀 수 있는 확률 변수의 각 값에 대응되는 확률 분포를, 연속형 확률 분포는 제품이 중량이나 치수와 같이 셀 수 없는 연속 값을 갖는 확률 분포를 의미한다.

다음과 같이 동전을 던지는 상황을 가정해보자. 동전을 한 번 던지는 경우에는 표본 공간 $S=\{H, T\}$ 즉, 앞면과 뒷면만 있으며, H와 T가 각 표본점이 된다. 이때 확률 변수는 각 표본점에 숫자를 대응시키는 역할을 하는 일종의 함수이다. 표본점을 입력 받고, 그 표본점에 대응하는 숫자를 출력한다.

▼ 그림 5-2 동전 던지기에 대한 확률 변수

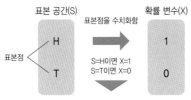

이처럼 확률 변수는 표본점 각각에 대응하여 숫자로 변환시킨다. 그렇다면 표본점을 의미하는 숫자가 발생할 확률은 각각 있을 것이며, 이러한 과정을 통해 어떤 사상의 발생에 대해 더 잘 이해할 수 있다.

특히, 확률 분포는 확률 변수의 각 출력값과 각 값에 대응하는 확률을 보여주는 모든 표, 그래프, 식 등을 의미한다. 예를 들어 다음 그림 5-3에 나오는 식도 당연히 확률 분포로 볼 수 있다.

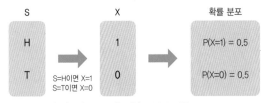

▼ 그림 5-3 동전 던지기에 대한 확률 분포

S   X   확률 분포

H   1 $P(X=1) = 0.5$

T   0 $P(X=0) = 0.5$

S=H이면 X=1
S=T이면 X=0

예: $P(X=a) = 0.3$ 또는 $P(a) = 0.3$로 표현

이때 알파벳 대문자는 확률 변수의 이름을 나타내고, 알파벳 소문자는 확률 변수의 값을 나타낸다. 앞의 예에서 확률 변수 X가 1일 때 확률 0.5를 표현하는 식은 $P(X=1)=0.5$로 나타낸다.

확률 변수에 대응되는 확률의 관계를 함수로 나타낸 것을 확률 분포 함수(probability distribution function)라 부른다. 확률 분포 함수는 항상 +값을 가지며, 표본 공간 안에 있는 전체 사상의 확률을 합치면 1이 된다. 즉, 어떤 사상이 각 발생할 경우에 대한 확률 값을 알려준다.

앞의 예처럼 동전을 던지는 경우에 앞면과 뒷면만 가능하다고 할 때 각 표본점의 확률은 50%가 된다. 그리고 동전을 던져 나오는 모든 경우의 확률을 더하면 100%가 된다. 그렇다면 동전 던지기처럼 모든 경우의 표본점을 명확하게 구분할 수 있을까? 연속형인 경우에는 그렇지 않을 수도 있다. 우리가 사용하는 형광등의 수명을 생각해보자. 형광등이 지금 나갈 확률 값은 확률 밀도 함수를 통해 구할 수 있다. 그렇지만 문제는 형광등이 나간 '지금'이라는 시점을 정확하게 잡아낼 수 있는가이다. 형광등의 수명은 시간 값이고, 시간은 계속해서 흘러간다. '찰나의 순간'이라는 말도 있듯이, 어느 한 시점을 잡아낼 수가 없다. 사람이 사용하는 시, 분, 초라는 개념 역시 계속 흘러가는 시간의 어떤 시점을 정확히 잡아내기에는 역부족이다.

이처럼 확률 분포 함수가 다루는 사상은 크게 동전 던지기처럼 발생 가능한 표본점이 정확하게 구분되는 이산형과 형광등의 수명처럼 표본점을 정확하게 자를 수 없는 연속형으로 나눌 수 있다. 이산형과 연속형에 따라 다른 이름으로 부르게 되는데, 이산형의 경우에는 확률 질량 함수를, 연속형의 경우에는 확률 밀도 함수라고 한다.

확률 밀도 함수가 이산형이나 연속형의 특정한 사상에 대한 확률을 나타낸다면 누적 분포 함수(cumulative distribution function)는 특정 구간 내의 사상들이 갖는 확률을 누적하여 값을 제시한다. 예를 들어 연속형 확률 분포에서 개별 지점이 확률 밀도 함수의 값(density)에 대응되지만, 연속형 값이어서 개별 상태는 고정된 간격이 아닌 어느 한 순간이 되며, 그러다 보니 그 상태에서의 확률은 0이 된다. 그래서 연속형 확률 분포에서는 특정 구간에 대한 확률을 누적해서 원하는 확률을 구하는 방식을 사용하는데, 바로 특정 구간의 확률 밀도 함수를 적분하여 그 값을 얻는다.

$$연속형\ 확률\ 밀도\ 함수: f(y)$$

$$누적\ 분포\ 함수: F(y) = P(Y \le y)$$

확률 밀도 함수, 더 나아가 확률 분포를 이해하는 것은 우리가 관심을 갖는 사상을 더 구체적으로 이해하는 데 도움이 된다. 이제 이산형과 연속형 확률 분포의 몇 가지 대표적인 종류를 살펴보자.

5.2 이산형 확률 분포

이산형 확률 분포(discrete probability distribution)는 이산형 확률 변수가 가지는 각 값에 대하여 확률 값이 대응되는 관계를 나타낸다. 즉, 어떤 실험을 통하여 나타나는 모든 가능한 결과와 그 결과의 가능성을 확률로 표현한 것들이 대응되는 관계이다.

그림 5-4는 동전 두 개를 던졌을 때 나올 수 있는 모든 경우의 수를 고려한 것이다. 이때 동전 두 개를 던졌을 때 앞면이 나오는 개수를 확률 변수로 고려해보자. 동전 두 개를 던졌을 때 나오는 경우의 수는 총 세 가지이다. 앞면이 두 개 나오는 경우, 앞면이 한 개만 나오는 경우, 앞면이 하나도 나오지 않는 경우이다(만약 앞면이 한 번 나오는 경우에 앞→뒤, 뒤→앞의 순서를 고려한다면 얘기는 달라진다). 총 표본점 네 개는 숫자 세 개와 대응된다. 그리고 숫자 세 개가 발생할 확률은 그림 5-4의 표 또는 그래프로 살펴볼 수 있다.

▼ 그림 5-4 동전 두 개 던지기에 대한 확률 분포

X	0	1	2
P(X=x)	$\frac{1}{4}$	$\frac{1}{2}$	$\frac{1}{4}$

f(x)로도 표현

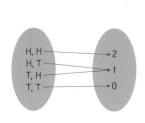

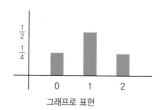

그래프로 표현

이러한 이산형 확률 분포에서 확률 밀도 함수의 역할은 확률 변수 X가 0, 1, 2의 값을 취할 때 확률 값을 대응시키는 것이다. 확률 변수 X가 0이라는 것은 앞면이 한 개도 나오지 않음을 의미한다. X가 0 또는 1인 경우의 확률 값은 X가 0인 경우 25%, 1인 경우 50%를 합하여 0.75가 되는 셈이다. 대표적인 이산형 확률 분포로는 이항 분포와 포아송 분포 등이 있다.

5.2.1 이항 분포

이항 분포(binomial distribution)를 알아보기 위해 동전 던지기를 다시 살펴보자. 동전을 던지는 경우, 앞면이 나오거나 뒷면이 나오는 경우밖에 없다(물론 동전이 세워질 가능성도 아주 작게나마 있지만, 이 예에서는 일단 배제하기로 하자). 동전을 던져서 앞면이 나오는 경우가 55%라고 한다면 뒷면은 45%의 가능성을 가지게 된다. 그리고 동전을 두 번 던진 경우, 첫 번째 던진 동전의 결과가 두 번째 던지는 행동에 영향을 주지 않는다. 앞면이 나오면 성공, 뒷면이 나오면 실패라고 하자. 이를 좀 더 정리하면 다음과 같다.

1. 시행의 결과, 한 사건은 성공(S)이고 다른 사건은 실패(F)로서 두 사건은 상호 배타적이다. 앞면이 나오면 뒷면은 나올 수 없다.

2. 각 시행에서 성공이 나타날 확률은 $p = P(S)$, 실패가 나타날 확률은 $q = P(F) = 1-p$이다. 성공과 실패가 나타날 확률의 합은 $p+q = 1$이다. 앞면과 뒷면이 전체 표본 공간을 구성한다.

3. 각 시행은 서로 독립적이다. 먼저 던진 동전이 이후에 던진 동전의 결과에 영향을 주지 않는다.

이러한 동전 던지기와 같은 특성을 갖는 실험을 '베르누이 시행'이라고 부르는데, 이항 분포는 바로 베르누이 시행을 여러 번 할 때 그 결과가 나타나는 분포이다. 동전 던지기의 예에서 앞면을 기준으로 동전을 n번 던졌을 때 앞면이 나오는 횟수가 따르는 확률 분포가 된다. 앞면이 안 나오는 경우도 있고 한 번 나오는 경우도 있는데, 각 경우의 확률은 다르고 이 값들은 확률 분포를 통해 나타난다. 그리고 이항 분포의 확률 질량 함수는 다음처럼 표현되는데, 수식은 그냥 눈으로만 확인해보자.

$$P(X = x) = \binom{n}{x} p^x (1-p)^{n-x}$$

5.2.2 포아송 분포

이번에는 대표적인 이산형 확률 분포인 포아송 분포를 살펴보자. 단위 시간이나 단위 공간에서 특정 사건이 드물게 발생할 때 그 사건의 발생 건수가 따르는 확률 분포를 포아송 분포라 부른다. 예를 들어 어느 지역의 하루 교통사고 수를 본다면 특정한 지역에서 특정한 단위 시간에 발생하는 사건의 빈도수가 되며, 이는 포아송 분포(Poisson distribution)를 따른다.

▼ 그림 5-5 포아송 분포의 예

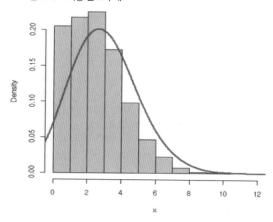

그림 5-5에서 볼 수 있듯이, 이러한 사건의 빈도는 사건이 적게 나타나는 쪽인 왼쪽으로 치우쳐 있다. 운행 중인 자동차에서 절반이 넘게 교통사고가 발생하지 않고, 생산되는 모든 제품에서 결함이 발생하지는 않는다. 오히려 포아송 분포의 대상이 되는 사건은 주로 적은 빈도로 발생한다. 이와 비슷한 분포로 이항 분포가 있다. 어떤 사건이 발생하거나 발생하지 않는 경우를 모델링하는 이항 분포에서 해당 사건의 발생 확률인 p가 0.1 이하인 경우에는 포아송 분포로 변화한다.

이러한 포아송 분포를 나타내는 확률 밀도 함수를 다음과 같이 나타낼 수 있다.

$$P(X = x) = \frac{e^{-\lambda}\lambda^{x}}{x!}$$

이때 λ는 사건의 평균적인 발생 빈도를 의미하고, x는 사건의 발생 횟수가 된다. 특히, 정해진 시간 안에 어떤 사건이 일어날 빈도를 나타내는 포아송 분포에서는 사건의 빈도에 대한 기댓값인 λ가 중요한 역할을 한다. λ를 안다면 해당 사건이 특정한 횟수로 발생할 때의 확률도 계산할 수 있다. 그러다 보니 λ는 포아송 분포의 평균으로 사용된다. 포아송 분포의 특징은 평균과 분산이 같다는 것이다. λ가 5보다 크다면 포아송 분포는 정규 분포로 고려할 수 있다.

5.3 연속형 확률 분포

어떤 구간에 속한 모든 점에서 연속적으로 값을 취할 수 있는 경우에는 연속형 확률 분포 (continuous probability distribution)를 사용한다. 즉, 확률 변수 X가 취할 수 있는 값이 무한하여, 확률 변수의 확률 분포가 연속적인 곡선으로 나타난다. X가 취할 값을 특정하기 어려우므로 연속형 확률 밀도 함수는 하나의 값이 아닌 어떤 구간에서의 확률 값을 구하게 되며, 이때 적분을 사용한다. 즉, $P(a \leq X \leq b)$는 확률 밀도 함수에서 실수 a, b 구간에서의 곡선 아래의 면적이며, 이 값이 확률 값으로 사용된다. 이산형과 다른 점은 이산형 확률 변수는 특정한 값을 가질 수 있는 반면 연속형 확률 변수는 매우 작은 크기의 수치들이 연속적으로 이어져 있는 상황에서 특정한 값을 갖기가 어렵다는 점이다. 따라서 어떤 구간에서 적분을 통해 확률 값을 갖게 되는 셈이다.

예를 들어 전구의 수명 시간을 확률 분포로 나타낸다고 하자. 만약 10시간 전에 설치한 전구가 방금 고장 났다면 우리는 일반적으로 전구의 수명은 10시간이라고, 구체적인 수치로 얘기하게 된다. 하지만 방금 고장 난 그 시점, 그 찰나를 설치 후 딱 10시간으로 특정 짓기는 어렵다. 시간은 연속적으로 계속해서 흐르는 값이며, 사람의 편의상 시분초로 나누지만 사실 그보다 더 작은, 사람이 특정 지을 수 없는 무한히 작은 단위로 시간이 흘러가기 때문이다.

▼ 그림 5-6 전구 수명 시간의 예

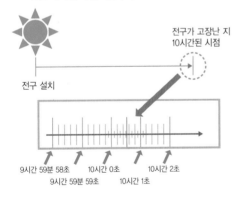

그림 5-6에서 전구가 고장 난 시점은 정확히 10시간은 아니며, 10시간 근처의 어떤 한 시점이다. 우리는 10시간과 10시간 1초 사이도 아주 작은 단위로 나눌 수가 있지만, 그 어느 지점이며 이를 숫자로 특정하기란 어렵다. 연속형 확률 분포는 이러한 연속적인 값을 다루는 확률 분포이다.

이처럼 연속형 확률 변수 Y가 있을 때 확률 분포의 특징은 다음처럼 살펴볼 수 있다. 우선, 확률 밀도 함수가 나타내는 모든 확률 값을 더하면 표본 공간의 모든 대상 사건에 대한 확률 값의 합이므로(대상의 모든 발생 가능한 경우는 전체이므로) 이 값은 1이 된다. 즉, 확률 밀도 함수의 모든 구간에서의 적분 값은 1이 된다. 또한, 확률이므로 모든 구간에서 확률 밀도 함수의 값은 0보다 크다. 주의할 점은 확률 변수 Y가 a 지점일 때의 확률은 0이라는 것이다. 연속형인 경우, a 지점을 특정하기 어렵고 a라는 값은 연속형에서는 '찰나'로 연속적으로 흘러가는 시간의 한 순간을 의미하기 때문에(아주 작은 값), 그때의 확률은 0인 것으로 고려한다. 그래서 연속형인 경우에는 특정 구간의 확률 값을 구하는 것이다.

특정 구간에서의 확률 값도 적분으로 구할 수 있으며, 이러한 작업을 위해 누적 분포 함수(Cumulative Distribution Function, CDF)를 사용한다. 누적 분포 함수는 특정 구간에서의 확률 밀도 함수(Probability Density Function, PDF)의 값을 적분한 것으로, 대문자 F로 주로 표현한다. 확률 변수 Y가 y값까지 갖는 확률의 값은 누적 분포 함수 F를 통해 다음처럼 구할 수 있다.

$$\text{누적 분포 함수: } F(y) = P(Y \le y)$$

그리고 누적 분포 함수는 확률 밀도 함수의 적분이므로 다음과 같은 식도 성립한다.

$$\text{확률 밀도 함수: } f(y) = \frac{dF(y)}{dy}$$

앞 장에서 살펴본 적분의 개념을 조금 더 적용해보자. 확률 변수 Y가 a값과 b값 사이에 있을 확률, 예를 들어 형광등의 수명이 a 시간보다 크고 b 시간보다 작을 확률을 구한다고 하면 우리는 확률 변수 Y가 a와 b 사이에 있을 확률을 구하는 것이다. 다음 식을 눈으로 가볍게 살펴보자.

$$P(a \le Y \le b) = F(b) - F(a) = \int_a^b f(y)dy$$

지금부터 연속형 확률 분포와 관련된 내용과 통계적 추론에 많이 사용되는 확률 분포를 살펴보겠다. 처음 접하는 경우에는 익숙하지 않을 수 있으니, 분포 이름만 기억하고 넘어가도록 하자. 너무 세부적인 내용보다는 각 확률 분포의 대략적인 특징을 이해하는 것이 효과적이다. 또한, 수식의 경우에도 처음에는 '이런 식이 있었구나' 하는 정도로 확인하고 넘어가본다(물론 나중에 더 학습할 경우에는 수식도 이해를 해야 하지만…).

5.3.1 정규 분포와 중심 극한 정리

정규 분포

대표적인 연속형 확률 분포인 정규 분포(normal distribution)에는 몇 가지 특징이 있는데 우선, 정규 분포의 모양과 위치는 분포의 평균(μ)과 표준편차(σ)로 결정된다. 정규 분포의 확률 밀도 함수는 평균을 중심으로 대칭인 종 모양을 가지며, 정규 분포를 나타내는 정규 곡선(normal curve)은 X축에 맞닿지 않으므로 확률 변수 X가 취할 수 있는 값의 범위는 $-\infty < X < +\infty$이다(관측값의 99.7%가 $\pm3\sigma$ 안에 속해 있다). 정규 분포의 평균과 표준편차가 어떤 값을 갖더라도 정규 곡선과 X축 사이의 전체 면적은 1이다. 정규 분포의 확률 밀도 함수는 다음과 같이 나타낼 수 있다.

$$f(x) = \frac{1}{\sqrt{2\pi\sigma^2}} e^{\frac{-(x-\mu)^2}{2\sigma^2}}$$

이러한 확률 밀도 함수를 바탕으로 정규 분포를 그래프로 나타낸 정규 곡선은 다음 그림 5-7과 같다.

▼ 그림 5-7 정규 분포의 예

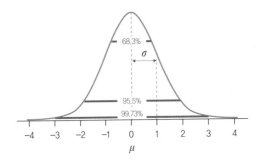

이때 평균은 μ이고, 표준편차가 σ인 정규 분포를 따르는 확률 변수 X를 다음과 같이 표현하기도 한다.

$$X \sim N(\mu, \sigma^2)$$

이러한 정규 분포를 평균 μ=0, 표준편차 σ=1이 되도록 표준화한 것을 표준 정규 분포라고 부르는데, 어떤 관측값의 확률 분포 X를 원래 크기가 아닌 평균을 중심으로 값의 크기를 조정하고, 그 값이 평균으로부터 표준편차의 몇 배 정도나 떨어져 있는지를 나타낸 확률 분포이다. 이때 표준 정규 분포는 확률 변수 Z로 나타내며, $N(0, 1^2)$으로 표시한다.

중심 극한 정리

평균이 μ이고 분산이 σ^2인 모집단에서 표본 크기가 n이 되도록 표본을 랜덤하게 뽑는 경우를 생각해보자. 이때 표본의 크기 n이 충분히 크다면 모집단의 분포 모양에 관계없이 표본들의 평균값의 분포인 $\bar{X}$는 근사적으로 정규 분포 $N(\mu, \frac{\sigma^2}{n})$를 따르게 된다. 확률 변수는 $\frac{\bar{x} - \mu}{\sigma / \sqrt{n}}$로 표현할 수 있으며, 근사적으로 평균은 0이고 표준편차는 1인 정규 분포 $N(0, 1)$을 따른다. 모집단이 정규 분포를 따르는 경우이든, 정규 분포가 아닌 임의의 분포를 따르는 경우이든 표본의 크기가 충분히 크다면 표본 평균의 분포는 정규 분포를 따른다. 표본 평균의 분산은 표본의 크기(n)로 나눈 것만큼 작아지기 때문이다. 이를 중심 극한 정리(central limit theorem)라고 한다.

5.3.2 t 분포

t 분포는 서로 다른 두 집단의 평균에 대한 통계 검정에 주로 사용된다. 정규 분포로부터 표본을 구할 때 표본의 크기가 크지 않고, 표준편차(σ)를 모른다면 $t = \frac{X - \mu}{s / \sqrt{n}}$는 자유도가 $n-1$인 t 분포를 따른다.

▼ 그림 5-8 t 분포의 예

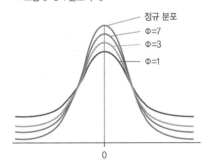

t 분포의 특징은 모양이 정규 분포보다 퍼져 있으며 표본의 크기에서 1을 뺀 자유도 $n-1$이 커질수록 정규 분포에 근접한다는 것이다. 표본의 크기가 작아 표본의 표준편차(s)가 모집단의 표준편차(σ)보다 불확실성이 크기 때문인데, 표본의 크기 n이 커질수록 표본의 표준편차가 모집단의 표준편차에 접근한다. 그래서 t 분포는 자유도에 따라 달라진다.

5.3.3 χ^2 분포

단일 모집단에서 서로 독립적인 확률 변수를 제곱한 후 더하는 분포는 χ^2(카이제곱) 분포를 이용하여 나타낼 수 있다. χ^2 분포는 두 개 이상의 서로 다른 범주에 대해 가설 검정, 모분산의 추정 등에 많이 사용된다. 특히, 정규 모집단 $N(\mu, \sigma^2)$으로부터의 확률 표본 $X_1, X_2, ..., X_n$에 대해 $\chi^2 = \frac{\sum(x_i - \bar{x})^2}{\sigma^2} = \frac{(n-1)s^2}{\sigma^2}$의 분포를 자유도 $n-1$인 χ^2 분포라 한다. 아래 그림 5-9는 자유도에 따른 다양한 χ^2 분포를 나타낸 것이다.

♥ 그림 5-9 χ2 분포의 예

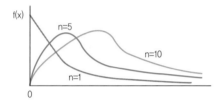

5.3.4 F 분포

모집단이 정규 분포를 이루며 각각 σ_1^2, σ_2^2이라는 분산을 갖는 두 개의 모집단에서 각 크기가 n^1, n^2인 두 표본을 추출하여 표본 분산을 계산한다고 하자. 두 표본 분산이 S_1^2, S_2^2이라고 할 때 표본 분산과 모분산의 비율로 이루어진 두 개의 χ^2의 비율은 F 분포를 이루며, F 분포는 두 개의 자유도를 갖는다.

$$\chi_1^2 = \frac{(n_1 - 1)S_1^2}{\sigma_1^2} \sim \chi_1^2(n_1 - 1)$$

$$\chi_2^2 = \frac{(n_2 - 1)S_2^2}{\sigma_2^2} \sim \chi_2^2(n_2 - 1)$$

$$\frac{\chi_1^2 / (n_1 - 1)}{\chi_2^2 / (n_2 - 1)} = \frac{S_1^2 / \sigma_1^2}{S_2^2 / \sigma_2^2} \sim F(n_1 - 1, n_2 - 1)$$

F 분포는 서로 다른 두 개 이상의 모집단의 분산이 서로 같은지를 확인할 때 사용된다. 즉, 두 분포의 분산이 따르는 분포이며, 뒷부분에 나오는 분산분석과 회귀 분석의 결과를 해석할 때 주로 활용된다.

5.4 통계적 추론, 점 추정과 구간 추정

지금까지 몇 가지 대표적인 확률 분포를 살펴보았다. 수집된 자료에 적용하는 확률 분포는 우리가 관심을 갖는 현상을 이해할 수 있는 틀을 제공한다. 이를 바탕으로 이제는 수집된 자료를 통계량으로 요약하고 그 특성을 표, 그림 등으로 사용하여 쉽게 파악할 수 있도록 정리해보자.

자료를 요약하는 기초적 통계를 기술 통계(descriptive statistics)라 한다. 예를 들어 우리가 사용하는 평균이나 표준편차 등은 모두 통계량을 통해 자료를 요약한 것이다. 통계량은 모집단의 모수를 추론하기 위한 표본의 값을 요약해주며 모수를 추정하는 역할을 한다.

통계량이라는 것은 모수에 대한 그럴 듯한 후보 값을 제시한 것이라 볼 수 있는데, 사실 통계량은 모수를 잘 나타낼 수도, 아닐 수도 있다. 원래의 모수는 고정되고 불변이지만, 우리가 알기에는 매우 어려우니 대신 표본을 통해 통계량으로 모수를 잘 나타낼 수 있게 추정하는 것이다. 이를 통계적 추론(statistical inference) 또는 추론 통계학이라고 한다. 이 과정에서 우리는 추정(estimation)이라는 것을 하게 된다.

> **Note ≡ 기술 통계학과 추론 통계학**
>
> • **기술 통계학(descriptive statistics)**
> 자료를 정리, 요약, 설명하여 편리하게 정보로 나타내는 방법론이다.
> 예 수치 기법, 그래프 기법 등
>
> • **추론 통계학(inferential statistics)**
> 모집단으로부터 얻은 표본을 사용하여 모집단 전체에 대한 특성을 추측하고, 모집단에 대한 일련의 의사 결정 방법을 연구하는 방법론으로 통계학의 궁극적인 목적이다.
> 예 시장 조사, 여론 조사 등

이러한 통계적 추론의 가장 중요한 부분은 바로 표본으로 모집단의 값인 모수를 추정하는 것이다. 모집단의 특성(평균, 편차 등)을 이해하려면 통계적 추론 과정을 통해 표본의 특성을 이해해야 하고, 그 특성들이 통계적으로 얼마나 신뢰할 수 있는지를 봐야 한다. 표본으로 미지의 모수를 알아내는 과정을 추정(estimation)이라고 하는데, 여기에는 점 추정과 구간 추정이 있다.

점 추정(point estimation)은 모수가 특정한 값일 것이라고 추정하는 것이다. 모수를 잘 추정하려면 좋은 통계량이 있어야 한다. 좋은 통계량의 조건으로 불편성/효율성/일치성/충족성 등을 갖춰야 한다.

- **불편성**(unbiasedness): 모든 가능한 표본에서 얻은 추정량의 기댓값이다.
- **효율성**(efficiency): 추정량의 분산이 작을수록 좋다.
- **일치성**(consistency): 표본의 크기가 커지면 추정량이 모수에 근사한다.
- **충족성**(sufficiency): 추정량이 모수에 대해 모든 정보를 제공한다.

예를 들어 표본 평균과 표본 분산을 살펴보면 모평균과 모분산을 추정하는 특정한 값이 된다. 표본 평균(sample mean)은 확률 표본의 평균값이며 다음과 같이 나타낼 수 있다.

$$\overline{X} = \frac{1}{n}\sum_{i=1}^{n} X_i$$

또한, 모분산을 추정하기 위한 표본 분산(sample variance)은 다음처럼 나타낼 수 있다.

$$S^2 = \frac{1}{n-1}\sum_{i=1}^{n} (X_i - \overline{X})^2$$

하지만 점 추정의 경우에는 모집단의 어떤 값을 정확하게 추정하는 것이므로 어떤 값의 구간을 추정하는 것보다 어려울 수 있다. 그래서 사용하는 것이 바로 구간 추정(interval estimation)이다. 즉, 점 추정의 정확성을 보완하기 위해 확률로 표현된 믿음의 정도 하에서 모수가 특정한 구간에 있을 것이라고 선언하는 것이다. 구간 추정을 하려면 추정하려는 통계량의 확률 분포에 대한 전제가 필요하고, 추정하려는 구간 안의 모수가 있을 가능성의 크기(신뢰 수준)가 필요하다. 즉 어떤 통계량이 95% 신뢰 수준 하에서 모평균의 신뢰 구간에 있는 것을 보는 것이 구간 추정이다. 이를 위해서 추정량의 분포에 대한 전제를 바탕으로 모수가 있을 것으로 예측되는 신뢰 구간(confidence interval)을 구한다.

95% 신뢰 수준에서 모평균의 신뢰 구간을 살펴보자. 모분산 σ^2이 알려진 경우 다음을 모평균의 신뢰 구간이라고 한다. 여기서 숫자 1.96은 평균을 중심으로 표준편차의 1.96배 되는 영역이 전체 확률 분포에서 95%의 크기를 나타낸다는 의미이다.

$$(\overline{X} - 1.96\frac{\sigma}{\sqrt{n}}, \overline{X} + 1.96\frac{\sigma}{\sqrt{n}})$$

이처럼 통계적 추론은 모집단의 특성인 모수를, 표본을 통해 얻은 요약 값인 통계량으로 이해하려는 노력을 의미한다. 이 자체는 통계적으로 의사 결정을 위해 사용될 수 있는데, 이 과정에서 우리는 가설 검정 단계를 따르게 된다.

가설 검정 단계에서는 모집단에 대해 어떤 가설을 설정한 뒤 표본을 관찰하여 가설의 채택 여부를 결정한다. 표본을 관찰하거나 실험을 통해 귀무 가설과 대립 가설 중 하나를 선택하는 방식을 따른다. 귀무 가설이 옳다는 전제 하에 검정 통계량을 구하여, 이 값이 나타날 가능성의 크기로 판단한다. 가설 검정에 필요한 개념들로는 귀무 가설, 대립 가설, 검정 통계량, 유의 수준, 기각역, 채택역, 1종 오류/2종 오류가 있다. 다음 절에서 좀 더 구체적으로 살펴보자.

5.5 가설 검정

MATH FOR MACHINE LEARNING

통계적 가설 검정(hypothesis test)이란 통계적 추론을 통해 의사 결정을 하는 과정이다. 여기서 의사 결정이란 모수를 추정하는 통계량에 대한 의사 결정이다. 즉, 통계량이 모수를 잘 나타내는지를 알려준다. 이를 위해서 가설이라는 개념을 먼저 살펴보자. 가설이란 하나 또는 그 이상의 모집단의 모수에 대한 진술을 의미한다. 이러한 가설에는 크게 두 종류가 있는데, 귀무 가설과 대립 가설이 있다.

귀무 가설(null hypothesis)은 H_0이라고 나타내고 일반적으로 현재까지 인정되는 사실 또는 간단하고 구체적인 사실을 의미한다. 직접적으로 검정 대상이 되는 가설로 '영(H_0)가설'이라고도 부른다. 반면 대립 가설(alternative hypothesis)은 H_1 또는 H_a라고 표현하는데, 이는 검정 대상인 귀무 가설과 대립되는 가설로 모수에 대한 기존 주장에 대해 새롭게 주장하거나 추측하는 가설이다. 실제 검정 대상은 귀무 가설이므로 대립 가설은 검정 대상이 되지는 않는다. 귀무 가설이 기각될 때 대체되는 가설이며, 연구 가설이라고도 한다.

귀무 가설에서 모수가 특정한 값이라고 표현한다. 즉, 귀무 가설에는 등호(=)가 포함되는데(단순 가설), 기존에 우리가 모수에 대해 알고 있던 값을 다음과 같이 등호로 표현한다.

$$H_0 : \mu = \mu_0$$

반면에 대립 가설은 기존 모수에 대해 우리가 알고 있던 지식이 아닌, 통계적 실험이나 분석을 통해서 새로운 값을 찾아내 기존 모수에 대한 우리의 지식이 달라졌음을 표현한다. 즉, 우리가 관심을 갖는 어떤 현상을 나타내는 기존 지식(모수)에 대해 자료를 모으고, 통계적으로 실험하고, 분석하여 실제로는 기존 지식(모수)이 아님을 얘기하는 셈이다. 이 과정에서 대립 가설에 새로 찾아낸 값을 대입하기보다는 모수가 기존에 알던 값과 같지 않다고 표현한다는 점에 주의하도록 하자. 특히 대립 가설은 귀무 가설에서 설정한 모수 값이 아닌 범위에 나타나는데, 기존 지식과 다르거나 혹은 기존 지식보다 크거나 작은 것으로 나타낼 수 있다. 다음 예를 살펴보자.

- 양측 검정(two-tailed test): $H_1 : \mu \neq \mu_0$
- 단측 검정(one-tailed test): $H_1 : \mu > \mu_0$ 또는 $H_1 : \mu < \mu_0$

이처럼 모수가 기존에 알던 값(μ_0)와 같지 않음을 대립 가설에서 표현해야 하는데, 이때 같지 않다고 주장하는 것을 양측 검정, 같지 않음과 동시에 기존에 알던 값보다 크거나 작다고 주장하는 것을 단측 검정이라고 한다. 양측 검정과 단측 검정의 선택은 분석자가 결정한다.

귀무 가설과 대립 가설을 수립한 후 자료를 바탕으로 귀무 가설을 기각하고 대립 가설을 채택할지 아니면 귀무 가설을 기각하지 않을지를 결정하는 것이 바로 가설 검정이다.

다음 가설 검정의 단계를 살펴보자(왜 꼭 이렇게 해야만 하는지, 다른 방법도 가능한 건 아닌지 의문이 들 수 있겠지만, 다수의 전문가가 오랜 기간 고안하고 사용한 것이니 우선 사용해보도록 하자).

▼ 그림 5-10 가설 검정 5단계

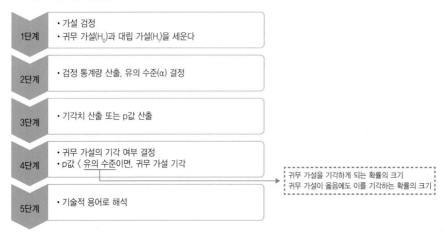

가설 검정의 큰 흐름을 설명했으니 이제 좀 더 세부적인 가설 검정 단계에 대해서 설명하겠다.

우선 검정 통계량(test statistics)은 검정의 대상이 되는 통계량(어떤 요약 값)을 의미한다. 이 통계량은 평균, 분산 등이 될 수도 있다. 통계량의 종류에 따라 다양한 통계량에 대한 검정이 이뤄진다.

자료와 검정 통계량을 바탕으로 모수에 대한 기존의 주장인 귀무 가설을 기각할 수 있다면 우리가 실험이나 분석을 통해서 얻은 새로운 지식을 받아들일 수 있다. 그러므로 이 과정에서 어떤 기준으로 귀무 가설을 기각하는지가 무척 중요하며, 기각할 수 있는 기준인 유의 수준(significant level)이 바로 이러한 역할을 한다.

이때 유의 수준과 비교하여 귀무 가설의 기각을 결정하는 p값(p-value)은 일종의 확률이다. 우선 p값을 귀무 가설이 참인 경우의 확률로 생각해보자. 즉, p값이 높을수록 귀무 가설이 참일 확률이 높은 것이니 기각하지 못한다. 또한, 이전 단계에서 산출한 유의 수준과 p값을 비교하여 귀무 가설의 기각 여부를 결정한다. 유의 수준이 기준이 되고, p값이 유의 수준보다 작아야 귀무 가설을 기각한다. 예를 들어 유의 수준이 5%일 때 p값이 5%보다 크다면 귀무 가설을 기각하지 못하고, 반대로 p값이 5%보다 작으면 귀무 가설을 기각하고 대립 가설을 채택한다.

5.6 다양한 통계 검정

MATH FOR MACHINE LEARNING

이러한 가설 검정은 통계학에서 중요한 역할을 하며, 이미 많은 통계 검정이 제시되어 있다. 그중에서 대표적인 통계 검정 몇 개를 살펴보면 추후 관련 내용을 이해하는 데 도움이 될 것이다. 우선 정규성 검정부터 살펴보자.

5.6.1 정규성 검정

정규성 검정(normality test)은 우리가 사용하는 관측값이 정규 분포를 따르는지 보기 위해 사용되는 통계 검정이다. 사실 통계 분석의 경우 대부분, 데이터의 정규성을 가정하게 되는데(다시 말해서 주어진 자료들이 정규 분포를 따른다고 가정을 하게 되는데) 이때 주어진 값들의 정규성을 통계적인 방법으로 검정한다. 이때 세워지는 귀무 가설과 대립 가설은 다음과 같다.

- 귀무 가설(H_0): 주어진 값들이 정규 분포를 따른다.
- 대립 가설(H_1): 주어진 값들이 정규 분포를 따르지 않는다.

이후, 정규성 검정에서 정한 유의 수준과 검정 통계량에서 얻은 p값을 비교해 귀무 가설의 기각을 결정할 수 있다.

▼ 그림 5-11 정규성 검정의 예

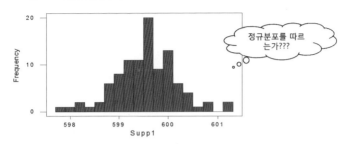

그림 5-11을 보면 마치 자료가 정규 분포를 따르는 것으로 생각할 수 있다. 하지만 그림만으로 자료가 정규 분포를 따른다고는 확신할 수 없으니 정규성 검정을 사용해보자.

5.6.2 t 검정

t 검정(t test)은 두 집단의 평균 차이를 보기 위해 사용된다. 우선 두 집단의 평균 차이가 t 분포를 따른다고 가정하고, 구체적으로 두 집단의 평균에 차이가 있는지를 표본에 대해 통계적인 방법으로 검정하는 것이다. t 검정의 가설은 다음과 같이 수립된다. t 검정 역시 검정 통계량에서 얻는 p값과 유의 수준을 비교해 귀무 가설의 기각을 결정할 수 있다.

- 귀무 가설(H_0): $\mu_1 = \mu_2$(두 집단의 평균은 같다.)
- 대립 가설(H_1): $\mu_1 \neq \mu_2$(두 집단의 평균은 다르다.)

5.6.3 쌍체 t 검정

앞서 살펴본 t 검정을 활용하면 동일한 모집단의 두 평균을 비교할 수 있다. 쌍체 t 검정(대응표본 t 검정, Paired t test)은 동일한 모집단을 대상으로 처치(treatment)를 한 후 처치 전과 후의 평균을 비교하는 것이다. 쌍체 t 검정의 가설은 다음과 같다.

- 귀무 가설(H_0): $\delta = 0$(두 모집단의 평균은 같다.)
- 대립 가설(H_1): $\delta \neq 0$(두 모집단의 평균은 다르다.)

대표적인 예로 환자를 대상으로 치료한 후 증상 값의 평균을 비교하는 것을 들 수 있다. 동일한 환자들을 대상으로 새로운 처치법을 적용하는 경우를 생각해보자. 처치 전 환자들의 통증을 측정한 값의 평균과 처치 후 통증을 측정한 값의 평균을 비교할 때 이 검정을 사용하는데 처치 전후 통증의 평균 값 차이는 통계적으로 유의한지 아닌지에 대한 통계적 결론을 내리는 데 도와준다.

5.6.4 등분산 검정: F 검정

등분산 검정(test of equal variances)은 두 집단 혹은 세 집단 이상 사이에 산포도(대표적인 산포도로 분산이 있음) 차이가 있는지를 통계적인 방법으로 검정하는 것으로, 두 집단 이상의 분산 차이를 검정할 때 사용할 수 있다. 즉, 각 집단이 갖는 분산이 같은 것을 귀무 가설로, 차이가 있는 것을 대립 가설로 하여 검정하는 방법이다.

- 귀무 가설(H_0): $\sigma_1^2 = \sigma_2^2 = \cdots = \sigma_n^2$(모집단 간의 분산은 같다.)
- 대립 가설(H_1): $\sigma_i^2 \neq \sigma_j^2$(모집단 간의 분산은 다르다.)

등분산 검정 결과, 귀무 가설이 기각되면 집단 간의 분산은 같지 않음을 말할 수 있다. 등분산 검정에는 자료가 정규 분포를 따르는 경우, F 검정(두 집단 분산 비교)과 바트렛(Bartlett) 검정(세 집단 이상 분산 비교)을 사용할 수 있다. 정규 분포를 따르지 않으면 레빈(Levene) 검정을 사용할 수 있다. 특히, F 검정(F test)은 두 집단 간에 분산의 차이가 있는지를 통계적인 방법으로 검정하며 회귀모형 해석 등에도 많이 사용된다.

예를 들어 보자. 어떤 지역에서 동일한 제품을 판매하고 직원 수도 동일한 두 가게를 가정하였다. 두 가게가 포함된 상권을 조사하는 과정에서, 두 가게의 일별 매출의 변동을 통해 상권을 이해하고자 한다. 같은 지역에서 객관적인 조건이 같은 두 가게인데, 과연 이 두 곳의 일별 매출 값의 분산은 같을까 아니면 다를까? 우리는 등분산 검정, 그중에서도 F 검정을 통해 이를 분석할 수 있다. 두 가게의 매출 값에 대해서 다음과 같이 가설을 세워보자.

- 귀무 가설(H_0): $\sigma_1^2 = \sigma_2^2$(두 가게의 매출 값의 분산은 같다.)
- 대립 가설(H_1): $\sigma_1^2 \neq \sigma_2^2$(두 가게의 매출 값의 분산은 다르다.)

F 검정의 결과, 귀무 가설이 기각된다면 우리는 객관적으로 동일한 조건을 갖는 두 가게의 매출 값 분산이 통계적으로 다르다고 할 수 있다. 그리고 왜 이런 차이가 생겼는지에 대해 더 고민할 수 있다.

5.6.5 χ^2 검정

χ^2 검정(chi-square test)은 카이제곱이라는 통계량으로 가설을 검정하는 것이다. 주로, 범주형 자료에서 범주들 간의 독립성 여부를 통계적인 방법으로 검정한다(그외 동일성 검정, 적합성 검정에 적용된다).

$$\chi^2 = \sum_{i=1}^{n} z_i^2$$

- 귀무 가설(H_0): 두 집단은 독립적이다.
- 대립 가설(H_1): 두 집단은 종속적이다.

예를 들어 주사위를 던지는 경우, 범주 6개가 같은 확률로 발생한다고 볼 수 있는데, 실험을 통해 이를 확인하고자 한다. 실험에서 주사위를 150번 던진 후 범주별 발생 빈도가 22, 21, 22, 27, 22, 36으로 나타났다면 그때 카이제곱 검정의 가설은 다음과 같다.

- 귀무 가설(H_0): 각 범주가 같은 확률을 갖는다.
- 대립 가설(H_1): 범주 중 최소한 1개가 다른 확률을 갖는다.

만약 카이제곱 검정의 p값이 6%가 나왔고, 이 검정의 유의 수준을 5%라고 설정했다면 귀무 가설은 기각되지 않는다. 즉, 우리가 실험한 결과에서 주사위의 눈별로 발생하는 빈도가 다름에도 불구하고 이 결과는 기존의 지식인 주사위 각 범주의 발생 확률이 같다는 주장을 기각시키지 못한다. 즉, 주사위의 각 범주의 발생 확률이 같다는 통계적 결론을 내리게 된다.

5.7 가설 검정의 오류

앞에서의 가설 검정은 항상 옳지는 않으며, 오류가 발생할 수 있다. 이러한 가설 검정의 오류를 1종 오류와 2종 오류로 나누어 고려할 수 있다.

1종 오류(type I error)는 귀무 가설이 참이지만 기각되는 경우에 발생하며, False positive라 부른다. 1종 오류의 수준은 α(alpha)로 표시하며, alpha level 또는 유의 수준(significance level)으로도 사용한다. 이 유의 수준은 일반적으로 5%로 사용하며, 귀무 가설이 참(true)임에도 귀무 가설을 잘못 기각하는 확률을 5%까지는 용인한다는 의미이다.

반면 2종 오류(type II error)는 귀무 가설이 거짓(false)임에도 기각을 못하는 경우에 발생한다. 이 경우는 False negative라 한다. 2종 오류의 수준은 β(beta)로 표시하며, 검정력$(1-\beta)$과 관련 있는 것으로 고려한다.

5.8 파이썬 실습

1. numpy를 활용하여 통계량 계산하기

```
>>> import numpy as np
>>> x = np.arange(10.0)           # 0~9까지 실수 10개를 갖는 자료 구조 생성
>>> x.mean()      # x의 평균
4.5
```

```
>>> numbers=np.arange(20.0)          # 0~19까지 실수 20개로 1차원 배열 생성
>>> x= np.reshape(numbers,(4,5))     # numbers를 4행 5열로 변경
>>> np.mean(x,0)
array([ 7.5,  8.5,  9.5, 10.5, 11.5])
```

```
>>> np.std(x)     # 행과 열을 고려하지 않고 x에 대한 표준편차
5.766281297335398
```

```
>>> np.var(x)     # 행과 열 고려하지 않고 x에 대한 분산
33.25
```

```
>>> x= np.random.randn(3, 4)     # 3행 4열인 x
# x의 행별로 피어슨 상관관계 구하기, 예를 들어 1행과 2행의 상관관계, 2행과 3행의 상관관계 등.
결과는 3행 3열로 나오며, 랜덤하게 생성되어 결과는 다를 수 있음
>>> np.corrcoef(x)
array([[ 1.        , -0.20355521, -0.03514543],
       [-0.20355521,  1.        ,  0.90383785],
       [-0.03514543,  0.90383785,  1.        ]])
>>> np.corrcoef(x[0],x[1])
array([[1.        , 0.70414767],
       [0.70414767, 1.        ]])
```

x의 각 열 사이의 공분산 구하기, 총 4행 4열의 결괏값이 출력되며 랜덤하게 생성되어 결과는 다를 수 있음

```
>>> np.cov(x, rowvar=False)
array([[ 0.06599846, -0.01851296, -0.01733225, -0.10656651],
       [-0.01851296,  0.01047797,  0.02617008,  0.04937619],
       [-0.01733225,  0.02617008,  0.09046386,  0.10654151],
       [-0.10656651,  0.04937619,  0.10654151,  0.24389968]])
```

```
# x의 각 행 사이의 공분산 구하기, 총 3행 3열의 결괏값이 출력되며 랜덤하게 생성되어 결과는 다를
수 있음
>>> np.cov(x, rowvar=True)
array([[ 0.32936228,  0.4481845 , -0.10648138],
       [ 0.4481845 ,  1.23002039,  0.20691962],
       [-0.10648138,  0.20691962,  0.33429207]])
```

2. 다양한 확률 분포 사용하기(표현을 랜덤으로 생성해 결과가 다를 수 있음)

```
>>> import numpy as np
>>> from scipy import stats
>>> np.random.seed(0)
>>> stats.binom(10, 0.5).rvs(10)   # n=10, p=0.5인 이항 분포에서 rvs 함수로 표본 10개 추출
array([5, 6, 5, 5, 5, 6, 5, 7, 8, 5])
```

```
>>> stats.norm().rvs(10)       # 평균은 0이고, 표준편차가 1인 정규 분포에서 표본 10개 추출
array([ 0.14404357,  1.45427351,  0.76103773,  0.12167502,  0.44386323,
        0.33367433,  1.49407907, -0.20515826,  0.3130677 , -0.85409574])
```

```
>>> stats.uniform().rvs(10)    # 0~1 사이에 정의된 균일 분포에서 표본 10개 추출
array([0.14335329, 0.94466892, 0.52184832, 0.41466194, 0.26455561,
       0.77423369, 0.45615033, 0.56843395, 0.0187898 , 0.6176355 ])
```

```
>>> stats.chi2(df=2).rvs(10)    # 자유도가 2인 카이제곱 분포에서 표본 10개 추출
array([1.89399336, 1.91909595, 5.75583016, 2.29027792, 0.89103699,
       1.14906482, 2.3922156 , 0.12423059, 2.19782496, 2.22119487])
```

3. 정규성 검정하기

```
>>> x = stats.uniform().rvs(20)    # 균일 분포에서 표본 20개 추출
>>> k2, p = stats.normaltest(x)    # x에 대한 정규성 검정
>>> print(p)    #정규성 검정의 p값을 출력
0.0975604
```

4. 카이제곱 검정하기

```
>>> import scipy as sp
>>> n = np.array([1, 2, 4, 1, 2, 10]) # 주사위를 20번 던졌을 때 1~6 사이의 눈이 나오는 빈도
```

```
>>> sp.stats.chisquare(n)      # 귀무 가설: 각 눈의 빈도는 동일한 확률로 나온다
Power_divergenceResult(statistic=17.799999999999997, pvalue=0.0032077920346052823)
# 귀무 가설 기각
```

5. t 검정하기

```
>>> np.random.seed(0)
>>> x1 = stats.norm(0, 1).rvs(10)      # 평균이 0인 정규 분포에서 표본 10개 추출
>>> x2 = stats.norm(1, 1).rvs(10)      # 평균이 1인 정규 분포에서 표본 10개 추출
>>> np.mean(x1), np.mean(x2)           # 두 랜덤 샘플의 평균 확인
(0.7380231707288347, 1.400646015162435)
>>> stats.ttest_ind(x1, x2)            # 두 집단의 모평균이 같다는 귀무 가설에 대해 t-검정
Ttest_indResult(statistic=-4.23261951, pvalue=0.000500608)      # 유의 수준 5%에서 귀무
가설 기각
```

6. 쌍체 t 검정하기

어떤 처치의 전후로 통증 크기를 before와 after로 기록하였다. 처치 전의 평균과 처치 후의 평균이
차이가 있는지 쌍체 t 검정으로 확인하기. 숫자가 클수록 통증이 심하며, 통증은 0~100 사이의 값으로
표현

```
>>> before = [68, 56, 57, 54, 64, 48, 68, 56, 61, 58, 67, 49, 58, 58, 65, 54, 59, 55,
60, 62]
>>> after=[65, 57, 57, 54, 64, 47, 67, 54, 60, 58, 65, 48, 57, 56, 64, 53, 57, 55,
61, 63]
# 귀무 가설: 처치 전후로 통증의 차이가 없다
# 대립 가설: 처치 전후의 통증 차이가 있다

>>> stats.ttest_rel(before, after)
Ttest_relResult(statistic=3.0, pvalue=0.007361724183868639)      # 유의 수준이 5%라면 현
재 p값이 유의 수준보다 작으므로 귀무 가설을 기각
```

7. 쌍체 t 검정하기 2

고객 5명에게 광고 전후로 제품에 대한 선호도를 측정하였다. 광고 효과가 있는지 확인하기. 1~10 사
이의 값으로 측정, 10: 제품을 매우 선호, 1: 제품을 선호하지 않음

```
>>> before = [2, 3, 2, 3, 2]
>>> after = [9, 8, 9, 7, 6]
# 귀무 가설: 광고 전후로 선호도 차이가 없다
# 대립 가설: 광고 전후의 선호도 차이가 있다

>>> stats.ttest_rel(before, after)
Ttest_relResult(statistic=-7.961865632364446, pvalue=0.001348170975769803)      # 유의
수준이 5%라면 현재 p값이 유의 수준보다 작으므로 귀무 가설을 기각
```

5.9 / R 실습

1. 이항 분포 만들고 계산하기

```
>>> set.seed(0)
>>> x <- rbinom(1000, 10, 0.3)     # n=10, p=0.3인 이항 분포에서 난수 1,000개 생성
>>> hist(x)      # 히스토그램
```

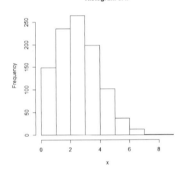

```
>>> mean(x)      # 평균
3.021
>>> var(x)       # 분산
2.15071
```

2. 포아송 분포 만들고 히스토그램 그리기

```
>>> rx = rpois(3000, 2)     # 포아송 분포에서 lambda는 2, 난수 3,000개 생성
>>> mean(rx)
1.976     # 지정된 lambda와 거의 같은 값이 평균, 포아송 분포의 특징
>>> var(rx)
2.116796
>>> hist(rx, probability=TRUE)     # y축에 확률 값을 지정한 히스토그램
```

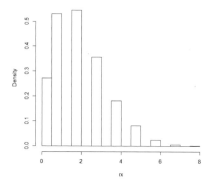

Histogram of rx

3. 정규 분포 만들고 히스토그램 그리기

```
>>> rnorm(1, 100, 16)           # 평균=100, 편차=16인 정규 분포에서 난수 1개 생성
107.1095
>>> x=rnorm(100)                # 표준 정규 분포에서 난수 100개 생성
>>> hist(x, probability=TRUE)
>>> curve(dnorm(x), add=T)      # 정규 분포 PDF 표현, 곡선 추가
```

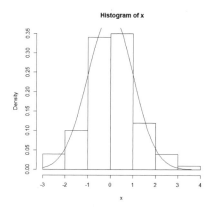

Histogram of x

4. t 분포 만들고 히스토그램 그리기

```
>>> x=rt(100, df=3)             # t 분포에서 자유도 3으로 난수 100개 생성
>>> hist(x, probability=TRUE)
>>> curve(dt(x, 3), add=T)      # t 분포 PDF 표현, 곡선 추가
```

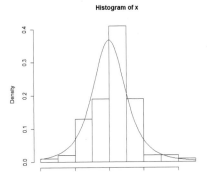

Histogram of x

5. 카이제곱 분포 만들고 히스토그램 그리기

```
>>> x=rchisq(100, 1)     # 자유도 1에서 난수 100개 생성
>>> hist(x, probability=TRUE)
>>> curve(dchisq(x, 1), add=T)
```

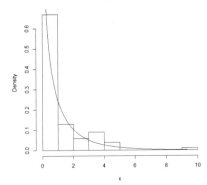

Histogram of x

6. 정규성 검정하기

```
>>> x <- rnorm(100, mean=0)     # 정규 분포에서 난수 100개 생성
>>> shapiro.test(x)             # 정규성 검정, 정규 분포를 따름
        Shapiro-Wilk normality test
data: x
W = 0.98895, p-value = 0.581
```

```
CO2     # 예제 데이터 확인
    Plant     Type Treatment conc uptake
1    Qn1   Quebec nonchilled   95   16.0
2    Qn1   Quebec nonchilled  175   30.4
3    Qn1   Quebec nonchilled  250   34.8
```

```
4    Qn1      Quebec nonchilled  350   37.2
5    Qn1      Quebec nonchilled  500   35.3
··· 생략 ···
>>> y <- CO2[, 5]        # 예제 데이터 중 5번째 열 선택
>>> shapiro.test(y)      # 정규 분포를 따르지 않음
        Shapiro-Wilk normality test
data:  y
W = 0.94105, p-value = 0.0007908
```

7. 쌍체 t 검정하기

```
>>> x1 <- c(51.4, 52.0, 45.5, 54.5, 52.3, 50.9, 52.7, 50.3, 53.8, 53.1)
>>> x2 <- c(50.1, 51.5, 45.9, 53.1, 51.8, 50.3, 52.0, 49.9, 52.5, 53.0)
>>> t.test(x1, x2, paired=TRUE, conf.level=0.95)    # x1과 x2 평균 비교, 귀무 가설은 두
집단 모평균은 같음
        Paired t-test

data:  x1 and x2
t = 3.5507, df = 9, p-value = 0.006209
alternative hypothesis: true difference in means is not equal to 0
95 percent confidence interval:
 0.2322535 1.0477465
sample estimates:
mean of the differences
```

8. 카이제곱 검정하기

```
>>> freq = c(22, 21, 22, 27 ,22, 36)    # 주사위를 150번 던졌을 때 눈별로 나온 빈도
>>> probs = c(1, 1, 1, 1, 1, 1)/6        # 이론적으로 각 눈은 동일한 확률로 나오는 것을 표현
>>> chisq.test(freq, p=probs)
        Chi-squared test for given probabilities

data:  freq
X-squared = 6.72, df = 5, p-value = 0.2423
# 각 눈이 다른 확률로 나온 이번 실험 결과에도 불구하고 검정 결과는 각 눈은 동일한 확률로 나온다는
귀무 가설을 기각시키지 못함
```

5.10 핵심 요약

1. 확률

- 확률이란 불확실한 사건이 발생할 정도를 수량화한 것으로, 0~1 사이의 값으로 나타낸다.
- **확률 변수**: 측정치로부터 얻을 수 있는 값의 총 집합을 표본 공간이라 하는데, 표본 공간의 각 값에 실수를 부여하는 함수이다.
- **확률 분포**: 확률 변수가 취할 수 있는 모든 값에 대해 이들 값들이 취할 수 있는 확률을 그림이나 표, 함수식으로 나타낸 것이다.

2. 가설 검정 단계

- **1 단계**: 가설을 설정한다. 귀무 가설(H_0)과 대립 가설(H_1)을 세운다.
- **2 단계**: 검정 통계량(test statistics) 산출 또는 유의 수준(α)을 결정한다.
- **3 단계**: 기각치(critical value) 또는 p값을 산출한다.
- **4 단계**: 귀무 가설의 기각 여부를 결정한다. p값이 유의 수준보다 작으면 귀무 가설을 기각한다.
- **5 단계**: 해석한다.

3. 가설 검정 관련 용어

- **가설 검정**: 표본(sample)으로부터 주어지는 정보를 이용하여 모수에 대한 주장 또는 추측 등의 옳고 그름을 확률적인 개념을 이용하여 판정하는 과정이다.
- **귀무 가설**(null hypothesis): 과거부터 알려져 왔던 모수에 대한 일반적인 내용을 나타내며 H_0으로 표현한다.
- **대립 가설**(alternative hypothesis): 자료로부터 얻은 증거에 의하여 입증하려는 내용으로 귀무 가설과 대립된다. H_1 또는 H_a로 표현한다.
- **유의 수준**(significance level): 통계적 가설 검정에서 사용되는 기준값으로, α로 표현한다.
- **p값**: 가설 검정에서 검정 통계량이 나타날 확률로, 이 값을 유의 수준과 비교하여 귀무 가설을 기각하는데 사용할 수 있다. p값은 유의 확률(significance probability)이라고도 하며, 이 값이 유의 수준보다 작으면 귀무 가설을 기각할 수 있다.

4. t 검정 결과 해석하기

- **귀무 가설**: $\mu_1 = \mu_2$(두 모집단의 평균은 같다.)
- **대립 가설**: $\mu_1 \neq \mu_2$(두 모집단의 평균은 다르다.)
- **결과**: p값은 0.0034421이다.
- **결과 해석**

  ① p값이 유의 수준(일반적으로 0.05이다)보다 작으므로 귀무 가설을 기각할 수 있으며, 두 집단은 서로 같은 평균을 갖지 않는다.

  ② 귀무 가설을 기각하고 대립 가설을 채택한다.

5. **다음 문제를 가설 검정하기**

   환자에 대해 새로운 치료법을 적용한 실험 결과가 있다. 환자별로 기록된 수치는 환자들로부터 측정한 약의 효과(높을수록 좋은 수치)를 처치 전과 후로 나누어 정리한 것이다.

	환자 1	환자 2	환자 3	환자 4	환자 5	환자 6	환자 7	환자 8	환자 9	환자 10
처치 전	51.4	52	45.5	54.5	52.3	50.9	52.7	50.3	53.8	53.1
처치 후	50.1	51.5	45.9	53.1	51.8	50.3	52	49.9	52.5	53

   ① 새로운 치료법 적용 전후의 효과 차이를 검정하기 위해 쌍체 t 검정을 이용할 수 있다.

   ② 귀무 가설은 치료법 적용 전후에 효과의 평균 차이가 없는 것을 가정한다.

   ③ 유의 수준을 5%로 결정하고 p값을 산출한다.

   ④ p값은 0.006209로 산출되었다. p값이 5% 유의 수준보다 작으므로 귀무 가설을 기각한다.

   ⑤ 귀무 가설이 기각되고 대립 가설을 채택하여 새로운 치료법은 개선 효과가 있다고 볼 수 있다.

6장

상관분석과
분산분석

이번 장에서는 상관분석과 분산분석에 대해 살펴보겠다. 상관분석은 두 변수의 선형적인 관계를 확인하며 −1~+1 사이의 값을 갖는다. 상관분석에 대해 가설 검정을 할 수 있는데, 이때 귀무 가설은 두 변수의 선형적 관계가 없음(상관관계=0)이고, 대립 가설은 두 변수의 선형적 관계가 있음(상관관계≠0)을 의미한다. 분산분석은 여러 집단 이상의 평균을 비교할 때 사용되며, 분산을 계산할 때처럼 편차의 제곱합을 해당 자유도로 나누어서 요인의 수준별 평균 차이를 사용한다. 상관분석과 분산분석은 그 자체만으로도 좋은 데이터 분석 기법으로 우리 주변의 많은 부분에 적용할 수 있다. 이 두 기법은 추후 선형 회귀 분석으로 확장되기도 하고, 많은 머신 러닝 알고리즘에서도 약방의 감초처럼 활용된다. 머신 러닝, 딥러닝과 같은 유행하는 기법을 적용하기에 앞서, 상관분석과 분산분석부터 시작해보자.

6.1 상관분석

상관분석(correlation analysis)이란 상관관계라는 통계량으로 비교 대상인 두 집단 사이의 관계를 파악할 수 있게 도와주는 기법이다. 예를 들어 '공부 시간과 성적 사이의 관계는 어떠한가?'라는 질문에 대해서, 상관관계는 공부 시간이 많으면 성적도 높은 편이다는 식의 답변을 줄 수 있다. 이때 상관관계는 데이터를 이용하여 직선적인 관계가 존재하는지를 파악한다는 점이 중요하다.

직선적인 관계가 의미하는 것은 꽤나 단순하다. 예를 들어 공부 시간과 성적을 비교한다고 하자. 우리는 공부 시간이 많아지면 성적이 높아질 것이라 기대할 수 있다. 사실 이 현상을 더 구체적이고 입체적으로 살펴보면 공부 시간이 아주 많으면 스트레스를 받아 성적이 떨어질 수도 있고, 공부 시간에 만화책을 봐서 생각보다 성적이 안 오를 수도 있다. 하지만 그런 세부적인 내용은 차치하고, 대략적으로 공부 시간이 많으면 성적이 높다는 것을 기대할 수 있다. 이처럼 공부 시간과 성적의 관계를 살펴볼 때 공부 시간이 늘어나면 성적도 오르는 단순한 관계를 우리는 직선적인 관계라 한다.

이러한 직선적 관계는 하나가 늘어날 때 다른 하나는 줄어드는 관계이다. 반면 하나가 늘어남에 따라 다른 하나가 늘어나다가 줄어드는 관계는 직선적인 관계가 아니다. 어떤 변수가 증가할 때 다른 변수도 증가하는지 또는 감소하는지를 나타내는 직선적인 관계를 '선형 관계'라 부르자.

예를 들어 소득과 지출의 관계에 대해 알고 싶다고 하자. 구체적으로, 소득이 많을수록 지출이 많은지 아니면 반대로 적은지에 대해 의문을 가질 수 있다. 그리고 이러한 소득과 지출의 관계에 대해서는 현재까지 알려진 바가 없다고 하자(실제로는 많은 연구가 이뤄졌지만, 이 예에서는 지금까지 알려진 지식이 없다고 가정했다). 이때 우리가 관심을 갖는 관계는 소득이 높아질 때 지출이 증가하는지 혹은 감소하는지와 같은 선형 관계이다. 만약 지출이 특정 소득까지는 증가하다가 그 이상의 소득에서는 감소하는 경우는 고려하지 않았다. 이제 상관분석의 가설은 소득과 지출의 상관관계가 없는지 또는 있는지를 바탕으로 다음처럼 수립할 수 있다.

- 귀무 가설(H_0): $\rho = 0$(상관관계가 없다.)
- 대립 가설(H_1): $\rho \neq 0$(상관관계가 있다.)

검정 통계량으로 사용되는 상관계수(correlation coefficient, r)는 두 집단 간의 직선적인 관계를 나타내는 지표로 $-1 \sim 1$ 사이의 값을 가진다. 두 변수의 공분산을 각 변수의 표준편차로 나눠준, 일종의 표준화된 공분산의 개념이다. 앞서 살펴본 공분산이 두 변수의 변하는 정도를 선형적으로 파악한 것이라면 상관계수는 이러한 공분산을 $-1 \sim 1$ 사이의 크기로 변환한 것이다. 다음은 상관계수를 구하는 식이다.

$$r = \frac{\sum(x_i - \bar{x})(y_i - \bar{y})}{\sqrt{\sum(x_i - \bar{x})^2(y_i - \bar{y})^2}}$$

그림 6-1은 상관계수가 나타내는 대표적인 선형 관계를 보여준다. 상관계수가 1에 가까울수록 '양의 상관'으로, x값이 늘어나면 y값도 늘어나는 관계이다. 반면 −1에 가까울수록 '음의 상관'으로, x값이 늘어나면 y값은 줄어드는 관계이다. 여기서 상관계수가 0이 되면 선형 관계가 뚜렷하게 없음을 의미한다.

▼ 그림 6-1 상관계수가 나타내는 선형 관계

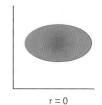

r = 1   r = −1   r = 0

상관분석으로 두 변수에 대해서 선형 관계를 파악할 수 있다. 이러한 상관분석을 하기 전에 우선, 산점도를 이용해 두 변수의 개략적인 선형 관계를 파악하는 것이 중요하고, 또한 상관계수를 계산할 때 영향을 줄 수 있는 이상값의 존재 여부를 확인하는 것도 필요하다. 만약 산점도를 그렸을 때두 변수가 직선적인 관계가 아니라면 상관분석을 해도 결과가 의미있지는 않을 것이고, 직선적인 관계에서 벗어나는 이상값이 있는 경우에는 오히려 상관관계를 왜곡할 수도 있다. 즉, 산점도를 그려서 선형 관계가 보이지 않거나 이상값이 많은 (튀는 값이 많은) 경우에는 상관분석이 적절하지 않다.

다음 예처럼 성인 남매의 키에 대해 상관분석을 하는 경우를 살펴보자.

▼ 그림 6-2 상관분석의 예시

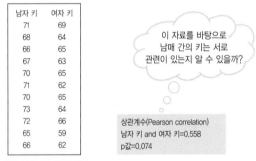

성인 남매의 키를 측정한 자료

우선, 모집단에서 성인 남매의 키 값들 사이에는 어떤 관계가 존재할 것이고, 우리는 이를 모수로 볼 수 있다. 그러나 모수를 알기 위해서는 전세계 모든 성인 남매의 키 값이 필요한데, 현실적으로 어려우니 그림 6-2처럼 남매 11쌍을 표본으로 하여 값을 측정하였다. 여기서 남매 키의 상관관계는 0.558이 나왔으며, 이 값은 모수를 추정하는 통계량이다. 이때 상관관계에 대한 가설 검정은 다음과 같이 이뤄진다.

- 귀무 가설: 성인 남매의 키 사이에는 상관관계가 없다.
- 대립 가설: 성인 남매의 키 사이에는 상관관계가 있다.

그리고 이때 p값은 0.074가 나왔는데 유의 수준을 5%라고 한다면 귀무 가설을 기각할 수 없다. 귀무 가설이 참인 경우에 대한 확률인 p값이 우리가 정한 기준인 5%보다 크기 때문이다. 만약 p값이 유의 수준 5%보다 작게 나왔다면 귀무 가설을 기각하고, 데이터를 통해 알고자 했던 성인 남매의 키 사이에는 선형적인 상관관계가 있다는 새로운 지식을 받아들일 수 있다.

6.2 분산분석

상관분석과 함께 많이 사용되는 분산분석에 대해 살펴보자. 분산분석(ANOVA, Analysis of variance)은 여러 집단의 평균을 비교하는 데 사용된다. 우리가 이미 앞에서 살펴본 바와 같이 두 집단의 평균을 비교하는 통계적 기법은 t 검정이었는데, 분산분석은 두 집단 이상의 평균을 비교할 수 있다.

6.2.1 일원 분산분석

일원 분산분석부터 살펴보자. 우선, 분산분석을 하려면 평균과 집단을 나타내는 변수가 필요하다. 이때 우리가 보려는 것은 평균의 차이이기 때문에 평균을 구하는 변수가 우리의 목적이 되는 변수로, 종속 변수가 된다. 반면에 집단을 나타내는 변수는 범주형 변수이며, 독립 변수가 된다.[1]

이처럼 종속 변수에는 수치형 값을 갖는 연속형 자료(continuous data)가, 독립 변수에는 수치형이 아닌 범주형 자료(categorical data)가 있는 경우, 분산분석을 사용할 수 있다. 앞서 얘기한 것과 같이 우리의 목적은 평균의 차이를 보는 것이기 때문에 이때 종속 변수는 평균을 구할 수 있는 수치형 값을 가져야 한다. 반면, 독립 변수는 바로 집단을 표현하는 범주 값을 가져야 하며, 이를 범주형 자료라고 한다. 그리고 독립 변수에는 범주형 변수의 각 범주를 나타내는 요인의 수준을 고려하여 사용한다. 종속 변수의 평균을 독립 변수의 요인별로 구해서 비교하는 것을 일원 분산분석이라 한다.

다음의 예를 살펴보자.

▼ 표 6-1 분산분석에 사용되는 자료의 형태

요인	관측값	평균
요인의 수준 1	$Y_{11}, Y_{12}, \cdots Y_{1n}$	$\bar{Y}_1$(수준 1 관측값의 평균
...	...	...
요인의 수준 r	$Y_{r1}, Y_{r2}, \cdots Y_{rn}$	$\bar{Y}_r$(수준 r 관측값의 평균)

---

1 2장에서 종속 변수, 독립 변수에 대해서 배웠다.

표 6-1에서 전체 Y값의 평균은 $\bar{Y}$이고, 또한 요인의 수준별로 자료를 나누어서 각 평균을 구할 수 있다. 각 요인에 속한 개별 관측값은 $Y_{ij} = \mu_i + \varepsilon_{ij}$로 나타나는데, 이때 사용된 첨자를 살펴보면 다음과 같다.

- i=1, 2, $\cdots$, r은 요인(factor)의 수준(level)
- j=1, 2, $\cdots$, n은 각 요인의 수준에 해당하는 관측값의 개수
- μ_i: i번째 수준에서의 평균
- Y_{ij}, ε_{ij}: 각 i번째 수준에서 측정된 j번째 값과 이때의 오차를 의미한다. 오차라는 것은 해당 요인의 수준에 속한 개별 값과 해당 요인 수준의 평균의 차이이다. 특히 오차 ε_{ij}는 서로 독립이며, 정규 분포 $N(\mu_i, \sigma^2)$를 따른다고 가정한다.

위와 같이 관측된 자료를 요인의 수준별로 나누어 정리했다면 분산분석의 절반 이상은 해결한 셈이다. 우리가 알고 싶은 것은 독립 변수가 갖는 요인의 수준에 따라 종속 변수의 평균 차이가 있는지인데, 그러기 위해서는 '자료 전체에서 얻은 값'을 '요인의 수준별로 자료를 분류해 얻은 값'과 비교를 하는 것이 자연스럽다. 분산분석은 종속 변수 관측값의 전체 변동을 비교하려는 요인 수준 간 차이에 의해서 발생하는 변동과 그외 요인에 의한 변동으로 나누어 분석하는 기법이다. 즉, 개별 관측값과 전체 관측값 평균의 차이는 다음과 같이 나눌 수 있다.

$$Y_{ij} - \bar{Y} = (\bar{Y}_i - \bar{Y}) + (Y_{ij} - \bar{Y}_i)$$

- $Y_{ij} - \bar{Y}$: 개별 관측값 − 전체 관측값의 평균
- $\bar{Y}_i - \bar{Y}$: 요인 수준 i에서 관측값의 평균 − 전체 관측값의 평균(수준 i에 의한 변동)
- $Y_{ij} - \bar{Y}_i$: 개별 관측값 − 요인 수준 i에서 관측값의 평균(수준 i에 의해 설명될 수 없는 변동)

이처럼 어떤 개별 값과 전체 값의 평균의 차이는 그 개별 값이 속한 요인의 평균을 고려하여 두 개의 값($\bar{Y}_i - \bar{Y}$, $Y_{ij} - \bar{Y}_i$)으로 나눌 수 있다. 문제는 우리가 다루는 자료는 한 개의 값만 있지 않다는 것이다. 이런 계산을 통해 나온 여러 개의 값이 존재하니, 이제 이 값들을 하나의 값으로 표현해보자. 이때 사용하는 것이 제곱합이다. 굳이 제곱해서 더해주는 이유는 어떤 관측값은 평균보다 작을 수도, 클 수도 있는데 단순하게 더하면 값들끼리 상쇄되는 경우가 발생하기 때문이다. 각 값들이 평균과 '얼마나' 차이가 있는지가 중요한 정보인데, 더하면 이 정보들이 사라질 수 있으니 제곱해서 더하는 방법을 사용하는 것이다.

이제 위의 식 양변을 제곱하여 더하면 $SST = SSTR + SSE$로 표현할 수 있으며 식으로는 다음과 같이 나타낼 수 있다.

$$\sum_{i=1}^{r} \sum_{j=1}^{n} (Y_{ij} - \overline{Y})^2 = \sum_{i=1}^{r} n(\overline{Y}_i - \overline{Y})^2 + \sum_{i=1}^{r} \sum_{j=1}^{n} (Y_{ij} - \overline{Y}_i)^2$$

$$SST = SSTR + SSE$$

- **SST**: 전체제곱합(Total Sum of Squares)

- **SSTR**: 처리제곱합(Treatment Sum of Squares)

- **SSE**: 오차제곱합(Error Sum of Squares)

자료의 모든 값과 전체 자료의 평균의 차이를 제곱하여 합한 전체제곱합(SST), 자료를 요인의 수준별로 나눈 다음 각 요인의 수준별 평균과 전체 자료의 평균의 차이를 제곱하여 합한 처리제곱합(SSTR), 개별 자료의 값과 개별 자료가 속한 요인의 수준별 평균의 차이를 제곱하여 합한 오차제곱합(SSE)으로 구분할 수 있다.

여기서 SST를 자료가 갖는 변동량 혹은 어떤 정보의 총량이라고 하면 $SSTR$은 요인의 수준별 평균과 전체 자료의 평균의 차이를 알려주는 정보가 되고, SSE는 요인의 수준별 평균과 전체 자료의 평균의 차이인 $SSTR$로 설명되지 않는 부분을 얘기해준다. 당연히 $SSTR$이 클수록 자료의 전체 정보를 요인으로 잘 설명할 수 있다. 이렇게 계산된 값들을 일목요연하게 정리한 표를 일원 분산분석표(one-way ANOVA table)라고 하며 다음 표 6-2처럼 나타낸다.

▼ 표 6-2 일원 분산분석표

	제곱합 (Sum of Squares)	자유도 (Degrees of Freedom)	평균 제곱 (Mean Squared Error)	F 통계량 (F statistics)
처리	SSTR	$r-1$	MSTR	MSTR/MSE
오차	SSE	$nT-r$	MSE	
전체	SST	$nT-1$		

표 6-2에서 $MSTR$(평균처리제곱)은 $SSTR$을 요인 수준별로 속하는 자유도(각 요인에 속하는 자료의 개수 - 1)로 나눠준 일종의 평균이고, MSE(평균오차제곱)도 오차에 대해 같은 방식으로 계산했다. $MSTR$과 MSE은 분산과 유사하게 계산된다. F 통계량으로 요인 수준 간 평균을 검정하게 되는데, $MSTR$이 커지면 MSE은 작아지며, F 통계량 값은 커진다. 즉, 요인 수준이 설명하는 정도가 커지면 F 통계량도 커지고, 반면 요인이 자료의 변동을 잘 설명하지 못해서 오차 부분이 커지면 F 통계량은 작아진다.

- **귀무 가설**: $\mu_1 = \mu_2 = \cdots = \mu_r$

- **대립 가설**(모든 μ_i는 같지 않다): $i = 1, 2, \cdots, r$

F 통계량이 커지면 더 작은 p값을 기대할 수 있다. 이때 p값이 유의 수준보다 작으면 귀무 가설을 기각하고 대립 가설을 채택한다. 그리고 자료를 요인 수준별로 나누어 평균을 구했을 때 요인 수준별 평균은 같지 않다고 해석할 수 있다. 즉, 요인 수준에 따라 종속 변수의 평균이 다름을 의미한다.

예를 들어 어떤 회사의 대리점이 3곳이 있을 때 대리점별로 매출 값이 있을 것이다. 회사에서 대리점별로 매출 평균이 같은지, 다른지를 보고자 할 때 분산분석을 사용할 수 있다. 이때 귀무 가설은 '대리점 3곳의 매출 평균은 같음'이고, 대립 가설은 '대리점 3곳의 매출 평균은 다름'이 된다. 분산분석 결과에 따라 대리점별로 매출 평균의 차이가 있다고 통계적으로 유의미하게 결론 내릴 수 있다. 복잡하게 계산하는 것 같지만, 그 결과는 꽤나 직관적이다.

6.2.2 다중 비교

앞에서 살펴본 바와 같이 분산분석을 통해서 집단별 평균의 차이가 유의미한지를 검정할 수 있었다. 이 결과를 활용해서 더 필요한 정보는 과연 어느 집단 사이에 평균의 차이가 통계적으로 유의한지를 알 수 있느냐일 것이다. 이를 위해서 다중 비교(multiple comparison)를 사용한다. 즉, 분산분석에서는 한 요인에서 여러 수준으로 나누고 수준별 평균의 차이를 검정한다. 검정 결과에서 귀무 가설을 기각하는 경우에 요인 수준별 평균이 같지 않다는, 즉 차이가 있다는 결론을 내리게 된다. 이때 어떤 요인의 수준 간 차이로 인해 이러한 결과가 나왔는지를 파악하고 싶을 때 사용하는 것이 다중 비교이다.

다중 비교를 하려면 쌍체 t 검정, 투키 HSD 검정(Tukey's HSD test)을 사용할 수 있다. 하지만 쌍체 t 검정은 1종 오류(True임에도 False로 판단하는 오류임을 기억하자)의 가능성이 높으므로 투키 HSD 검정을 사용하기 권장한다.

투키 HSD(Honestly Significant Difference) 검정은 스튜던트화 범위 분포(studentized range distribution)[2]를 바탕으로 모든 두 집단의 평균 차이를 검정한다. 두 집단의 평균 차이가 없다고 귀무 가설을 고려하여 HSD 검정 결과로 나오는 p값을 통해 귀무 가설의 기각 여부를 판단한다.

표 6-3은 다중 비교 결과를 보여준다. 이 결과에서 *는 유의한 평균의 차이임을 의미한다. 그룹 1과 2, 그룹 1과 3은 유의한 평균 차이를 제시하는 반면에 그룹 2와 3의 평균 차이인 -0.59는 유의하지 않음을 볼 수 있다.

---

2   t 분포와 비슷하며 스튜던트화 범위인 q값의 분포를 나타내는데, q는 비교하려는 두 집단 평균의 차이가 최대인 값을 두 집단의 표준편차로 나눠 얻고, 통계량의 역할을 하는 q는 HSD 검정에 사용된다.

▼ 표 6-3 다중 비교 예시

	그룹 1	그룹 2	그룹 3
그룹 1	−	12 ***	−5 ***
그룹 2		−	−0.59
그룹 3			−

6.2.3 이원 분산분석

일원 분산분석과 다르게 이원 분산분석(two-way ANOVA)은 한 관측값을 두 요인의 수준별로 조합하여 평균 차이를 비교하는 분석이다. 예를 들어 요인 '크기'에서 요인 수준이 세 개(대, 중, 소)가 있고, 요인 '맛'에는 요인 수준이 두 개(맛있음, 맛없음)가 있으면 총 그룹의 수는 $3 \times 2 = 6$개가 된다. 6개의 요인 조합에 속하는 값들의 평균을 비교한다. 이때 관측값이 한 개일 경우와 두 개 이상일 경우(똑같은 그룹에 대해 또다시 종속 변수를 측정하는 반복 실험을 할 경우)로 구분할 수 있는데, 여기서는 관측값이 하나인 경우만 살펴보겠다.

다음 표 6-4를 보면 두 요인의 수준이 각 행과 열에 나타나지며, 이때 각 값은 관측값이다.

▼ 표 6-4 이원 분산분석을 위한 두 요인의 수준별 관측값

	수준 1	...	수준 b	평균
수준 1	Y_{11}	...	Y_{1b}	$\bar{Y}_{1.}$
...	...	...	...	
수준 a	Y_{a1}	...	Y_{ab}	$\bar{Y}_{a.}$
평균	$\bar{Y}_{.1}$		$\bar{Y}_{.b}$	$\bar{Y}_{..}$

이때 이원 분산분석의 편차 $Y_{ij} - \bar{Y}_{..}$ 는 다음과 같이 구분할 수 있다.

$$Y_{ij} - \bar{Y}_{..} = (\bar{Y}_{i.} - \bar{Y}_{..}) + (\bar{Y}_{.j} - \bar{Y}_{..}) + (Y_{ij} - \bar{Y}_{i.} - \bar{Y}_{.j} - \bar{Y}_{..})$$

- $Y_{ij} - \bar{Y}_{..}$=개별 관측값 − 전체 관측값의 평균
- $\bar{Y}_{i.} - \bar{Y}_{..}$= 요인 A의 수준 i 관측값의 평균 − 전체 관측값의 평균
- $\bar{Y}_{.j} - \bar{Y}_{..}$= 요인 B의 수준 j 관측값의 평균 − 전체 관측값의 평균
- $Y_{ij} - \bar{Y}_{i.} - \bar{Y}_{.j} - \bar{Y}_{..}$ = 개별 관측값 − 요인 A의 수준 i 관측값의 평균 − 요인 B의 수준 j 관측값의 평균 − 전체 관측값의 평균

일원 분산분석과 마찬가지로, 앞의 식을 제곱합한 후 다음 식처럼 나타낼 수 있다.

$$\sum_{i=1}^{l}\sum_{j=1}^{m}(Y_{ij}-\bar{Y}_{..})^2 = \sum_{i=1}^{l}\sum_{j=1}^{m}(\bar{Y}_{i.}-\bar{Y}_{..})^2 + \sum_{i=1}^{l}\sum_{j=1}^{m}(\bar{Y}_{.j}-\bar{Y}_{..})^2 + \sum_{i=1}^{l}\sum_{j=1}^{m}(Y_{ij}-\bar{Y}_{i.}-\bar{Y}_{.j}+\bar{Y}_{..})^2$$

$$SST = SSA + SSB + SSE$$

- SST: 전체제곱합(자유도 = $ab-1$)

- SSA: 요인 A 수준 평균 간 제곱합(자유도 = $a-1$)

- SSB: 요인 B 수준 평균 간 제곱합(자유도 = $b-1$)

- SSE: 오차제곱합(자유도 = $(a-1)(b-1)$)

이러한 이원 분산분석의 값들을 일목요연하게 정리하여 제시한 것을 이원 분산분석표(two-way ANOVA Table)라 한다. 다음 표 6-5를 살펴보자.

▼ 표 6-5 이원 분산분석표

	제곱합	자유도	평균 제곱	F 통계량
요인 A	SSA	$a-1$	MSA	MSA/MSE
요인 B	SSB	$b-1$	MSB	MSB/MSE
오차	SSE	$(a-1)(b-1)$	MSE	
계	SST	$ab-1$		

이원 분산분석의 편차($Y_{ij}-\bar{Y}_{..}$)는 다음과 같이 구분할 수 있으며 이를 F 통계량으로 검정한다.

- 요인 A의 수준에 따른 평균 차이가 있는지를 검정(검정 통계량: MSA/MSE(F 통계량))
  - 귀무 가설(H_0): A의 수준에 따라 평균 차이가 없다.
  - 대립 가설(H_1): A의 수준에 따라 평균 차이가 있다.

- 요인 B의 수준에 따른 평균 차이가 존재하는지를 검정(검정 통계량: MSB/MSE(F 통계량))
  - 귀무 가설(H_0): B의 수준에 따라 평균 차이가 없다.
  - 대립 가설(H_1): B의 수준에 따라 평균 차이가 있다.

예를 들어 일원 분산분석에서 살펴본 바와 같이 어떤 회사 대리점 3곳의 매출 평균을 비교하려고 하는데, 대리점이 대로변에 있는 곳도 있고 아닌 곳도 있었다. 이에 회사 관계자가 대리점의 입지도 중요하다고 생각하여 대리점 입지도 분석에 고려하고자 한다. 고려할 수 있는 요인은 각 매출이 세 대리점 중 어느 지점의 매출인지와 해당 매출이 대로변에 있는 대리점에서 발생했는지 여부일 것이다. 즉, 범주형 변수 두 개를 동시에 독립 변수로 고려하는데, 이때 사용하는 것이 바로 이원 분산분석이다. 범주형 변수 두 개를 고려하니 두 종류의 가설 검정이 이뤄진다. 우선, 대리점별로 매출 평균의 차이가 있는지를 보는 첫 번째 범주형 변수에 대한 가설 검정과 대로변에 있는지에 따른 매출 평균의 차이를 보는 두 번째 범주형 변수에 대한 가설 검정이 이뤄진다.

6.3 / 상관분석의 활용

지금까지 상관분석과 분산분석에 대한 내용을 살펴보았다. 최근 딥러닝이 많이 유행하는데, 굳이 상관분석과 분산분석을 이용해야 하는지 의문스러울 수 있다. 하지만 딥러닝이 되었건 혹은 다른 새로운 기법이 되었건, 두 분석은 데이터 분석의 기본이며 여전히 중요하다. 이 두 분석만으로도 많은 인사이트를 얻을 수 있다. 이제 이 두 분석 중에서도 상관분석을 활용한 사례를 다뤄보겠다.

먼저 주식 시장을 분석한 사례를 살펴보겠다. 미국 증시에서 주요 기업 500개의 주가로 만들어진 S&P 500이 있다. S&P 500은 중요한 투자지표로 다방면에서 활용되고 있어서 S&P 500의 움직임을 이해하는 것이 중요하다. 여러 요인이 S&P 500에 영향을 주겠지만, 그중에서도 주요 경제 뉴스와 S&P 500의 관계를 살펴보았다. 경제 뉴스는 경제 분야에 전문성을 가진 기자가 작성하는데, 어떻게 보면 그의 생각과 판단이 주식 시장의 등락을 이해하는 데 중요한 인사이트를 제공하는 것일 수도 있다. 그가 작성한 경제 뉴스에서 그의 생각이 묻어나오는 단어들, 예를 들어 긍정과 부정의 단어들을 잘 분석한다면 매일 쏟아져 나오는 수십, 수백 개의 경제 뉴스를 하나씩 정독하지 않더라도 주가의 움직임을 이해할 수 있지 않을까. 경제 뉴스 기자들의 일종의 집단 지성을 활용하는 차원에서, 그들의 글에서 긍정적인 단어가 많이 사용된다면 이는 주식 시장에 대한 긍정적인 시그널로 활용할 수 있을 것이다.

실제로 많은 금융 기관에서 AI, 자연어 처리, 머신 러닝 등을 업무에 활용하고 있다. AI를 증권사 애널리스트 보고서나, 지금 다루는 사례처럼 보고서나 뉴스의 감성을 측정해서 수익률과의 관계를 분석할 때 활용한다.

대표적인 경제 신문인 다우존스와 월스트리트 저널을 대상으로 24,006건의 기사를 분석하였다. 기간은 2014년 8월~2015년 7월까지 총 1년이다. 물론 좀 더 정확하게 분석하기 위해서 다른 신문도 대상으로 하는 것이 좋겠지만, 이 절에서는 뉴스와 주가의 상관분석을 간단하게 살펴보는 것이 목적이니 이대로 진행하였다.

24,006건의 기사는 일별로 정리되어 일반적인 텍스트 마이닝 과정[3]을 거쳤다. 불용어를 제거하거나 어간 추출(stemming)을 하고, 문헌용어행렬을 생성하였으며, 무엇보다도 긍정과 부정의 단어를 체크하였다. 노터데임 대학교의 맥도널드(McDoland) 교수의 금융 분야 감성 용어사전을 활용하였고, 긍정과 부정을 하나의 지표로 표현하기 위해 감성 점수(Score)를 정의하였다.

$$Score = \frac{PositiveWords - NegativeWords}{NumberOfArticles}$$

그리고 어제 신문에서 감성 점수를 계산하고 감성 점수와 내일 S&P 500의 관계를 살펴보았다. 이 과정에서 전체 뉴스, 월스트리트 저널(WSJ), 다우존스로 나눠 S&P 500과의 상관관계를 조사해보았다.

▼ 그림 6-3 뉴스 감성과 S&P 500과의 관계

| 대상 | 24,006건 뉴스기사 (Dow Jones, Wall Street Journal 등) | |
| 기간 | 2014.8~2015.7 (12개월) | |
Source	구분	Correlation
전체뉴스	평균positive score와 s&p 500	0.1260
	평균negative score와 s&p 500	-0.0137
	(평균positive-평균negative score)와 s&p 500	0.2142
	positive score 합계와 s&p 500	0.2017
	negative score 합계와 s&p 500	0.1928
	(positive합계-negative score 합계)와 s&p 500	0.2052
WSJ	평균positive score와 s&p 500	-0.2676
	평균negative score와 s&p 500	-0.1923
Dow Jones	평균positive score와 s&p 500	0.1351
	평균negative score와 s&p 500	-0.0308
	(평균positive-평균negative score)와 s&p 500	0.2298
	positive score 합계와 s&p 500	0.2265
	negative score 합계와 s&p 500	0.2213
	(positive합계-negative score 합계)와 s&p 500	0.2098

다우존스의 경우, 기사와 S&P 500과의 시차를 두지 않고 같은 날의 기사와 S&P 500의 관계를 시간대별로 조사해보았다. 월스트리트 저널의 감성 점수는 재미있게도 S&P 500와 약한 음의 상관관계, 즉 감성 점수가 높을수록 다음날 주가는 하락하는 관계를 보여준다. 반면 다우존스는 감성 점수와 S&P 500이 약한 양의 상관관계를 보여준다.

---

3   텍스트 마이닝 과정이 잘 기억나지 않는다면 1.4.1절을 참고하기 바란다.

▼ 그림 6-4 다우존스 뉴스 감성과 S&P 500과의 관계(시간대별)

	평균positive score와 s&p 500	0.1899
	평균negative score와 s&p 500	0.1304
Dow Jones (09:00 이전)	(평균positive-평균negative score)와 s&p 500	0.1547
	positive score 합계와 s&p 500	0.1548
	negative score 합계와 s&p 500	0.1529
	(positive합계-negative score 합계)와 s&p 500	0.1361
	평균positive score와 s&p 500	0.2302
	평균negative score와 s&p 500	-0.0681
Dow Jones (09:00~17:00)	(평균positive-평균negative score)와 s&p 500	0.3550
	positive score 합계와 s&p 500	0.2865
	negative score 합계와 s&p 500	0.2725
	(positive합계-negative score 합계)와 s&p 500	0.2250
	평균positive score와 s&p 500	0.0924
	평균negative score와 s&p 500	0.0069
Dow Jones (17:00~24:00)	(평균positive-평균negative score)와 s&p 500	0.1539
	positive score 합계와 s&p 500	0.1535
	negative score 합계와 s&p 500	0.1449
	(positive합계-negative score 합계)와 s&p 500	0.1441

상관분석을 뉴스와 주가의 관계 분석에 활용한 단순한 사례이며, 여기서 발견된 상관관계가 그렇게 의미 있어 보이지는 않는다(심지어 5년 전 자료이다). 하지만 기존의 S&P 500을 분석하는 모형이 있다면 충분히 뉴스의 감성 점수를 반영할 수 있지 않을까 싶다. 이외에도 다양한 분야에서 아직 밝혀지지 않은 상관관계를 찾아보는 것도 무척 흥미로울 것이다.

MATH FOR MACHINE LEARNING

6.4 파이썬 실습

1. matplotlib를 이용해 시각화하기

```
>>> %matplotlib inline
>>> import matplotlib.pyplot as plt
>>> plt.plot([1, 2, 3, 4])    # x축 값이 지정되지 않으면 자동으로 0, 1, 2, 3, ...
>>> plt.show()
```

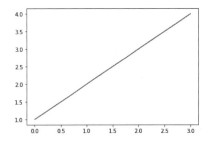

```
>>> x = range(0, 100)
```
\# 리스트 x의 값을 하나씩 꺼내서 제곱한 값을 리스트 y에 할당. 원래는 반복문을 사용하지만 이렇게 리스트 안에 for 문을 사용하면 간결하게 표현할 수 있다
```
>>> y = [v*v for v in x]

# 또는 y를 다음과 같이 만들 수 있다
>>> y = []
>>> for v in x:
>>>     y.append(v*v)
>>> plt.plot(x, y)    # x, y 그리기
```
\# 이때 ro는 산점도에 그려질 각 점의 색상과 모양을 의미한다. r은 빨간색을, o는 출력될 점의 모양인데, 이외에도 r+, r--, rs, r^처럼 다양하게 나타낼 수 있다
```
>>> plt.plot(x, y, 'ro')
>>> plt.show()
```

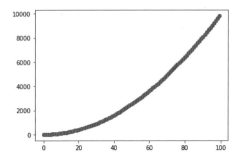

2. 상관분석하기

```
# 양의 상관관계일 경우
>>> import numpy as np
>>> np.random.seed(1)
>>> x = np.random.randint(0, 50, 500)        # 0~50 사이의 난수 500개 생성
>>> y = x + np.random.normal(0, 10, 500)     # x와 양의 상관관계를 갖는 y를 생성(noise 포함)
>>> np.corrcoef(x, y)
array([[1.        , 0.81989877],
```

```
          [0.81989877, 1.        ]])

>>> import matplotlib.pyplot as plt
>>> plt.scatter(x, y)    # x와 y의 각 값에 해당되는 좌표에 점을 찍어 플롯 출력하기
>>> plt.show()
```

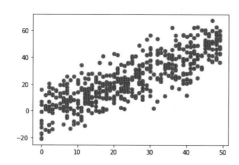

```
# 음의 상관관계일 경우
>>> x = np.random.randint(0, 50, 500)
>>> y = 100 - x + np.random.normal(0, 5, 500) # x와 음의 상관관계를 갖는 y를 생성(noise 포함)
>>> np.corrcoef(x, y)
array([[ 1.        , -0.94410499],
       [-0.94410499, 1.        ]])

>>> plt.scatter(x, y)
>>> plt.show()
```

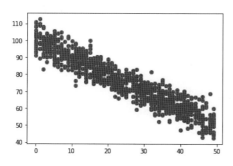

```
# 상관관계가 없을 경우, 즉 상관관계가 매우 약한 경우를 확인하기 위해 랜덤한 값으로 이뤄진 x와 y
를 생성하여 상관계수 구해보자
>>> x = np.random.randint(0, 50, 1000)
>>> y = np.random.randint(0, 50, 1000)

# 랜덤하게 생성된 x, y의 상관계수 구하기, 두 변수의 상관계수는 0에 가까운 값이 나온다
>>> np.corrcoef(x, y)
```

```
array([[ 1.        , -0.00739105],
       [-0.00739105,  1.        ]])
```

```
>>> plt.scatter(x, y)
>>> plt.show()
```

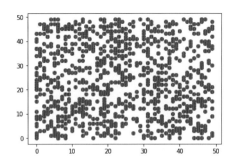

3. 주어진 데이터로 일원 분산분석하기

```
>>> import scipy.stats as stats
>>> import pandas as pd
>>> import matplotlib.pyplot as plt
>>> import numpy as np
```

altman_910.txt를 인터넷에서 내려받기. 해당 파일은 구글에서 파일명을 검색해서 찾을 수도 있고
혹은 다음 주소에서 바로 내려받을 수 있다
URL: https://raw.githubusercontent.com/thomas-haslwanter/statsintro_python/master/
ipynb/Data/data_altman/altman_910.txt

```
>>> data = np.genfromtxt('c:/altman_910.txt', delimiter=',')
```

첫 열의 값이 1이면 group1로, 2이면 group2로 나누기
```
>>> group1 = data[data[:, 1]==1 ,0]
>>> group2 = data[data[:, 1]==2, 0]
>>> group3 = data[data[:, 1]==3, 0]
```

```
>>> plot_data = [group1, group2, group3]
>>> ax = plt.boxplot(plot_data)
>>> plt.show()
```

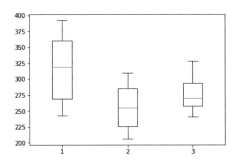

같은 자료에서 그룹별로 group1, group2, group3 값에 대해서 일원 분산분석하기
```
>>> stats.f_oneway(group1, group2, group3)
F_onewayResult(statistic=3.7113359882669763, pvalue=0.043589334959178244)
```

4. 각 그룹쌍에 대해서 t 검정하기

```
>>> print(stats.ttest_ind(group1, group2))
Ttest_indResult(statistic=2.5581789927784295, pvalue=0.02184081286794004)
```

```
>>> print(stats.ttest_ind(group1, group3))
Ttest_indResult(statistic=1.326611291434599, pvalue=0.21151930405600672)
```

```
>>> print(stats.ttest_ind(group2, group3))
Ttest_indResult(statistic=-1.0724508202985763, pvalue=0.30461196197608215)
```

5. 위의 자료에서 그룹 1과 2의 평균값에 대해 다중 비교하기

```
>>> from statsmodels.stats.multicomp import pairwise_tukeyhsd
>>> tukey = pairwise_tukeyhsd(endog=data[:, 0],     # 데이터
>>>     groups=data[:, 1],    # 그룹
>>>     alpha=0.05)           # 유의 수준
>>> tukey.summary()     # 다중 비교의 결과를 아래에서 확인. group1과 group2에서 귀무 가설이
                            기각되는 것을 볼 수 있음
Multiple Comparison of Means - Tukey HSD,FWER=0.05
group1  group2  meandiff      lower      upper    reject
   1.0     2.0  -60.1806  -116.6056    -3.7555    True
   1.0     3.0   -38.625  -104.8246    27.5746    False
   2.0     3.0   21.5556   -43.2141    86.3252    False
```

6.5 R 실습

1. 상관관계 분석하고 시각화하기

```
>>> install.packages("corrplot")
>>> library(corrplot)
>>> data(mtcars)
>>> mtcars.cor = cor(mtcars)
```

```
# method 파라미터로는 square, ellipse, number, shade, color, pie 등이 있다
>>> corrplot(mtcars.cor, method="circle")
```

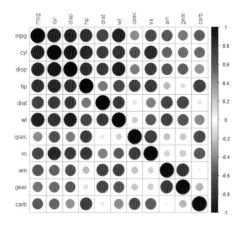

```
# 별다른 옵션을 지정하지 않는 경우 기본값으로 보여지는 그래프
>>> corrplot.mixed(mtcars.cor)
```

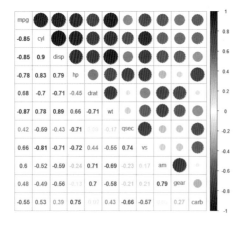

2. 상관관계 검정하기

```
# 강한 음의 상관관계가 있게 x1과 x2를 생성한다
>>> x1 = 1:10      # x1은 1부터 10까지 1씩 늘어난다
>>> x2 = 10:1      # x2는 10부터 1까지 1씩 줄어든다
```

```
# 이 검정에서의 귀무 가설은 상관관계가 없는 것이고, 대립 가설은 상관관계 존재하는 것이다
# 검정 결과, p값이 0에 가까운 아주 작은 값이므로 귀무 가설을 기각한다. 즉, x1과 x2는 강한 음의
상관관계가 있다는 것을 보여준다
>>> cor.test(x1, x2)
    Pearson's product-moment correlation

data:  x1 and x2
t = -134220000, df = 8, p-value < 2.2e-16
alternative hypothesis: true correlation is not equal to 0
95 percent confidence interval:
 -1 -1
sample estimates:
cor
 -1
```

3. 분산분석하기

```
# 곤충 스프레이 예제
# IV: 6종류의 살충제, DV: 각 살충제 이후 곤충의 수
>>> data(InsectSprays)        # 예제 데이터를 불러오기
>>> attach(InsectSprays)      # 예제 데이터의 변수를 편하게 사용하기 위해 데이터프레임을 부착
>>> str(InsectSprays)         # 예제 데이터의 구조를 확인
'data.frame':   72 obs. of  2 variables:
 $ count: num  10 7 20 14 14 12 10 23 17 20 ...
 $ spray: Factor w/ 6 levels "A","B","C","D",..: 1 1 1 1 1 1 1 1 1 1 ...
```

```
>>> mean(InsectSprays$count)
[1] 9.5
>>> var(InsectSprays$count)
[1] 51.88732
>>> table(InsectSprays$spray)

A  B  C  D  E  F
12 12 12 12 12 12
>>> mean(InsectSprays[InsectSprays$spray=="A", 1])
[1] 14.5
```

```
# 살충제 종류별 평균의 차이가 있는지를 보기 위해 일원 분산분석을 이용
>>> attach(InsectSprays)
```

```
# 살충제 자료는 등분산을 갖고 있음을 var.equal=TRUE를 통해 표현
>>> oneway.test(count~spray, var.equal=TRUE)
    One-way analysis of means

data:  count and spray
F = 34.702, num df = 5, denom df = 66, p-value < 2.2e-16
```

4. aov 함수를 사용하여 분산분석하기

```
# aov 함수 형식: aov(종속 변수~그룹 변수, data=데이터프레임 이름)
>>> aov.out = aov(count~spray, data=InsectSprays)
>>> summary(aov.out)
            Df  Sum Sq  Mean Sq  F value  Pr(>F)
spray        5    2669    533.8     34.7  <2e-16 ***
Residuals   66    1015     15.4
---
Signif. codes:  0 ' *** ' 0.001 ' ** ' 0.01 ' * ' 0.05 ' . ' 0.1 ' ' 1
```

5. 다중 비교하기

```
# 그룹별 평균 차이에 대해서 가능한 그룹 쌍에 대해 쌍체 t 검정하기
>>> pairwise.t.test(count, spray, p.adjust="bonferroni")
Pairwise comparisons using t tests with pooled SD

data:  count and spray

    A        B        C        D        E
B 1        -        -        -        -
C 1.1e-09  1.3e-10  -        -        -
D 1.5e-06  1.8e-07  1        -        -
E 4.1e-08  4.9e-09  1        1        -
F 1        1        4.2e-12  6.1e-09  1.6e-10

P value adjustment method: bonferroni

# 투키 HSD 검정하기
>>> TukeyHSD(aov.out)
Tukey multiple comparisons of means
    95% family-wise confidence level

Fit: aov(formula = count ~ spray, data = InsectSprays)

$spray
            diff       lwr      upr     p adj
```

```
B-A     0.8333333  -3.866075   5.532742 0.9951810
C-A   -12.4166667 -17.116075  -7.717258 0.0000000
D-A    -9.5833333 -14.282742  -4.883925 0.0000014
E-A   -11.0000000 -15.699409  -6.300591 0.0000000
F-A     2.1666667  -2.532742   6.866075 0.7542147
C-B   -13.2500000 -17.949409  -8.550591 0.0000000
D-B   -10.4166667 -15.116075  -5.717258 0.0000002
E-B   -11.8333333 -16.532742  -7.133925 0.0000000
F-B     1.3333333  -3.366075   6.032742 0.9603075
D-C     2.8333333  -1.866075   7.532742 0.4920707
E-C     1.4166667  -3.282742   6.116075 0.9488669
F-C    14.5833333   9.883925  19.282742 0.0000000
E-D    -1.4166667  -6.116075   3.282742 0.9488669
F-D    11.7500000   7.050591  16.449409 0.0000000
F-E    13.1666667   8.467258  17.866075 0.0000000
```

6.6 핵심 요약

1. **상관분석**

   - 두 변수의 선형적인 관계를 확인할 수 있으며, −1~1 사이의 값을 갖는다.

   - 예를 들어 아버지와 딸의 키, 소득과 지출, 흡연량과 폐암, 공정 온도와 강도 등의 관계를 살펴보기 위해 사용된다.

   - 귀무 가설은 두 변수의 선형적 관계가 없음(상관관계=0)이고, 대립 가설은 두 변수의 선형적 관계가 있음(상관관계≠0)이다.

2. **분산분석(ANOVA, Analysis of variance)**

   - 영국의 통계학자 피셔가 고안한 분석 기법으로 농업 연구에서 처음 사용되었으며, 사회과학, 공학, 의학 등 다양한 분야에 폭넓게 적용된다.

   - 세 집단 이상의 평균을 비교할 때 사용하며, 분산을 계산하는 방식처럼 편차들의 제곱합을 해당 자유도로 나누어서 얻는 값을 이용한다. 요인 수준별 평균의 차이로 판단한다.

   - 독립 변수는 범주형 자료(categorical data), 종속 변수는 연속형 자료(continuous data)를 사용한다.

- 분산분석은 관측값의 전체제곱합(Total Sum of Squares)을 비교하려는 요인 수준(factor level) 간 차이에 의해서 발생하는 처리제곱합(Treatment Sum of Squares)과 그외 요인에 의한 오차 제곱합(Error Sum of Squares)으로 나누어 분석한다.

$$SST = SSTR + SSE$$

3. **다중 비교(multiple comparison) 예시**

- 다중 비교를 위해서는 쌍체 t 검정, 투키 HSD 검정을 사용할 수 있으나, 쌍체 t 검정은 1종 오류의 가능성이 커서 투키 HSD 검정을 사용할 것을 권장한다.

	그룹 1	그룹 2	그룹 3
그룹 1	–	3 ***	3
그룹 2		–	−0.59 ***
그룹 3			–

(각 값은 통계량을 의미하며, ***은 해당 통계량이 유의 수준보다 작음)

- **해석**: 그룹 1과 2는 HSD 통계량 값이 3이며, 두 수준 사이의 차이는 유의하다. 그룹 1과 3은 HSD 통계량 값이 3이지만, 두 수준 사이의 차이는 유의하지 않다.

7장

선형 회귀 분석과 모형 확장

이번 장의 주제는 데이터 분석을 위한 주요 모형 중 하나인 선형모형이다. 선형모형을 하나씩 이해하고 살펴보려고 한다. 우선, 선형 회귀 모형은 변수 Y가 수치인 경우에 사용할 수 있으며 많은 분야에서 활용된다. 그중에서도 Y가 빈도(count data)인 경우에는 다른 종류의 회귀모형을 사용하는데 바로 포아송 회귀모형이다. 또한, 변수 Y가 범주형 자료인 경우에는 로지스틱 회귀모형(logistic regression)을 사용할 수 있는데, 이를 분류 모형이라고도 한다. 각 모형에 대한 특징과 사용하는 방법에 대해 살펴보도록 하자.

7.1 얕고도 깊은 분석의 목적

우리는 지금까지 데이터를 이해하는 데 필요한 수리적 배경에 대해 살펴보았다. 앞서 이해한 주요 개념을 바탕으로 이제 본격적인 데이터 분석에 대해 소개하고자 한다. 우선, 데이터 분석의 의미를 다시 살펴보면 '데이터'란 우리가 관심을 갖는 어떤 사건이나 현상에 대한 과거의 기록이다. 실시간에 가깝다 하더라도 데이터로 만들어진 순간 '과거'의 기록이 되는데, 이 데이터를 분석한다면 우리가 관심을 갖는 주요 사건이나 현상의 '과거'를 이해할 수 있다. 그리고 과거에 대한 이해를 바탕으로 앞으로 일어날 일도 조심스럽게 예측할 수 있을 것이다. 이처럼 데이터 분석에서는 추론과 예측이 매우 중요하다.

▼ 그림 7-1 데이터 분석의 목적

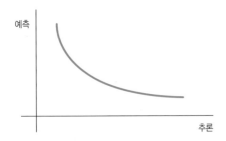

만약 추론과 예측을 모두 잘하는 기법이 있다면 답은 너무나 분명하다. 모두가 그 기법만 이해하고 사용하면 되는 것이다. 하지만 현재까지 우리가 사용하는 모든 기법은 추론과 예측 중에 한 쪽에만 강점이 있다. 요즘 많이 접하는 딥러닝은 예측에 강하다. 반면 셸로우 러닝(Shallow Learning)

이라고도 불리는 유형의 기법들, 특히 선형 회귀 분석은 추론에 강하다. 데이터를 분석하는 목적이 무엇인지에 따라 어떤 방식의 기법을 선택하는지가 정해진다.

사실 추론과 예측을 위한 분석의 궁극적인 목적은 X로부터 Y를 아는 것이다. 이전 장에서 살펴본 것처럼 Y는 우리가 알고 싶은 대상(target) 값이며, X는 데이터에서 Y를 설명하고 예측하기 위해 사용되는 값이다. 즉, X에 어떤 계산을 적용하면 Y가 나오는 것을 아는 것이 추론이고, 그 과정을 통해 X만 알고 Y는 모르는 상태에서 Y를 미리 계산하는 것이 예측이다. X에 적용되는 계산은 단순하게 숫자를 곱하거나 더하는 것도 있고, 특정한 규칙을 적용할 수도 있으며, 심지어는 이런 계산을 여러 번 깊게 반복할 수도 있다. 여러 X에 계산이나 규칙을 한 번만 적용하면 그 과정을 이해하기 수월할 수 있지만 딥러닝처럼 계산이나 규칙을 여러 번 적용하면 X와 Y의 관계를 이해하기는 무척이나 어렵다.

지금부터 추론에 강한 대표적인 기법인 선형 회귀 분석에 대해 알아보려고 한다. 선형 회귀 분석과 그 확장된 모형을 이해하는 과정에서 지금까지 살펴본 수학 지식이 곳곳에 포함된 것을 볼 수 있다.

7.2 선형 회귀 분석

MATH FOR MACHINE LEARNING

우선 가장 기본이 되는 분석 기법인 선형 회귀 분석을 먼저 살펴보자. 딥러닝의 시대에도, 분석의 목적에 따라 선형 회귀(linear regression) 분석은 여전히 많이 사용되고 있다. 이러한 선형 회귀 분석은 영국의 우생학자 프랜시스 골턴(Francis Galton, 1822-1911)에 의해 시작되었다.

골턴은 처음에 아버지와 아들의 키 관계를 연구하며 회귀(regression)라는 용어를 처음 사용하였다. 연구 내용을 보면 아버지의 키가 큰 경우 아들의 키는 작고, 아버지의 키가 작은 경우 아들의 키가 큰 것으로, 이들의 키는 평균으로 가려는 경향이 있다는 것이다. 그리고 부모의 키가 아들의 키에 영향을 주지만, 아들의 키는 그 세대 전체의 평균 키로 회귀한다는 사실을 밝혀냈다.

▼ 그림 7-2 프랜시스 골턴

이렇게 해서 생겨난 선형 회귀 분석은 변수 사이의 관계를 잘 설명한다. 다음 예를 더 살펴보자. 어떤 학생 3명이 일주일에 각 3, 5, 7시간 공부했고 그들의 성적은 30, 50, 70점이라고 하자. 우리가 관심을 갖는 것은 학생들의 성적이고, 성적에 영향을 주는 것은 공부 시간일 것이다. 아마도 이 책을 읽는 독자는 크게 고민하지 않고도 "공부 시간에 10을 곱하면 성적이 나오네"라는 관계를 생각할 수도 있다. 즉, 오로지 학생 3명에게서 얻은 공부 시간과 성적의 관계는 "공부 시간 × 10 = 성적"이 된다. 이때 성적은 앞서 얘기한 Y이고, 공부 시간은 X가 된다. × 10은 공부 시간이 성적에 미치는 과거의 관계를 의미하며, 이 수식은 그 자체로 모형이 된다. 특히, 공부 시간이 1시간 늘어나는 경우 성적이 10점씩 오르는 이러한 관계는 다음처럼 직선식으로 표현할 수 있다. 앞장에서 본 바와 같이 이런 직선 관계를 선형(linear)이라 불렀다.

▼ 그림 7-3 직선식

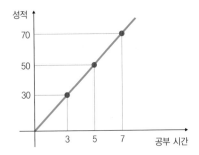

그렇다면 왜 이러한 직선식을 굳이 찾아내야 할까? 앞에서 데이터를 설명할 때 "3시간 공부하면 30점, 5시간 공부하면 50점, 7시간 공부하면 70점이야"라고 해도 사실은 큰 문제가 없을 수 있다. 하지만 대상이 되는 학생이 100명이라고 하자. 데이터를 설명하는 데만 해도 수많은 시간이 걸릴 테고 설명하는 사람, 듣는 사람 모두 무척이나 불편할 것이다. 우리는 이미 통계량을 통해서 주어진 데이터를 이해하는 데 요약 정보가 효과적이라는 것을 이미 살펴보았다. 그런 이유로, 평균이나 편차 등 데이터에 대한 요약 정보를 구하고 사용해왔다. 그렇다면 공부 시간과 성적의 관계에서도 요약 정보를 사용하면 좀 더 효율적으로 자료를 이해할 수 있을 것이다. 그리고 그 역할을 직선식이 하게 되는 셈이다.

사실, 우리는 이미 앞에서 공분산이나 상관계수로 두 변수의 관계를 살펴보았다. 이 두 요약 정보는 한 변수가 움직일 때 다른 변수가 어떻게 움직이는지에 대한 정보를 제공한다. 하지만 이 요약 정보는 두 변수의 관계를 나타내지만 모형화하지는 못한다. 즉, 변수 사이의 인과관계까지는 나타내지 못한다. 공부를 많이 해 성적이 좋은 건지 아니면 성적이 좋아서 공부를 많이 한 건지 모른다. 변수 간의 관계를 더 구체적으로 보려면 다음과 같이 데이터를 도표로 그려 살펴봐야 한다. 이때 변수 X가 독립 변수, 설명(predictor) 변수가 되고 변수 Y가 종속 변수, 반응(response) 변수가된다. X가 Y에 영향을 미치는 관계를 설정한 것이다.

이러한 두 변수의 관계를 요약하여 나타내는 방법에는 어떤 것이 있을까? 두 변수의 관계를 하나의 선으로 나타낸다면 훌륭한 요약 정보가 될 것이다. 특히, 직선으로 두 변수의 관계를 나타낼 수 있다면 수식으로도 쉽게 표현할 수 있다. 그림 7-4에서는 두 변수의 관계를 직선으로 나타냈다.

▼ 그림 7-4 자료를 요약하는 직선

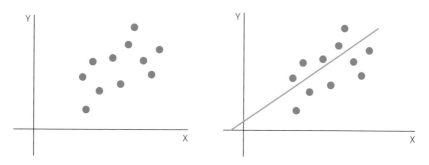

그리고 이 직선을 수식화하는 것은 직선식을 찾는 것과 같으며 Y 절편과 기울기가 필요하다. 직관적으로 이해하면 선형 회귀는 주어진 데이터에 Y 절편과 기울기로 나타낸 직선(straight line)을 적합(fitting)시키는 과정으로 볼 수 있다. 이때 Y 절편과 기울기가 미지수이며 이 값은 데이터를 통해 추정할 수 있다. 선형 회귀를 통해 얻어진 직선은 알려진 X값으로 Y값을 예측할 때 사용되며 다음과 같은 식을 사용한다.

$$y = b_0 + b_1 x$$

그렇다면 직선을 어떻게 그려야 두 변수를 잘 나타낼 수 있을까? 이 질문에 답하는 과정이 바로 앞의 두 미지수를 구하는 과정이다. 이에 앞서 잔차라는 개념을 먼저 살펴보자. 잔차(residual)는 선형 회귀 식에 의해 각 예측한 Y와 실제 Y의 차이를 나타낸다. 다음은 잔차의 식이다.

$$e_i = y_i - \hat{y}_i$$

즉, 잔차라는 값은 실제 Y값이 직선으로 표현되는 Y값($\hat{y}$로 표현함)에서 얼마나 떨어져 있는지를 알려준다. 그림 7-5에서 보면 각 점들은 실제 Y값이고, 주황색 직선은 예측된 Y값을 나타낸다. 각각의 실제 Y와 예측한 Y의 차이는 회색 실선으로 나타내고 이 회색 실선이 잔차이다.

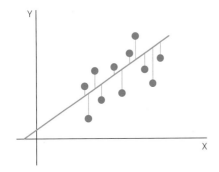

잔차는 바로 예측값과 실제 값의 차이이기 때문에 가급적 작을수록 좋다. 개별 Y값이 아닌 전체 Y값들의 관점에서도 잔차들을 모두 더한 것이 작아야 좋겠지만, 여기에 한 가지 문제가 있다. 바로 실제 값이 예측값보다 작은 경우에는 잔차가 음수로 나와서 양수인 잔차와 더해지면 즉, 실제로 각 잔차가 있음에도 불구하고 모든 잔차를 더하면 그 값이 0이 되는 문제가 발생한다. 그렇기 때문에 잔차의 제곱을 모두 더해서 잔차제곱합이 최소가 되게 하는 직선을 찾아야 한다. 그러한 직선의 미지수 Y 절편과 기울기를 찾는 것이 선형 회귀 분석이다.

$$\sum_{i=1}^{n}(y_i - \hat{y}_i)^2$$

통계적 추론을 위해 선형 회귀 분석에서는 잔차의 확률 분포에 대해 몇 가지를 가정한다. 잔차의 등분산성과 정규성을 갖는다는 가정이다. 이는 잔차가 모두 같은 분산을 갖는 정규 분포를 따른다는 것을 의미한다. 물론, 기본적으로는 종속 변수와 독립 변수의 선형성에 대한 가정과 확인이 전제되어야 한다.

이렇게 잔차의 제곱합을 최소화하는 Y 절편과 기울기를 찾는 방법을 최소제곱법(Least Squares Estimation)이라 한다. 앞의 식에서 예측한 Y는 다시 두 미지수가 포함된 X에 대한 식으로 치환할 수 있으며, 그 값이 최소가 되는 두 미지수를 찾기 위해서는 이 식을 각 미지수로 적분을 한 값이 0이 되면 된다. 그렇게 되면 미지수가 두 개이고, 식도 두 개인 방정식을 푸는 문제가 되어 다음과 같은 식을 통해 구할 수 있다.

$$b_1 = \frac{s_{xy}}{s^2_x} = \frac{\sum(x_i - \bar{x})(y_i - \bar{y})}{\sum(x_i - \bar{x})^2}$$

$$b_0 = \bar{y} - b_1\bar{x}$$

선형 회귀 분석을 하는 과정에서 우리는 앞의 식을 직접 계산하지는 않는다. 그저 선형 회귀 분석의 결과로 나온 기울기와 절편만 해석하면 된다. 그렇지만 앞에서 설명한 과정을 이해하는 것은 해석하는 데 많은 도움을 준다.

7.3 선형 회귀 분석의 주요 개념

지금까지는 하나의 종속 변수와 하나의 독립 변수인 경우를 바탕으로 직선을 구하는 방법을 살펴보았다. 하지만 실제로 분석할 때는 독립 변수가 여러 개 주어진다. 이때에도 선형 회귀 분석을 할 수 있으며, 이것을 다중 선형 회귀 분석이라 한다. 선형 회귀 분석은 독립 변수가 종속 변수에 어떤 효과를 주는지를 모형화하는 데 사용하고 특히, 어떤 변수가 변화할 때 다른 변수들도 그 변화량에 각 기울기를 곱한 만큼 변화하는 것을 가정한다. 여러 개의 독립 변수에 대해서도 이러한 해석은 마찬가지이며, 다음과 같은 식처럼 모형을 통해 각 Y를 예측한다.

$$y = b_0 + b_1 x_1 + b_2 x_2 + ... + b_p x_p$$

다중 선형 회귀 분석의 해석은 기본적으로 독립 변수가 한 개인 선형 회귀 분석과 동일하지만 독립 변수 간의 다중공선성(multicollinearity)이 있는지를 주의해야 한다. 즉, 독립 변수와 종속 변수의 관계가 주요 관심사인데, 독립 변수끼리 직선적 관계가 크다면 원래 목적인 독립 변수와 종속 변수 관계를 왜곡시킬 수 있다.

이처럼 데이터에 적합한 선형 회귀모형인 직선을 찾았다면 과연 이 모형이 데이터를 얼마나 잘 설명하고 있는지에 대한 검정이 필요하다. 이러한 모형에 대한 검정은 크게, 모형 자체에 대한 검정과 변수 X가 갖는 계수에 대한 검정으로 나누어 볼 수 있다.

우선 각 독립 변수 앞에 붙는 기울기를 살펴보자. 이 기울기는 회귀계수라고 부르게 되는데, 회귀계수의 의미는 해당 변수 X가 변수 Y와 갖는 직선적 관계이다. 즉, 분석하기 전에는 변수 X와 Y의 관계는 밝혀지지 않았음을 의미하고 이를 회귀계수=0으로 표현한다. 그 회귀계수에 해당하는 독립 변수는 종속 변수와 관계가 없다고 해석할 수 있다.

분석 후 계산된 회귀계수에 대해서는 변수 X와 Y의 관계가 있음을 의미한다. 지금까지의 지식은 회귀계수=0이었는데, 분석을 통해서 얻은 새로운 지식은 회귀계수≠0가 된다. 앞서 살펴본 통계적 가설 검정의 틀을 그대로 사용해보자. 기존 지식인 회귀계수=0을 귀무 가설로 고려하고, 우리가 계산한 회귀계수≠0는 대립 가설로 고려한다. 그리고 다음의 통계량을 통해 각 독립 변수의 회귀계수(기울기)에 대한 가설을 검정한다.

$$t = \frac{\hat{b}}{s.e.(\hat{b})}$$

앞의 통계량이 검정에 사용되니 검정 통계량이라 부르자. 검정 통계량으로 우리는 유의 확률인 p값을 구해서 가설 검정을 할 수 있다. 유의 확률이 주어진 유의 수준(일반적으로 5%)보다 작은 경우 귀무 가설을 기각하고, 분석을 통해 계산된 0이 아닌 회귀계수가 유의하다고 해석한다. 이때 회귀계수의 크기는 독립 변수가 종속 변수에 미치는 영향의 크기를 나타낸다.

선형 회귀 분석에 대한 검정의 또 다른 방향은 바로 모형 자체에 대한 검정이다. 이때 우리는 결정계수(R^2)를 사용하며, 결정계수 계산에 사용되는 개념을 다음처럼 정리하였다.

- **전체제곱합**(SST): 실제 종속 변수와 예측한 독립 변수의 차이를 제곱하여 더함, 회귀제곱합과 잔차제곱합으로 나눌 수 있다.
- **회귀제곱합**(SSR): 예측한 각 종속 변수에서 예측한 종속 변수의 평균을 뺀 값을 제곱
- **잔차제곱합**(SSE): 실제 각 종속 변수에서 예측한 종속 변수의 평균을 뺀 값을 제곱

선형 회귀모형은 X와 Y의 복잡한 관계를 어느 정도 직선식의 모양으로 단순화시킨다. 그러다 보니 선형 회귀모형을 수립하면 실제 Y와 모형으로 예측한 Y의 차이가 Y개만큼 발생하는데, 여기서 발생하는 차이 값들을 요약한 것이 SST가 된다. 그리고 이 값은 독립 변수인 X에 의해 발생하는 부분과 그외의 부분으로 구분할 수 있다.

예측한 각 Y에서 예측한 Y의 평균을 뺀 부분을 회귀제곱합이라 하여 독립 변수에 의해 설명되는 부분으로 고려한다. 즉, 별다른 모형 없이도 우리는 Y의 평균을 기대할 수 있는데, 예측한 Y와 예측한 Y의 평균 차이가 변수 X에 의해 설명되는 것으로 본 셈이다.

그리고 예측한 Y의 평균에서 실제 각 Y를 뺀 값의 제곱합을 모형에 의해 설명되지만, 독립 변수로는 설명되지 않는 부분을 잔차제곱합이라 한다.

그렇다면 모형을 수립했을 때 좋은 모형이라 부르는 경우는 모형을 통해 선택한 변수 X가 변수 Y를 잘 설명하는 것이다. 앞서 살펴본 SST, SSR, SSE 값을 이용하여 모형이 데이터를 얼마나 잘 설명하는지를 구할 수 있는데, 이 값이 결정계수가 된다. 결정계수는 회귀제곱합/전체제곱합으로 구한 값으로, 이 값이 1에 가까울수록 회귀모형이 데이터를 잘 설명한다고 이해할 수 있다.

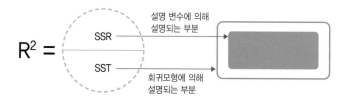

이제 다음의 실습을 통해 회귀 분석을 이해해보자. 우선, 변수 x와 y를 가지는 데이터를 만들고 두 변수의 직선식 관계를 찾아보고자 한다. 이 예에서 x는 일주일 동안 공부한 시간을, y는 성적을 나타낸다. 학생 10명의 공부 시간과 성적에 대한 데이터는 다음과 같다.

```
>>> import numpy as np
>>> data = np.array([[100, 30 ],
>>>     [80, 20],
>>>     [90, 26],
>>>     [50, 15],
>>>     [70, 20],
>>>     [80, 22],
>>>     [75, 23],
>>>     [60, 15],
>>>     [100, 35],
>>>     [20, 2]])
>>> x = data[:,1].reshape(-1, 1)     # x의 열이 한 개일 경우, 열 개수 정보를 추가
>>> y = data[:,0]
>>> print(data)
array([[100,  30],
       [ 80,  20],
       [ 90,  26],
       [ 50,  15],
       [ 70,  20],
       [ 80,  22],
       [ 75,  23],
       [ 60,  15],
       [100,  35],
       [ 20,   2]])
```

x와 y가 직선적 관계인지 알아보기 위해 플롯을 그려보자.

```
>>> %matplotlib inline
>>> from matplotlib import pyplot as plt
>>> plt.scatter(x, y)
>>> plt.xlabel("study")
```

```
>>> plt.ylabel("score")
>>> plt.show()
```

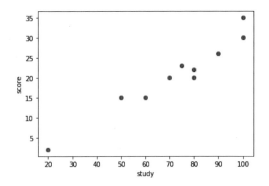

그리고 이 데이터를 잘 나타내는 직선을 찾아보자. 이때 성적은 공부 시간에 영향을 받는다고 가정하자. 이때 공부 시간을 X 변수, 성적은 Y 변수가 된다. 그리고 이 둘의 관계를 직선식을 통해 설명하고자 한다.

```
>>> from sklearn import linear_model
>>> regr = linear_model.LinearRegression()
>>> regr.fit(x, y)
LinearRegression(copy_X=True, fit_intercept=True, n_jobs=None,
        normalize=False)
```

회귀모형에 대한 결과를 해석하려면 다음의 결괏값을 살펴봐야 한다.

```
>>> print(regr.coef_)
[2.6092233]
```

계수는 2.6092233으로 즉, 주당 공부 시간이 한 시간 늘 때마다 성적은 2.6점 정도 상승하는 것을 의미한다. 현재 자료의 y와 직선에 의해 계산된 y로 결정계수를 구해보자. 대략 0.94의 값이 나오니(1에 가까울수록 좋다) 주어진 데이터에 대해 위 직선식은 잘 작동하는 것을 볼 수 있다.

```
>>> from sklearn.metrics import r2_score
>>> y_pred = regr.predict(x)
>>> r2_score(y, y_pred)
0.9415099463643153
```

이제 구한 직선식을 플롯에 같이 표현해보자.

```
>>> plt.scatter(x, y, color='black')
>>> plt.plot(x, y_pred, color='blue', linewidth=3)
>>> plt.xlabel("study")
>>> plt.ylabel("score")
>>> plt.show()
```

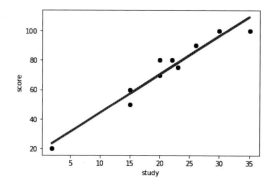

이와 같이 선형 회귀모형의 결과를 해석할 때는 각 변수 X가 변수 Y에 미치는 영향의 크기, 그리고 모형의 적합도에 대한 값을 먼저 확인하도록 하자.

7.4 모형의 예측과 오차의 측정

머신 러닝에서의 예측은 어떻게 이루어질까? 이 질문에 앞서, 다시 데이터를 생각해보자. 데이터는 지나간 사건이나 현상에 대한 기록이라고 했다. 그 어떤 최신 데이터도 '과거'에 대한 기록일 뿐이다. 즉, 데이터로 보이는 값은 현재의 실시간 이벤트가 아닌, 과거의 값인 셈이다. 그렇기 때문에 데이터 기반의 모형은 모두 과거의 기록을 바탕으로 만들어진 것이며, 과거의 기록을 바탕으로 추론하고 예측한다.

하지만 과거에서 비롯된 모형이 앞으로의 일을 잘 '추론'하고 '예측'하는 것은 어려운 일이다. 모형이 실제로 미래에도 잘 작동하는지를 알려면 미래 시점의 데이터가 필요하지만, 타임 머신이 없는한 구할 수가 없다! 결국 우리는 주어진 데이터를 활용해서 모형의 성능을 가늠해야 한다. 물론 미래의 데이터를 사용해서 진짜 성능을 파악하는 수준은 아니다 하더라도 어느 정도 모형의 성능을 가늠할 수 있을 것으로 기대할 뿐이다.

우선, 주어진 데이터를 두 덩어리로 나눈다. 하나는 모형을 수립하는 데이터셋, 다른 하나는 이렇게 수립한 모형이 얼마나 잘 작동하는지를 테스트하는 데이터셋이다.

▼ 그림 7-7 데이터 파티셔닝

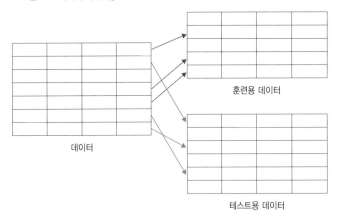

그림 7-7처럼 관건은 주어진 데이터에서 어떤 행은 훈련 데이터(training data)로, 다른 행은 테스트 데이터(testing data)로 분류하는 프로세스일 것이다. 만약 이 과정을 주어진 데이터에서 행의 순서대로 사용한다면 예상치 못한 문제를 초래할 수 있다. 그래서 주어진 데이터의 행을 무작위로 선택하여 훈련 데이터를 만든다. 이때 사용되는 통계학의 개념이 바로 샘플링(sampling)이며, 전체 데이터에서 표본을 추출하는 과정을 의미한다.

샘플링에는 구체적으로 여러 종류가 있는데, 주어진 데이터에서 무작위로 추출하는 것을 단순 무작위 추출(simple random sampling)이라 한다. 이때 무작위로 추출하되, 한 번 추출된 숫자를 또 추출할 수 있는지의 여부에 따라 복원 추출과 비복원 추출로 나눌 수 있다. 이외에도 다양한 추출 방식이 있다. 값을 추출할 때 그 값이 갖는 범주 값을 고려하여 범주별로 층에서 무작위로 추출하는 것을 층화 무작위 추출(stratified random sampling)이라고 하며, 이중에서도 각 층에서 동일한 크기로 추출하는 동일배분법과 각 층의 크기에 비례하여 표본을 배분하는 비례배분법 등이 있다.

전체 데이터를 훈련 데이터와 테스트 데이터로 나누려면 비복원 단순 무작위 추출을 통해 훈련 데이터에 포함될 행을 무작위로 선택해야 한다. 이때 선택되지 않은 나머지 행은 테스트 데이터로 사용된다. 이러한 과정을 데이터 파티셔닝(data partitioning)이라고 하며, 일반적으로 7:3이나 8:2의 비율로 훈련 데이터와 테스트 데이터를 나눈다. 훈련 데이터로 찾아낸 직선식에 테스트 데이터의 X를 대입하면 Y가 '예측'된다. 다행히 테스트 데이터에 정답인 Y가 이미 있다. 이제 예측한 Y와 정답 Y를 비교하면 우리는 모형이 얼마나 잘 작동하는지를 가늠할 수 있다.

7.5 회귀모형의 확장1: 포아송 회귀모형 소개

선형 회귀모형은 변수 Y가 수치인 경우에 사용된다. 엄밀하게 Y는 수치이면서 잔차의 분포는 등분산을 갖고, 잔차는 정규 분포를 따르는 것으로 가정한다. 심지어는 변수 X와 Y의 관계가 선형 관계여야 한다. 만약 변수 Y가 수치형 데이터이지만, 앞서 얘기된 조건을 만족하지 못하는 경우는 어떻게 될까? 선형 회귀 분석의 사용 조건을 만족하지 못하는 Y는 생각보다 많다. 예를 들어 0보다 큰 빈도를 갖는 Y를 생각해보자. 이때 Y를 빈도(count data)라 하는데, 이때 일반적인 선형 회귀모형을 사용하면 올바른 결과를 도출하기 어려울 것이다. 이 빈도에 대해서는 다른 종류의 회귀모형을 사용하는데 그게 바로 포아송 회귀모형(poisson regression)이다. 포아송 회귀모형은 X와 Y의 관계가 비선형인 경우, 특히 Y값이 이산적이며 0이나 1에 많이 쏠린(skewed) 경우에 사용된다. 이때 Y는 이분산(heteroskedasitc)하여 등분산성이라는 가정을 만족시키지 못한다. 일반적인 선형 회귀 분석에서는 Y의 예측값이 양수만 나오도록 하기는 어렵다.

포아송 회귀모형은 정규방정식(OLS, Ordinary Least Square)과는 다른 추정 방법을 사용하기에 로그 선형모형(loglinear model)이라고도 불린다. 이 모형에서는 변수 Y가 포아송 분포를 따르는 것을 가정하며 이때 종속 변수는 특정 지역, 개인에게서 특정 사건의 빈도에 대한 데이터이기 때문에 음수는 나오지 않는다. Y값의 분포가 그림 7-8과 같이 좌측으로 쏠려 있다면 포아송 회귀모형을 적용하는 것을 고려한다.

▼ 그림 7-8 사건 발생 횟수(count data)의 분포

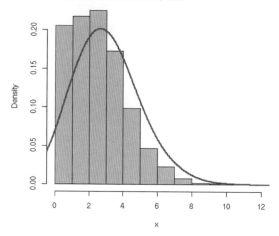

하지만 포아송 회귀모형도 역시 회귀모형이기 때문에 X와 Y의 관계를 식으로 나타내고자 한다. 이때 X와 Y의 관계가 비선형이기 때문에 직선식으로 나타내려면 X와 Y의 관계를 선형 관계로 변환해야 한다. 이런 경우 우리는 Y를 변환하는데, Y에 로그(log) 함수를 적용한다. $\log(Y)$는 X와 선형 관계를 갖게 되면서 직선식으로 나타낼 수 있다. 이때 Y에 적용하는 로그 함수를 연결(link) 함수라고 부른다. 이렇게 변형된 Y에 대해 X로 직선식을 구하면 다음과 같은 형태의 결과를 얻을 수 있다.

$$\log(y) = \alpha + \beta x$$

그럼 선형 회귀모형 직선식의 기울기와 포아송 회귀모형 직선식의 기울기는 어떻게 다를까? 다음의 포아송 회귀 모형을 예로 들어보자.

$$\log(y) = 0.2x_1 - 1.1x_2 - 0.4x_3 - 0.05x_4 + 0.05x_5 + 1$$

앞의 모형에 대해서 각 X의 값이 $(x1, x2, x3, x4, x5) = (1, 0, 0, 1, 0)$으로 주어졌다면 $\log(y)$의 값은 1.15로 예측된다. 실제 구하려는 값은 y기 때문에 $\log(y) = 1.15$의 양변에 지수를 적용한다. 지수를 적용하면 $\exp(\log(y))$는 y가 되어 좌변이 정리되고, 우변은 $\exp(1.15)$가 된다. 즉, 예측되는 y값은 $\exp(1.15) = 3.158$이 된다.

포아송 회귀모형의 모형 적합도는 편차(deviance)나 아카이케 정보 기준(AIC, Akaike Information Criteria)을 사용하고, 이 값들이 작을수록 모형은 좋다고 고려한다. 그리고 모형에 X가 한 개도 없을 때 구한 편차 값과 모형에 X를 넣어 구한 편차 값의 차이를 통해 X가 Y를 얼마나 잘 설명하는지를 살펴본다. 즉, 특정한 독립 변수를 포함한 모형의 편차와 포함하지 않은 모형의 편차를 비교한 후 p값으로 변수를 추가한 유의성을 볼 수 있다.

포아송 회귀모형은 Y의 과분포(overdispersion) 이슈가 있다. 즉, 포아송 분포는 평균과 분산이 같다는 특징이 있는데, 이 가정을 만족시키지 않고 Y의 분산이 평균보다 큰 경우에는 과분포가 발생한다. 이 경우 계수는 동일하게 계산된다 하더라도 표준편차가 변하여 검정 통계량 및 p값도 영향을 받으며, 계수에 대한 해석도 영향을 받을 수 있어 어렵게 구한 모형을 활용하지 못할 수도 있다. 이런 문제가 발생할 때는 포아송 분포의 조건을 일부 완화한 준포아송(quasi-poisson) 확률 분포를 사용하여 포아송 회귀모형을 만들기도 한다.

7.6 선형모형의 확장2: 로지스틱 회귀모형 소개

지금까지는 Y값이 수치인 회귀모형을 살펴보았다. 하지만 경우에 따라서는 종속 변수가 수치형이 아닌 범주형 자료일 수도 있다. 이런 Y에 대해서는 앞에서 살펴본 일반적인 선형 회귀 분석을 사용하면 안 되고, 만약 회귀 분석하여 결괏값이 나왔다 하더라도 잘못된 값이 된다. 즉, Y값이 범주인 것을 고려할 수 있는, 다른 종류의 선형모형을 사용할 필요가 있다.

종속 변수가 범주형 자료인 경우를 고려해보자. 이때 로지스틱 회귀모형(logistic regression)을 사용할 수 있는데 이때의 Y는 이산적인 값을 갖기에 이산형 변수(discrete variable)에 대해 직선식으로 모델링하는 것으로 이해할 수 있다. 로지스틱 회귀모형은 Y가 범주형이거나 이항(binary)이고, X는 범주형 또는 수치형인 경우에 사용된다. 이러한 Y의 예로는 YES/NO, 1/0, Acceptable/Not acceptable, 발생/미발생 등이 있다. 참고로 경우에 따라서는 범주에 순서가 있으면서 범주가 두 개 이상일 수도 있다. 이 경우에는 다시 다른 종류의 로지스틱 회귀모형을 고려해야 한다.

일반적인 로지스틱 회귀모형은 다음과 같이 나타낼 수 있다.

$$logit(\,p\,) = \beta_1 x_1 + \beta_2 x_2 + ... + \beta_n x_n + \beta_0$$

이때 종속 변수의 역할을 하는 $logit(p)$는 다음과 같으며, 이것은 odds라는 비율에 로그 함수를 적용한 값이다. 이때 odds란 어떤 사건이 발생할 확률(p)을 발생하지 않을 확률($1-p$)로 나눠준 값을 의미한다.

$$logit(p) = \log \frac{p}{1-p}$$

이때 양변에 지수(exponential)를 취해주고 p를 좌변으로, 나머지를 우변으로 정리하면 다음 식이 나온다.

$$p = \frac{e^{logit(\,p\,)}}{1 + e^{logit(\,p\,)}}$$

이때 $logit(p)$ 부분에 앞에서 x 항으로 표현한 식을 대입하면 p는 다음과 같이 x 항과 계수에 의해 표현할 수 있다. 즉, x에 해당하는 데이터와 모형에서 추정된 계수들이 있다면 p값을 계산할 수 있는 셈이다!

$$p = \frac{e^{\beta_0 + \beta_1 \times x_1 + \beta_2 \times x_2 + \ldots + \beta_n \times x_n}}{1 + e^{\beta_0 + \beta_1 \times x_1 + \beta_2 \times x_2 + \ldots + \beta_n \times x_n}}$$

그렇다면 로지스틱 회귀모형에서 독립 변수인 X의 계수들은 어떻게 추정할 수 있을까? 잔차들의 정규성과 등분산성을 가정하는 선형 회귀모형처럼 원래 Y값과 예측한 Y값의 차이를 통해 계산된 잔차제곱합(Sum of Squared Errors)를 최소화하는 계수 추정 방법은 적절하지 않다(Y는 범주이기 때문에 뺄셈이 안 된다). 결론부터 얘기하면 로지스틱 회귀모형은 최대 우도 추정(maximum likelihood estimation)이라는 새로운 방법을 통해 계수를 추정하는데, 이 추정된 계수는 예측한 Y를 실제 Y와 최대한 같게 만든다. 이 추정 과정은 반복적인 시행착오(trial and error)로 진행되며, 계산된 계수는 지수의 계수 승만큼 Y에 영향을 준다고 해석할 수 있다.

이러한 로지스틱 회귀모형의 적합도(goodness of fit)는 편차 값을 통해서 살펴볼 수 있다. 즉, 모형의 편차가 작을수록 모형의 적합이 좋다고 볼 수 있다. 주로 특정 독립 변수를 포함한 모형의 편차와 포함하지 않은 모형의 편차를 비교하여, 각 경우 p값을 비교하여 변수 추가의 유의성을 보기도 한다. 즉, 주어진 영모형에서의 편차(null deviance)와 잔차의 편차(residual deviance)를 비교하고 이 차이를 다른 모형의 편차 차이와 비교하여 작은 쪽이 좋은 모형이 된다. 그러나 무작정 독립 변수를 계속 추가하면 편차는 작아지는 성질이 있으므로 주의가 필요하다.

7.6.1 분류모형의 평가

지금까지 살펴본 로지스틱 회귀모형은 이항 성격의 범주인 Y에 대해 학습하고 예측하기 때문에 분류모형(classification)으로 부른다. 분류모형은 모형에 대한 적합도 외에 정분류율/오분류율 등을 이용해서 모형을 평가할 수 있다. 원래 종속 변수가 Y와 N이라는 범주(코드에서는 1과 0)를 갖는다면 정분류율은 Y를 Y로, N을 N으로 분류한 비율을 의미한다. 참고로 오분류율은 Y를 N으로, N을 Y로 분류(예측)한 비율이다. 이러한 접근 방식은 모든 분류모형에 일반적으로 활용되니 잘 참고하기 바란다.

우선, 분류모형이 특히, 두 개의 범주를 갖는 경우에는 표 7-1에서 다루는 네 가지 경우(실제 Y를 Y로 예측한 경우, 실제 Y를 N으로 예측한 경우, 실제 N을 Y로 예측한 경우, 실제 N을 N으로 예측한 경우)만 가능하다.

▼ 표 7-1 혼동행렬

	실제 Y	실제 N
예측 Y	True Positive(TP)	False Positive(FP)
예측 N	False Negative(FN)	True Negative(TN)

표 7-1에서 Y를 Y로 예측하거나 N을 N으로 예측한 것은 잘 맞춘 경우이다. 직관적으로 예측한 결과 중에 각각 몇 개나 맞혔는지를 알면 결과에 대한 이해가 더 쉬울 것이다. 예측은 Y와 N으로 했으니, 각 경우 몇 개나 맞혔는지를 정리한 위의 표를 혼동행렬(confusion matrix)이라 한다.

앞의 결과는 전체 예측 결과 중에서 각 경우에 대한 빈도를 정리한 것이고 이외의 상황은 나올 수가 없다. 전체 예측 결과의 개수를 N이라고 한다면 $N=TP+FP+FN+TN$이 성립한다. Y를 예측하면 Positive를, N을 예측하면 Negativie를 붙이고, 예측 결과가 맞았다면 True, 아니면 False를 앞에 붙여준다.

예를 들어 대출을 갚는 경우를 생각해보자. Y는 대출을 갚는 경우, N은 그렇지 못한 경우이다. 은행 입장에서는 N으로 예측해도 실제로 Y인 경우가 좋겠지만, 모형의 입장에서는 그렇지 않다. 모형의 경우 Y를 Y로, N을 N으로 예측하고 실제 결과도 그렇게 나온 것이 일을 잘한 셈이다. 그렇기 때문에 전체 N개 중에서 $TP+TN$이 많을수록 모형의 성능은 좋은 것이다. 이런 방법으로 모형의 성능에 대한 몇 가지 측정 방법이 있는데, 다음 표 7-2에 정리하였다.

▼ 표 7-2 다양한 분류 성능 지표

메트릭(metric)	계산식	설명
정분류율(accuracy)	(TP+TN)/N	전체 결과 중 맞게 분류한 비율이다.
오분류율(error rate)	(FP+FN)/N	전체 결과 중 잘못 분류한 비율이다.
정확도(precision)[1]	TP/(TP+FP)	Y로 예측한 것 중 실제로 Y인 비율이다.
민감도(sensitivity, recall)	TP/(TP+FN)	실제 Y를 Y로 예측한 비율이다.
특이도(specificity)	TN/(FP+TN)	실제 N을 N으로 예측한 비율이다.
FP Rate(False Alarm Rate)	FP/(FP+TN)	Y가 아닌데 Y로 예측한 비율로, 1-특이도와 같다.

일반적으로 정분류율을 많이 사용하며, 이 값이 높을수록 모형은 더 잘 예측한다. 물론, 그중에서도 Y값에 더 관심을 갖는 경우가 있는데, 그때에는 정확도도 같이 살펴보는 것이 좋다. 정확도는 사건 발생의 예측 중에서 얼마나 실제로 맞혔는지를 보는 지표이다.

---

1 Precision은 정보 검색 분야에서는 '정밀도'로도 사용된다.

7.7 파이썬 실습

1. CSV 파일을 읽고 파티셔닝해보기

```
>>> import numpy as np
>>> import pandas as pd
>>> from sklearn import linear_model
>>> from sklearn import model_selection
>>> from sklearn import metrics
>>> from sklearn import preprocessing
>>> from matplotlib import pyplot as plt


# adv.csv 파일은 매체별 비용과 매출액에 대한 데이터다


# 데이터 읽기
>>> df_adv = pd.read_csv('c:/adv.csv', index_col=0)
>>> print(df_adv.shape)
(200, 4)


# 플롯 그리기
>>> plt.scatter(df_adv.TV, df_adv.sales)
>>> plt.title('Scatter Plot')
>>> plt.xlabel('TV')
>>> plt.ylabel('sales')
>>> plt.show()
```

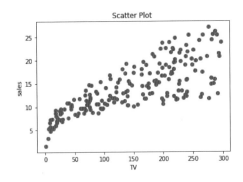

```
# 파티셔닝하기
>>> X = df_adv.loc[:, ['TV']]
>>> Y = df_adv['sales']
>>> print(X.shape)
(200, 1)
```

```
>>> X_train, X_test, Y_train, Y_test = model_selection.train_test_split(X, Y, test_
size=0.3, random_state=42)
```

2. 위의 X_train과 Y_train으로 선형 회귀모형 만들기

```
>>> regr = linear_model.LinearRegression()
>>> regr.fit(X_train, Y_train)
>>> regr.score(X_train, Y_train)    # R^2
0.5736021199591975
```

```
>>> regr.coef_
array([0.0464078])
```

3. 위의 모형에 X_test로 예측값 계산하고 실제 Y_test와 비교해 MSE를 구하고 결과 그리기

```
>>> Y_pred = regr.predict(X_test)
>>> np.mean((Y_pred - Y_test) ** 2)    # MSE
8.970991242413616
```

```
>>> plt.scatter(X_test, Y_test, color='black')
>>> plt.plot(X_test, Y_pred, color='blue', linewidth=3)
>>> plt.xlabel("TV")
>>> plt.ylabel("sales")
>>> plt.show()
```

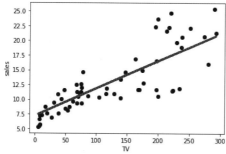

4. 다음 데이터를 파티셔닝한 후 로지스틱 회귀모형을 피팅하기

```
>>> df_credit = pd.read_csv('c:/creditset.csv', index_col=0)
>>> print(df_credit.shape)
(2000, 5)
```

```
# 파티셔닝하기
>>> X = df_credit.loc[:, ['income', 'age', 'loan']]
>>> Y = df_credit['default10yr']
>>> print(X.shape)
```

```
(2000, 3)

>>> X_train, X_test, Y_train, Y_test = model_selection.train_test_split(X, Y, test_
size=0.3, random_state=42)

>>> model = linear_model.LogisticRegression()
>>> model.fit(X, Y)
>>> model.coef_
array([[-5.76078935e-05, -1.34998242e-01,  8.94164645e-04]])
```

5. Test 데이터로 모형의 성능 중 정분류율 구하기

```
>>> Y_pred = model.predict(X_test)
>>> Y_pred2 = [0 if x < 0.5 else 1 for x in Y_pred]
>>> Y_pred3 = Y_pred2 == Y_test
>>> np.mean(Y_pred3 == Y_test)
>>> from sklearn.metrics import classification_report, confusion_matrix
>>> confusion_matrix(Y_test, Y_pred3)
array([[ 12, 496],
       [ 43,  49]], dtype=int64)

>>> classification_report(Y_test, Y_pred3)
'              precision  recall  f1-score  support\n\n         0      0.22
0.02    0.04     508\n         1      0.09    0.53    0.15       92\n\n
accuracy                       0.10     600\n  macro avg      0.15     0.28
0.10     600\nweighted avg     0.20    0.10    0.06      600\n'
```

7.8 R 실습

1. 데이터 읽기 및 파티셔닝하기

```
>>> df_adv = read.csv("C:/adv.csv")     # adv.csv 파일 읽기
>>> dim(df_adv)
[1] 200    5

# 플롯 그리기
>>> plot(df_adv$TV, df_adv$sales)
```

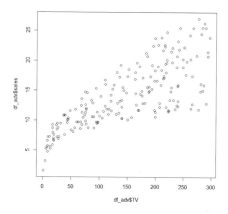

```
# 파티셔닝하기
>>> idx = sample(1:nrow(df_adv), 0.7*nrow(df_adv))
>>> train = df_adv[ idx, ]
>>> test = df_adv[-idx, ]
```

2. 위의 X_train과 Y_train으로 선형 회귀모형 만들기

```
>>> model = lm(sales~TV, data=train)
>>> summary(model)
Call:
lm(formula = sales ~ TV, data = train)

Residuals:
    Min      1Q  Median      3Q     Max
-8.3138 -1.9024 -0.1591  2.0736  7.2839

Coefficients:
            Estimate Std. Error t value Pr(>|t|)
(Intercept) 6.962685   0.548144   12.70   <2e-16 ***
TV          0.047528   0.003222   14.75   <2e-16 ***
---
Signif. codes:  0 '***' 0.001 '**' 0.01 '*' 0.05 '.' 0.1 ' ' 1

Residual standard error: 3.294 on 138 degrees of freedom
Multiple R-squared:  0.6119,    Adjusted R-squared:  0.6091
F-statistic: 217.6 on 1 and 138 DF,  p-value: < 2.2e-16
```

3. 위의 모형에 X_test로 예측값 계산하고 실제 Y_test와 비교해 MSE를 구하기

```
>>> Y_pred = predict(model, test)
>>> mean((Y_pred-test$sales) ** 2)     # MSE
10.10929
```

4. 다음 데이터를 파티셔닝한 후 로지스틱 회귀모형 피팅하기

```
>>> df_credit = read.csv("C:/creditset.csv")    # creditset.csv 파일 읽기
>>> dim(df_credit)
[1] 2000    6


# 파티셔닝하기
>>> idx = sample(1:nrow(df_credit), 0.7*nrow(df_credit))
>>> train = df_credit[ idx, ]
>>> test = df_credit[-idx, ]

>>> model = glm( default10yr~income+age+loan, family="binomial", data=train)
>>> summary(model)
Call:
glm(formula = default10yr ~ income + age + loan, family = "binomial",
    data = train)

Deviance Residuals:
      Min        1Q    Median        3Q       Max
  -2.21267  -0.07319  -0.00783  -0.00031   2.77476

Coefficients:
              Estimate Std. Error z value Pr(>|z|)
(Intercept)  1.033e+01  1.029e+00  10.047   <2e-16 ***
income      -2.554e-04  2.581e-05  -9.896   <2e-16 ***
age         -3.579e-01  3.208e-02 -11.157   <2e-16 ***
loan         1.787e-03  1.623e-04  11.012   <2e-16 ***
---
Signif. codes:  0 '***' 0.001 '**' 0.01 '*' 0.05 '.' 0.1 ' ' 1

(Dispersion parameter for binomial family taken to be 1)

    Null deviance: 1148.33  on 1399  degrees of freedom
Residual deviance:  304.31  on 1396  degrees of freedom
AIC: 312.31

Number of Fisher Scoring iterations: 9
```

5. Test 데이터로 모형의 성능 중 정분류율 구하기

```
>>> Y_pred = predict(model, test)
>>> mean((Y_pred >0.5) == test$default10yr)
[1] 0.9416667
```

7.9 핵심 요약

1. 지도 학습(supervised learning)

- 관심 대상이 되는 변수 Y값을 예측하는 기법이다.

- Y값을 예측하거나 Y가 갖는 범주를 예측할 수 있다.

- **예** 회귀(regression)와 분류(classification)

2. 선형 회귀(linear regression) 분석

- 주어진 X로 Y를 예측하는 수학적 모형을 발견하는 분석이다.

- X는 독립 변수, Y는 종속 변수라 지칭한다.

- 선형 회귀 분석은 X와 Y 사이의 직선식을 발견하며, 직선식은 X의 계수와 Y 절편을 통해 구할 수 있다.

3. 선형 회귀 분석의 해석

- 선형 회귀 분석 결과 중 결정계수(R^2)는 모형에 포함된 변수 X가 자료를 얼마나 잘 설명하는지를 알려주며 0~1 사이의 값을 갖는다.

- 결과 중 각 변수 X에 대한 추정된 계수(estimated coefficient)는 각 X 변수가 Y에 어떤 연관이 있는지를 제시한다.

- 계수는 X가 1단위 증가할 때 Y가 얼마나 변하는지를 알려주는 기울기이다.

- 추정된 계수는 p값을 통해 계수가 유의한지를 알 수 있다.

- 일반적으로 p값이 5%보다 작으면 추정된 계수가 통계적으로 유의하다고 해석한다.

4. 선형 회귀 분석을 통한 예측

- 추정한 모형에 예측하려는 X를 넣어서 Y를 예측한다.

- 예를 들어 X 변수 하나가 포함된 추정 모형이 $Y = 5 \times X + 10$이고, 예측하려는 X가 10이면 예측값 $Y = 5 \times 10 + 10$이어서 60으로 계산된다.

- 예측한 Y와 실제 Y의 차이는 오차이다.

- 예측한 값들이 갖는 오차 값의 제곱의 평균은 평균오차제곱(MSE, Mean Squared Error)이다.

5. 분류모형(classification)

- 범주형 Y 변수에 대해 모형화하는 것이다.

- Y가 갖는 범주를 예측할 수 있다.

- Y 변수가 사고의 발생/미발생, Yes/No와 같은 이항 분포를 따르는 경우에 적용할 수 있다.

6. 로지스틱 회귀(logistic regression) 분석

- 주어진 X로 Y의 범주를 예측하는 분석이다.

- X는 독립 변수, Y는 종속 변수라고 지칭한다.

- 로지스틱 회귀 분석을 통해 X가 Y의 발생에 미치는 관계를 추론할 수 있다.

- 다음 식으로 표현한다.

$$log\,it(\,p\,) = \beta_1 x_1 + \beta_2 x_2 + ... + \beta_n x_n + \beta_0$$

- 이때 $logit(p)$에서 p는 대상 사건이 발생할 확률이며 아래 식으로 표현한다.

$$log\,it(\,p\,) = log\frac{p}{1-p}$$

7. 분류모형의 평가

- 혼동행렬(confusion matrix)을 통해 평가한다.

	실제 Y	실제 Y
예측 Y	True Positive(TP)	False Positive(FP)
예측 Y	False Negative(FN)	True Negative(TN)

- 정분류율은 전체 예측 결과 중 맞게 분류한 비율이다.

- 오분류율은 전체 예측 결과 중 잘못 분류한 비율이다.

- 이외에도 민감도, 특이도 등의 지표가 있다.

9. 로지스틱 회귀 분석 실습

- sklearn 모듈의 linear_model이나 statmodels.api를 사용하거나, scipy의 모듈에서 함수를 제공한다.

- sklearn의 경우 다음과 같이 실행한다.

```
logit = linear_model.LogisticRegression()
logit.fit(X_train, Y_train)
```

- statmodels를 사용할 경우 Logit 함수를 사용하며 결과에 p값을 해석할 수 있다. 다음과 같이 실행한다.

```
est = sm.Logit(Y_train, X)
```

8^장

**머신 러닝, 딥러닝
그리고 AI**

이번 장에서는 머신러닝과 딥러닝의 뜻을 이해하고, 앞서 살펴본 선형 회귀 분석과는 어떤 면에서 다른지를 보고자 한다. 특히, 데이터 분석의 새로운 접근법인 딥러닝의 원리와 함께 응용 분야를 소개하고 파이썬으로 직접 실습한다.

8.1 데이터 분석에서 머신 러닝의 부상

최근에 관심을 많이 받고, 심지어는 만병통치약으로 여겨지는 '머신 러닝'을 살펴보자. 머신 러닝 (machine learning)이란 기계적인 알고리즘을 바탕으로 데이터를 분석하는 기법을 총칭한다. 사실 데이터를 분석하는 방법은 다양하지만, 그중에서도 최근 괄목할 정도로 발전하는 컴퓨팅 성능을 십분 활용하는 머신 러닝이 주목을 많이 받고 있다. 머신 러닝이 데이터 분석을 대표하는 용어로 많이 사용되지만 이 용어는 원래 데이터를 분석하는 알고리즘을 의미한다.

이러한 머신 러닝이라는 용어는 1950~60년대부터 사용되기 시작하였으며 그 이후의 시기를 거쳐 발전했다. 그렇다면 머신 러닝 이전, 그리고 머신 러닝이 막 발전하기 시작한 시기에는 데이터 분석을 할 수 없었을까? 당연히 그렇지 않다. 그 기간 동안에는 앞에서 본 수학적인 개념을 바탕으로, 우리가 '통계적 방법론'이라고 불리는 통계학에서 잘 정립된 모형을 활용해서 데이터를 분석해왔다. 사실, 머신 러닝도 이러한 통계적인 방법을 활용하여 발전해 왔다. 이제는 데이터 분석 방법에 있어, 기존보다 선택의 여지가 많아졌으며, 이로 인해 우리는 데이터로부터 새로운 의미를 더 잘 찾아낼 수 있게 되었다. 이와 함께 컴퓨팅 기술이 비약적으로 발전하여 대용량 데이터를 분석하는 다양한 머신 러닝 알고리즘이 고안되고 있다.

▼ 그림 8-1 데이터 분석을 위한 머신 러닝 알고리즘

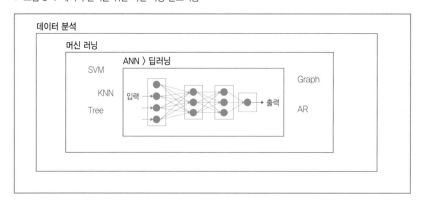

머신 러닝에서 머신은 컴퓨터를 의미하고, 러닝은 주어진 데이터를 분석하는 과정을 의미한다. 컴퓨터가 스스로 학습(러닝)할 수 있지만, 현재로서는 사람이 정해준 방법으로 분석한다는 점에 주목해야 한다. 즉, 사람이 데이터를 분석하는 알고리즘을 고안하고, 그 알고리즘을 다방면에 걸쳐 검토한다. 그리고 나서 알고리즘이 데이터에 적용되는 셈이다. 흥미롭게도 같은 데이터라 하더라도 어떤 목적으로, 어떤 알고리즘을 만드느냐에 따라 결과가 다르게 나올 수 있다.

대표적인 분류모형인 결정 트리(decision tree)는 1980~1990년대에 걸쳐 다양한 분야에서 많이 활용되었으며 여전히 잘 사용된다. 1990년대 중반에는 서포트 벡터 머신(Support Vector Machine, SVM)[1] 모형이 많이 사용되기도 하였으며, 통계학과 머신 러닝의 경계가 불분명해지며, 통계학의 오래된 모형인 로지스틱 회귀도 2001년 이후로 많이 사용되고 있다. 특히, 머신 러닝의 한 갈래인 인공 신경망은 1957년의 퍼셉트론(perception model)을 기원으로 하여 인간 두뇌의 뉴런을 모사한 모형인 신경망(neural network)으로 확장되었고 1980년대부터 많은 관심을 받기 시작했다.

▼ 그림 8-2 머신 러닝 모형의 발달사

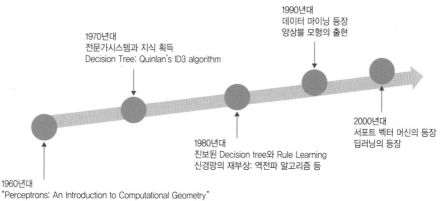

여기서 잠깐 데이터 분석의 두 가지 목적인 예측(prediction)과 추론(inference)을 생각해보자. 추론은 Y에 X가 어떤 영향을 주었는지를 설명하는 것이고 예측은 X를 사용해서 Y를 예측하는 것이다. 기존에는 추론에 강한 방법이 많이 활용되었다. 의사 결정에 활용할 수 있으며, 통계학적인 근거가 있고 결과를 설명할 수 있다는 점에서 추론을 잘하는 기법은 굉장히 매력적이다. 우리가 살펴본 선형 회귀 분석이 그 대표적인 예이다.

머신 러닝의 모형들은 예측력이 좋지만 설명력이 떨어지는 성향이 있어서 흔히 블랙 박스(black box) 모형이라 부른다. 결과가 왜 그렇게 잘 나왔는지를 설명하기 어려울 때가 있기 때문이다. 물

---

1 서포트 벡터 머신은 분류에 활용되는 지도 학습 머신 러닝 모형을 의미한다.

론 설명한다 하더라도 선형 회귀 분석만큼 잘 설명하지는 못한다. 이렇듯 머신 러닝 스타일의 기법은 추론보다는 예측을 더 잘하는 편이며, 이러한 머신 러닝의 부상과 함께 예측력이 더 많이 개선되고, 이에 대한 선호도도 높아지고 있다. 그러다 보니 그림 8-3에서 볼 수 있는 것처럼, 머신 러닝 모형들의 등장과 확산으로 추론에서 예측으로 무게 중심이 이동하는 경향이 있다. 그렇다고 추론이 중요하지 않다는 것이 아니다. 즉, 추론은 여전히 데이터 분석에서 중요한 한 축이고, 그동안 상대적으로 약했던 예측력이 머신 러닝의 발전으로 인해 개선되는 것으로 이해할 수 있다.

▼ 그림 8-3 데이터 분석 패러다임의 변화

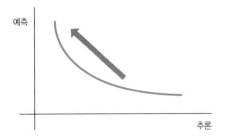

흥미롭게도 이러한 블랙 박스 모형이 부각될수록 재료가 되는 데이터에 대한 중요성이 더 커지고 있다. 만약 우리가 관심을 갖는 어떤 분야의 데이터를 수집하고 관리할 수 있다면 머신 러닝을 통해 원하는 값을 예측할 수 있다. 물론 이 경우, 설명은 일정 부분 포기해야 한다. X를 통해 Y가 설명되는 것보다 주어진 X를 갖고 Y를 최선으로 예측한다. 결국 더 많은, 더 다양한 데이터를 이용하면 예측을 개선할 수 있다.

그래서 데이터의 수집과 함께, 데이터를 효과적으로 활용하기 위해 수집된 데이터에 대한 체계적인 관리(예를 들어 변수의 값은 일관성 있게 들어가 있는지, 변수명은 적절하게 부여되었는지, 각 변수에 대한 설명으로 변수의 성격을 이해할 수 있는지 등)가 중요해지고 있다. 머신 러닝과 같은 데이터 분석 기법을 이해하는 것과 함께 그 재료인 데이터의 생성부터 관리, 유통, 분석, 활용에 이르는 데이터 큐레이션에 대한 관심이 커지고 있다. 이러한 현상은 딥러닝으로 흔히 얘기되는 데이터 기반의 AI에서 더 잘 나타나고 있다. 딥러닝은 이미 알려져 있는 알고리즘이지만, 딥러닝을 어느 데이터에 적용하는지에 따라 활용 정도는 달라진다. 블랙 박스에 어떤 데이터를 넣어 결과를 활용하는지가 중요해지는 셈이다.

이러한 머신 러닝은 크게 두 가지 유형으로 나눌 수 있다. 앞서 우리가 변수 Y로 지칭했던 종속 변수를 중심으로 보면 머신 러닝의 문제는 크게 Y를 예측하거나 그렇지 않은 것으로 나누어 볼 수 있다. 전자는 지도 학습, 후자는 비지도 학습이다. 지도 학습의 경우에는 Y를 수치로 예측하거나(회귀) 그 범주를 예측하는(분류) 기법 등이 있는데, 앞서 살펴본 선형 회귀 분석이나 로지스틱 회귀 분석이 대표적인 예이다. 반면에 Y를 고려하지 않는 분석은 데이터로부터 패턴이나 군집 등을 발견하는 방식의 기법 등을 의미한다. 다음 그림 8-4는 머신 러닝의 대표적인 지도 학습과 비지도 학습의 구성을 보여준다.

▼ 그림 8-4 지도 학습과 비지도 학습

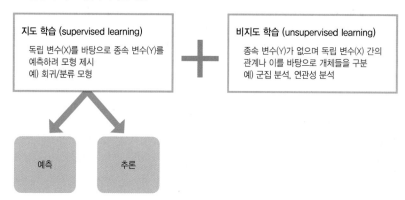

지도 학습은 목적에 따라 추론을 잘하는 기법과 예측을 잘하는 기법으로 나뉠 수 있다. 사실 통계학적 방법과 머신 러닝의 기법은 데이터 분석에 있어 방점을 두는 부분이 미묘하게 다르다. 통계학적 방법은 데이터 분석을 통한 추론을 강조한다. 추론이 우수한 기법은 예측이 떨어질 수 있는 반면 예측이 우수한 기법은 추론이 약해지는 셈이다.

추론 관점의 데이터 분석에서는 왜 이런 분석 결과가 나왔는지를 설명할 수 있으며, 이는 데이터 분석에 상당히 중요한 의의를 갖는다. 데이터 분석은 목적 지향적인 활동이어서 데이터 분석의 결과는 조직이나 기관이 의사 결정이나 다른 활동을 할 때 많은 영향을 미친다. 그 과정에서 통계적 기법이 데이터를 기반으로 현상을 설명하는 것은 의사 결정할 때 매우 큰 장점이 된다. 반면 통계적 기법은 노이즈가 많은 현실 데이터를 반영하여 설명하다 보니 통계적 가정과 딱 들어맞지 않는 경우가 생기기도 하고, 예측할 때 오차가 생각보다 크게 발생하기도 한다.

이러한 오차를 줄이기 위해 예측을 잘 할 수 있는 다른 데이터 분석 기법을 찾게 되는데, 그게 바로 머신 러닝이다. 머신 러닝은 결과를 도출하는 과정에서 왜 이런 결과가 나왔는지 이해하기 어려운 경우가 종종 발생한다. 예를 들면 그림 8-5는 딥러닝에 많이 활용되는 손글씨 숫자 인식에 사용되는 이미지이다. 딥러닝은 수만 개의 손글씨 숫자 이미지를 입력받으면 이미지의 숫자를 인식하고 분류한다.

▼ 그림 8-5 손글씨 숫자 인식 예시(출처: MNIST)

아무리 딥러닝의 성능이 좋다고 하더라도 이미지 데이터로부터 특정 숫자가 어떻게 분류되는지의 과정을 설명하기란 쉽지가 않다. 실제 딥러닝 모형을 살펴본다면 이러한 설명을 하는 시도가 일면 불가능해 보인다. 하지만 딥러닝 기법은 앞에 제시된 숫자의 사진만 보고도 어떤 숫자를 나타내고 있는지를 잘 분류한다. 예를 들어 간단한 딥러닝 기법을 앞 데이터셋에 테스트하면 숫자 이미지 1,000개 가운데 985개 이상을 어떤 숫자인지 잘 분류해낸다(혹은 더 많은 숫자를 잘 분류할 수 있다). 왜 이런 결과를 나왔는지 관심이 없다면 즉, 오로지 그 결과와 성능만이 중요하다면 딥러닝은 꽤 고무적인 기법이다.

이제 예측 중심의 모형 중에서도 딥러닝의 중요성과 활용도가 크게 증가하고 있다. 딥러닝은 2000년 중후반부터 큰 관심과 함께 계속 발전하고 있다. 딥러닝은 은닉층을 계산에 활용하는 방식에 따라 합성곱 신경망(convolutional neural network), 심층 신뢰 신경망(deep belief network), 순환 신경망(recurrent neural network) 등으로 나눌 수 있으며, 충분한 성능을 얻기 위해서는 대용량 계산의 처리가 가능해야 하므로 GPU 또는 클라우드 컴퓨팅 환경의 사용이 필요하다. 예를 들어 ILSVRS(ImageNet Large Scale Visual Recognition Challenge) 대회[2]에서는 2012년 이후 딥러닝 기반의 모형이 항상 선두를 달리고 있다.

▼ 그림 8-6 ILSVRS 홈페이지

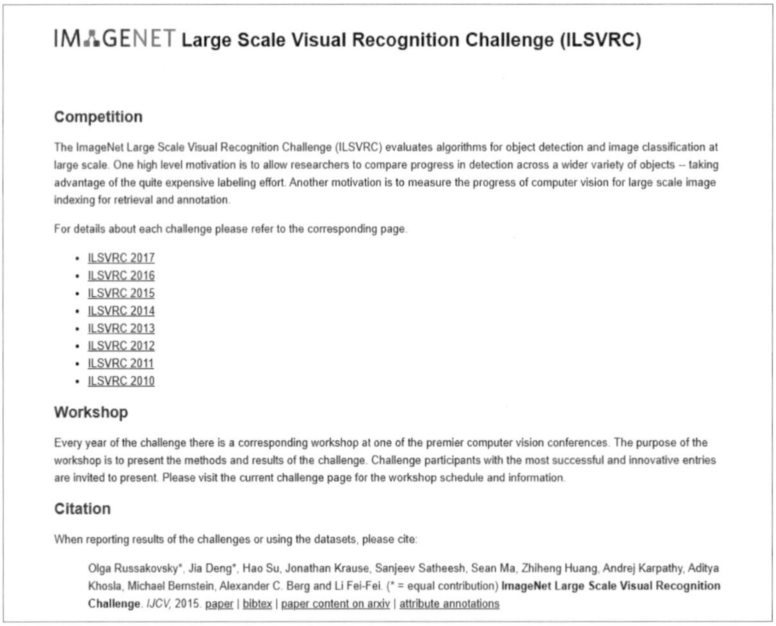

IM**A**GENET **Large Scale Visual Recognition Challenge (ILSVRC)**

Competition

The ImageNet Large Scale Visual Recognition Challenge (ILSVRC) evaluates algorithms for object detection and image classification at large scale. One high level motivation is to allow researchers to compare progress in detection across a wider variety of objects -- taking advantage of the quite expensive labeling effort. Another motivation is to measure the progress of computer vision for large scale image indexing for retrieval and annotation.

For details about each challenge please refer to the corresponding page.

- ILSVRC 2017
- ILSVRC 2016
- ILSVRC 2015
- ILSVRC 2014
- ILSVRC 2013
- ILSVRC 2012
- ILSVRC 2011
- ILSVRC 2010

Workshop

Every year of the challenge there is a corresponding workshop at one of the premier computer vision conferences. The purpose of the workshop is to present the methods and results of the challenge. Challenge participants with the most successful and innovative entries are invited to present. Please visit the current challenge page for the workshop schedule and information.

Citation

When reporting results of the challenges or using the datasets, please cite:

Olga Russakovsky*, Jia Deng*, Hao Su, Jonathan Krause, Sanjeev Satheesh, Sean Ma, Zhiheng Huang, Andrej Karpathy, Aditya Khosla, Michael Bernstein, Alexander C. Berg and Li Fei-Fei. (* = equal contribution) **ImageNet Large Scale Visual Recognition Challenge**. *IJCV*, 2015. paper | bibtex | paper content on arxiv | attribute annotations

---

2 대규모 객체 감지 및 이미지 분류를 위한 알고리즘을 평가하는 이미지넷 인식 대회이다.

이 대회에서는 각 모형이 100만장 이상의 이미지를 분류하는데, 2012년 AlexNet[3]이 오류율 16%를 기록하였고, 2014년 GoogleNet[4]은 오류율 7%를 기록하였다. 2015년에는 ResNet[5]이 152층 심층 신경망을 통해 오류율 3.6%를 기록하였으며 계속해서 오류율은 낮아지고 있는 상황이다.

최근 개방형 환경에서 머신 러닝과 딥러닝의 알고리즘이 공개되고 오픈 소스로 제공되며, 그 과정에서 기술은 지속적으로 발전한다. 그렇다면 이러한 머신 러닝과 딥러닝의 대상이 되는 데이터를 생각해보자. 우리가 다루는 데이터는 크게 정형, 반정형, 비정형 데이터로 나누었다. 재미있게도 머신 러닝과 딥러닝의 근원적 경쟁력을 확보하는 지름길은 바로, 머신 러닝, 딥러닝에 대한 이해를 바탕으로 다양한 종류의 데이터를 체계적으로 수집하고 관리하는 것이다. 비정형 데이터, 정형 데이터 모두 분석할 수 있도록 전처리를 하여 적절한 머신 러닝과 딥러닝 모형을 구현한 오픈 소스를 활용한다면 빠르게 결과를 기대할 수 있다.

❤ 그림 8-7 다양한 데이터의 분석

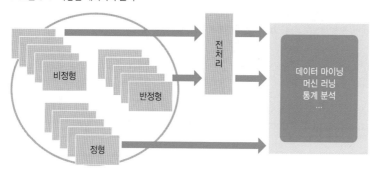

최근 많이 얘기되고 있는 빅데이터의 경우도 크게 다르지 않다. 빅데이터라 하더라도 앞서 얘기한 정형/반정형/비정형 데이터로 구분할 수 있으며, 다만 그 크기가 큰 것뿐이다. 빅데이터에 대한 명확한 학술적 정의는 부족하지만, 일반적인 계산 환경에서 처리가 어려운 경우 또는 기존에는 주로 활용되지 못하였지만 이제 활용되기 시작하며 새로운 인사이트를 제공하는 데이터를 우리는 빅데이터라고 부른다. 빅데이터의 분석 역시 머신 러닝이나 딥러닝을 적용하거나 또는 회귀 분석을 하는 것은 변함이 없다. 다만, 일반적인 계산 환경에서 처리와 분석이 어려우니 이를 가능하게 하는 계산 방식과 플랫폼이 필요한 것이다. 그래서 빅데이터의 경우에는 분산/병렬 처리 또는 클라우드 컴퓨팅을 통해 대용량 데이터를 처리하고 분석한다.

---

3 합성곱 신경망의 이름으로 알렉스 크리체브스키(Alex Krizhevsky)가 고안하였다.

4 2014년 대회에서 우승한 합성곱 신경망의 이름이며, 구글의 Inception 모형의 여러 버전 중 하나이다.

5 마이크로소프트에서 만든 심층 신경망으로 2015년 대회에서 우승하였다.

만약 데이터가 크다면 어떻게 처리하고 분석할 수 있을까. 가장 효과적인 방법 중 하나는 이렇게 큰 데이터를 분석할 수 있는 컴퓨터를 마련하는 것이다. 고가의 장비를 통해서 계산하는 방법이 있다. 하지만 비용을 감당할 수 없을 정도로 큰 데이터의 경우에는 처리와 분석이 단순하게 이뤄지지는 않을 것이다. 그래서 분산 파일 시스템을 통한 데이터의 처리와 분석을 수행하는데, 이를 맵리듀스 프레임워크(mapreduce framework)라 한다. 즉, 그림 8-8과 같이 큰 데이터를 나누어 관리하고, 계산할 로직을 각 나눠진 데이터에 적용한 후 결과를 하나로 정리하는 방식이다.

▼ 그림 8-8 빅데이터 분석을 위한 맵리듀스 프레임워크의 예

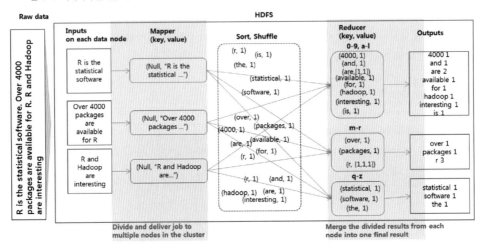

최근에는 클라우드 컴퓨팅의 확산으로 이러한 분산 파일 시스템과 함께 클라우드 환경에서 고사양의 컴퓨팅 환경을 구축해 계산하는 것을 고려할 수도 있다. 어느 경우이든 이렇게 처리되는 데이터에 대해 머신 러닝이나 딥러닝이 적용된다는 사실에는 변함이 없다. 다만, 알고리즘을 분산 파일 시스템의 맵리듀스 프레임워크에 맞게 고쳐야 한다. 결국 계산 환경은 어떻게든 마련이 될 것이고, 우리에게는 데이터에 대한 머신 러닝과 딥러닝의 활용이 과제로 남게 된다.

8.2 딥러닝의 배경 및 개요

이번 장에서는 현재 많은 인기를 얻고 있는 대표적인 머신 러닝 기법인 딥러닝에 대해 구체적으로 살펴보고자 한다. 딥러닝은 인공 신경망의 한 갈래이기 때문에 인공 신경망의 개요에 대해서 살펴본다. 앞서 설명한 바와 같이 우리가 접하는 데이터 분석의 문제는 바꿔 말해, 추론과 예측을 위한 머신 러닝의 문제는 모두 주어진 X로부터 Y와의 관계를 알아내거나, 주어진 X로 Y를 예측하고자 하는 것이다. 즉, X와 Y의 관계를 찾아 Y를 예측하는 데에 활용하는 것이 머신 러닝 중 지도 학습의 핵심이 된다. 앞장에서 살펴보았던 회귀 분석은 X와 Y의 관계를 직선식으로 나타냈으며, 트리 (tree) 계열의 기법은 간단한 규칙들로 그 관계를 나타내기도 한다. 이때 X와 Y의 관계가 잘 나타날 수도 있지만, 경우에 따라서는 그렇지 못할 수도 있으니 기존과 다른 방식으로 X와 Y의 관계를 찾고자 한다.

그림 8-9을 살펴보자. 각 동그라미를 노드라고 부르며 변수 하나를 의미한다. 좌측의 주어진 X(입력)는 Y(출력)와 바로 피팅되지 않고 한 단계를 거치게 된다. 그림에서의 화살표는 각 변수 X에 적용될 가중치라고 생각할 수 있다. 그리고 각 변수 X에 적용된 가중치는 중간 단계에 있는 노드의 입력 값이 된다. 즉, 주어진 문제는 X로부터 Y의 관계를 찾는 것이나, 그림 8-9에서는 X를 적절하게 변환하여 새로운 변수들을 만들어 내고, 그 변수들과 Y를 적합시키는 것이다.

이번에는 그림 8-9에서 중간 단계의 노드 하나를 잘 살펴보자. 이 노드는 입력층에 있는 각 노드에 가중치가 적용된 값들의 합을 입력 값으로 받는다. 입력 받은 값은 노드 내 어떤 기준(예를 들어 입력 값의 합이 0.5보다 크면 사용, 아니면 버리기 등)에 의해 소화될 것이고, 이 값을 그대로 혹은 약간 변환하여 출력한다. 이러한 노드의 작동 원리는 인간 뇌의 뉴런을 모방하였다. 그림 8-9는 이러한 노드들이 X에서 Y의 방향으로 복잡하게 연결된 상태를 나타내고, 이를 인공 신경망 (artificial neural network)이라 부르며 행렬로 표현된 X와 가중치의 행렬곱으로 계산된다.

▼ 그림 8–9 인공 신경망 예

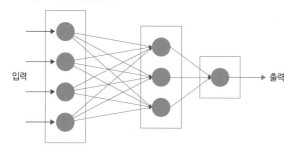

이때 변수 X를 나타내는 입력층(input layer), 중간에 거치는 은닉층(hidden layer), 그리고 Y를 나타내는 결과층(output layer)이 있다. 이러한 인공 신경망의 핵심은 바로 노드들의 연결을 어떠한 모양으로 구성하는지 그리고 그때 연결을 나타내는 화살표가 갖는 가중치의 최적 값을 어떻게 구하는지가 될 것이다. 인공 신경망 기법은 바로 이러한 최적의 가중치를 구하는 기법인 셈이다.

최적의 가중치를 구하기 위해서 많은 알고리즘이 개발되고 있는데, 그중 기존부터 많이 사용된 역전파(back propagation)에 대해 살펴보자. 역전파 알고리즘의 핵심은 인공 신경망에서 예측한 Y와 원래 Y의 오차를 최소화하는 방향으로 경사 하강법을 통해 가중치를 최적화하는 것이다.

▼ 그림 8-10 활성화 함수의 예

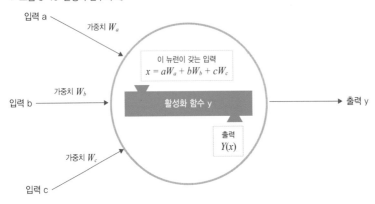

오차는 줄여야 할 대상으로, 알고리즘은 오차를 줄이는 방향으로 가중치를 조정할 수 있다. 예를 들어서 가장 처음의 가중치 값을 무작위로 넣었다고 하자. 이후 X에 각 가중치를 적용해서 계산하면 어떤 Y가 예측될 것이다. 물론 이렇게 예측한 값은 형편없는 수준이며, Y를 예측하기 위해 아직 어떤 노력도 기울이지 않았다.

하지만 예측값은 예측값이니 원래 주어진 Y와 비교하면 '오차'를 얻을 수 있다. 오차가 +로 크게 나왔다면 앞서 랜덤하게 배정한 가중치 값을 일괄적으로 줄이고, -로 나왔다면 가중치 값을 일괄적으로 조금 늘려보자. 그리고 다시 X에 조정된 가중치를 적용한 다음 계산하여 Y를 예측한다. 그리고 예측한 Y는 원래 Y와 비교하여 오차를 계산한다. 여전히 오차가 +로 나왔다면 가중치 값을 일괄적으로 더 줄이고, -로 나왔다면 가중치 값을 일괄적으로 더 늘리자. 이러한 과정을 한 번 수행하는 것을 에포크(epoch)라 하며, 여러 에포크를 거치면 랜덤했던 가중치는 주어진 자료에 적합한 가중치로 조정될 것이다.

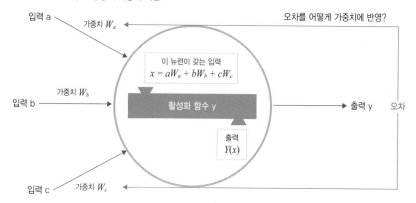

▼ 그림 8-11 인공 신경망의 가중치 계산

위 과정을 요약하면 X에서 Y를 계산하고, 실제 Y와 비교하여 오차를 파악한 다음 거꾸로 가중치를 조정하며 이 과정이 여러 차례 반복하는 것이다. 이를 역전파 알고리즘이라 한다.

이제 어렵게 얻은 가중치로 복잡하게 연결되는 노드들을 다시 살펴보자. 노드들은 이전 층에서 가중치가 적용된 여러 값을 입력으로 받는데, 일반적으로는 그 값들의 합을 입력으로 받는다. 앞서 얘기한 바와 같이 이러한 값은 노드 자체의 어떤 기준에 의해서 사용되기도 하고 버려질 수도 있으며, 필요한 경우에는 변환되거나 그대로 사용할 수도 있다. 이렇게 노드 내에서 입력된 값을 조절하는 것을 활성화 함수(activation function)라 한다.

가중치와 함께 활성화 함수는 인공 신경망에서 가장 중요한 요소 중에 하나이다. 활성화 함수로 어떤 것을 선택하느냐에 따라 가중치의 최적화도 모두 영향을 받으며 모형의 성능에도 직결된다. 그림 8-12와 같이 다양한 활성화 함수를 통해 실험해보며 적절한 함수를 고르는 것이 중요한 과제이다.

▼ 그림 8-12 다양한 활성화 함수

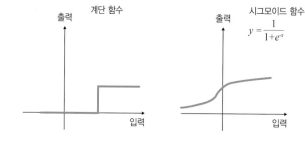
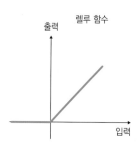

이제 인공 신경망을 좀 더 확장해보자. 앞서 우리는 입력층-은닉층-결과층으로 구성된 단순한 구조의 인공 신경망을 대상으로 이해하였다. 이때 은닉층에 들어갈 노드의 수는 정해진 규칙이 없다. 주어진 변수 X의 수보다 적거나, 같거나, 많게 할 수도 있는데, 각 의미는 대체적으로 다음과 같다. 은닉층의 노드 수가 변수 X보다 적다면 기존 X의 차원(X에 해당하는 변수의 개수)을 축소하는 추상화의 과정이고, 변수 X보다 많다면 기존 X의 차원을 확장하는 추상화의 과정이다.

인공 신경망의 은닉층은 반드시 한 층일 필요는 없으며 여러 층으로 구성되기도 한다. 은닉층이 한 층인 경우에도 꽤나 계산이 복잡한데, 여러 층이면 그 계산은 더 복잡해질 것이다. 과연 몇 개의 은닉층과 은닉층마다 몇 개의 노드를 구성하는 것이 적절할까? 이에 대해 명확한 원칙이나 규칙은 없으며 지난한 분석과 시행착오를 통해 알아가야 한다. 이러한 점이 바로 인공 신경망의 난제이다. 최근에는 AutoML이라고 하여, 이런 시행착오를 자동화하는 알고리즘도 구현되어 사용되기 시작했다.

이러한 다층 신경망은 최적화된 가중치를 찾는 과정에서 성능 문제를 겪어 왔다. 성능 문제를 해결하는 노력의 일환으로 2006년 힌턴(Hinton) 교수의 논문(A fast learning algorithm for deep belief nets)에서 해결의 단초가 제공되었고, 이후 딥러닝이라는 이름으로 주목받게 되었다. 은닉층을 계산에 활용하는 방식에 따라 딥러닝을 합성곱 신경망, 심층 신뢰 신경망, 순환 신경망 등으로 다양하게 부르며 계속해서 세분화되고 새로운 종류의 신경망이 출현하고 있다.

인공 신경망에 대한 이해를 바탕으로, 데이터에 인공 신경망을 적용해보자. 여러 개의 은닉층을 갖는 인공 신경망은 충분한 성능을 얻으려면 대용량의 계산을 처리해야 하며, GPU 또는 클라우드 컴퓨팅 환경의 사용이 중요하기도 하다. 이 장에서는 일반적인 PC 환경에서 인공 신경망과 딥러닝을 연습해보며 작동 원리를 이해하는 데 집중하고자 한다.

8.3 다양한 딥러닝 도구

이제 딥러닝을 어떻게 활용할 것인가에 대해 살펴보고자 한다. 재미있게도 파이썬이나 R 등은 범용적인 분석 환경에서 딥러닝을 지원하는 다양한 기능을 계속해서 릴리스하고 있다. 오픈 소스 생태계의 특성으로 인해, 저변의 많은 개발자에 의해 계속해서 딥러닝을 지원하는 패키지들이 나오며 업데이트되고 있는 것이다. 대부분의 딥러닝 기술은 이미 다 오픈되어 있고 사용할 수 있다. 구슬이 서 말이라도 꿰어야 보배인 것처럼, 이 기술을 어떤 분야의 어떤 데이터에 적용하여 어떤 비즈니스 모형을 만들어 낼 수 있는가가 향후 경쟁력의 관건이 될 것이다.

그렇기에 딥러닝을 활용할 수 있는 도구를 잘 파악하는 것이 이러한 상황에서 큰 의미가 있다. 우리는 딥러닝이라는 도구에만 매몰될 필요도 없지만, 한편으로는 딥러닝을 이론만 말고 실제로 활용을 못하는 경우는 없어야겠다. 시중에서 많이 사용되는 딥러닝 도구들에 대해서 간단하게 살펴보며, 그중에서도 범용적으로 사용되는 텐서플로(TensorFlow)를 직접 설치해보고 실습해보자.

파이썬에서 사용할 수 있는 딥러닝을 지원하는 패키지로는 텐서플로, 케라스(Keras), 파이토치(PyTorch), MXNET, H2O 등이 있으며, 이외에도 아마존이나 MS 등에서 제공하는 API 방식으로도 기능을 활용할 수 있다. 텐서플로는 구글에서 제공하는 오픈 소스 소프트웨어 라이브러리이며, 딥러닝을 비롯하여 머신 러닝 기능을 지원하고 있다. 특히, 딥러닝 계산에 필요한 GPU 계산을 지원하며, 병렬 컴퓨팅도 지원한다.

▼ 그림 8-13 텐서플로

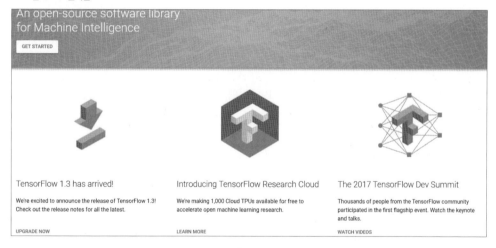

케라스는 파이썬에서 제공하는 오픈 소스 인공 신경망 라이브러리이다. 재미있는 점은 범용적으로 많이 활용되는 MXNET, 텐서플로, CNTK, Deeplearning4j, 씨아노(Theano) 등을 케라스의 백엔드(backend) 딥러닝 엔진으로 사용할 수 있다는 점이다. 특히, 케라스는 텐서플로를 지원하기 때문에 케라스를 일종의 딥러닝을 위한 인터페이스로 사용할 수 있다. 또한, 고수준의 인공 신경망과 쉽고 빠른 딥러닝의 프로토타이핑도 지원한다.

▼ 그림 8-14 케라스

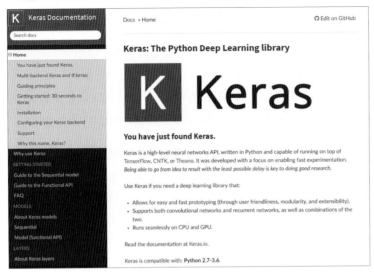

MXNET 역시 딥러닝을 위한, 유연하고 효율적인 라이브러리이다. 아파치 인큐베이터를 통해 발전하고 있으며, 글루온(Gluon)을 통한 인터페이싱이 가능하다. 역시나 딥러닝 계산에 GPU와 병렬 컴퓨팅을 지원한다.

H2O는 머신 러닝의 오픈 소스 라이브러리이며, 인메모리 및 분산 방식을 모두 지원한다. 계산 속도도 빠르고 확장성도 좋은 머신 러닝 플랫폼이다. GPU와 병렬 컴퓨팅을 지원하고 케라스와 유사하게 Deep Water라는 층(layer)을 통해서 H2O와 텐서플로, 카페(Caffe), MXNET 간의 GPU 인터페이싱을 지원한다.

8.3.1 텐서플로 설치하기

이제 앞서 얘기한 바와 같이 앞의 도구 중에서 텐서플로를 설치해보자. 본 실습에서는 CPU 버전을 설치할 것이며, 부록에서 GPU 버전의 설치 방법을 소개하겠다.

우선 텐서플로를 설치하기 위해 아나콘다 프롬프트(Anaconda prompt)를 관리자 권한으로 실행해보자.

▼ 그림 8-15 아나콘다 프롬프트 실행

현재 코드는 2020년에 출시된 텐서플로 버전 2.0 기준으로 정리하였으므로 다음처럼 텐서플로 버전을 명시하여 설치한다.

```
>>> pip install tensorflow==2.0
```

정상적으로 설치되었다면 주피터 노트북에서 다음 코드를 실행했을 때 정상적으로 결과가 나올 것이다.

```
>>> import tensorflow as tf
>>> hello = tf.constant("Hi")
>>> print(hello)
tf.Tensor(b'Hi', shape=(), dtype=string)
```

앞 예제는 간단하지만, 매우 중요하다. 우선 텐서플로를 임포트(import)하고, 이후 텍스트 Hi를 출력하기 위해 객체 hello를 지정한다. 이렇게 지정한 hello를 출력하면 Hi라는 문자열을 갖는 텐서플로 객체가 출력된다.

사실, 텐서플로 버전 2.X에서는 1.X보다 사용이 훨씬 더 편리해졌다. 버전 1.x를 사용하지 않게 된 것이 행운일 정도로 사용법이 간결해졌다. 한 예로, 이전 버전에서는 세션을 생성하고 세션별로 실행을 해야했지만, 버전 2.X에서는 그런 부분들은 알아서 처리한다.

이제 다음 절에서는 우리가 설치한 텐서플로를 통해서 실제 분류 모형을 실행해보자.

8.4 딥러닝의 활용

MATH FOR MACHINE LEARNING

텐서플로와 같은 도구를 사용하는 딥러닝은 다양한 분야에서 활발하게 활용된다. 그중에서도 LSTM(Long Short Term Memory)이라는 딥러닝 중 순환 신경망의 한 부류는 자연어 처리에 활용되며, 챗봇의 핵심 기술로도 사용되고 있다.

딥러닝이 이미지에 사용된다면 앞서 살펴본 분류모형의 역할을 할 수 있다. 디지털 카메라나 스마트폰으로 촬영하거나 혹은 스캔을 통해 디지털화된(digitized) 이미지는 모두 해당 이미지를 값으로 표현할 수 있다.

그림 8-16을 살펴보자. 손으로 숫자를 쓴 MNIST의 데이터셋 중에서 1에 대한 이미지 하나를 살펴보았다. 만약 갖고 있는 디지털 카메라가 너무 기능이 안 좋아서 3×3 픽셀이라고 하자. 이때 어떤 사람이 손으로 쓴 1을 촬영한다면 그림 8-16의 오른쪽 숫자로 이뤄진 행렬을 얻을 것이다(아래 그림에서 1 대신 255로 변경). 해당 행렬의 변수 Y 혹은 대상(target)은 이제 1이라는 숫자에 대한 레이블이 되며, 변수 X는 행렬 전체가 된다.

▼ 그림 8-16 이미지 분류의 예

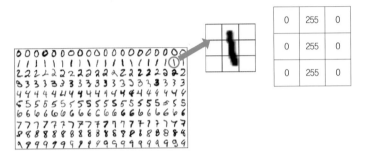

이때 우리는 각 이미지가 어떤 숫자인지 미리 알고 있어야 학습시킬 수 있다. 여기서 말하는 '어떤 숫자'는 변수 Y의 역할로, 이미지 라벨이라 부른다. 사람마다 숫자 1을 쓰는 스타일이 다 다르다. 여러 사람이 손으로 쓴 1 이미지가 있고, 그 이미지 라벨을 가지고 있다면 이제 분류모형에 적용할 수 있다. 즉, 이미지에 대한 분류모형을 적용하는 것이다. 이러한 이미지 분류의 적용 범위를 확장하면 다양한 시나리오가 나오게 된다. 예를 들어 의료용 엑스레이 사진에 적용한다면 의료 이미지를 기반으로 질병 여부를 분류할 수 있다.

▼ 그림 8-17 의료 이미지의 CNN 적용

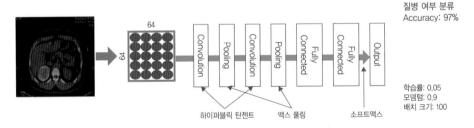

이제 텐서플로를 이용하는 인공 신경망을 구현해보자. 특히, 앞서 살펴본 숫자 이미지 인식의 예제를 직접 실습해보고자 한다. 우선 텐서플로로 아주 간단한 인공 신경망을 만들어보자. 주어진 데이터는 다음과 같으며 주어진 변수 X 두 개로 Y가 1, 2, 3 중에 어떤 값인지를 분류하는 예제이다.

▼ 그림 8-18 예제 데이터

X1	X2	Y
0	0	1
1	0	2
1	1	3
0	0	1
0	0	1
0	1	3

X1	X2	원-핫 인코딩 후 Y		
0	0	1	0	0
1	0	0	1	1
1	1	0	0	1
0	0	1	0	0
0	0	1	0	0
0	1	0	0	1

이때 Y는 원-핫 인코딩(one-hot encoding)을 통해 위와 같이 변환된 점을 참고한다. 위의 자료는 모두 numpy의 array 형태로 나타난다. 다음 코드로 지금까지의 내용을 실습해보자.

```
>>> import tensorflow as tf
>>> import numpy as np

>>> x_data = np.array([[0, 0], [1, 0], [1, 1], [0, 0], [0, 0], [0, 1]])
>>> y_data = np.array([[1, 0, 0], [0, 1, 0], [0, 0, 1], [1, 0, 0], [1, 0, 0], [0, 0, 1]])
```

이제 앞의 X와 Y에 대해서 인공 신경망을 구성하여 학습을 진행해보자. 텐서플로의 학습 과정에서 중요한 것은 X와 Y를 연결하는 신경망의 구조이며, 이 신경망은 여러 개의 가중치로 구성이 된다. 이때 필요한 가중치의 차원(dimension)은 주어진 변수 X의 차원과 은닉층 노드의 수로 결정되는 점을 다시 복기해보자.

▼ 그림 8-19 인공 신경망 구성

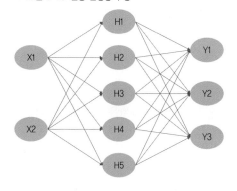

```
>>> model = tf.keras.Sequential([
>>>     tf.keras.layers.Dense(5, activation='relu'),
>>>     tf.keras.layers.Dense(3)
>>> ] )
```

신경망을 간단하게 구성하려면 케라스를 사용하자. 케라스의 layers 기능을 사용하면 은닉층의 노드 수, 결과의 노드 수 등만 지정하여 바로 사용할 수 있다. 이때 은닉층의 활성화 함수로 ReLU 를 사용해보자.

이제 여러 에포크를 통한 학습으로 최적의 가중치를 발견하게 된다. 이때 최적화의 개념이 들어가는데 이 학습에서 최적화의 대상은 바로 오차이다. 오차를 최소화할 수 있도록 다음처럼 비용 함수를 loss 파라미터에 지정하고 Adam Optimizer를 이용한 최적화를 적용하여 텐서플로 모형을 컴파일한다.

```
>>> model.compile(optimizer='adam',
>>>     loss='categorical_crossentropy',
>>>     metrics=['accuracy'])
```

이제 인공 신경망을 학습할 준비가 다 되었다. 다음처럼 텐서플로 fit 함수를 이용하여 바로 학습시켜보자. 우리 눈에는 보이지 않지만 수많은 행렬곱이 계산된다.

```
>>> model.fit(x_data, y_data, epochs=10)
```

결과를 살펴보자. 몇 개나 정답을 맞췄는지를 알려주는 정분류율(accuracy)이 50%의 값이 나왔는데, 다시 말해서 이 모형이 예측한 값 중 반은 원래의 값과 다르게 예측되었다는 의미이다. 우리가 이 예제를 위해 들인 노력에 비해 50%라는 정확도는 그다지 좋아 보이지는 않는다. 은닉층의 노드 수를 5에서 10으로 바꿔보자. 앞의 코드에서 tf.keras.layers.Dense의 첫 번째 파라미터인 숫자(은닉층의 노드의 수를 의미)만 변경하면 된다.

```
>>> model = tf.keras.Sequential([
>>>     tf.keras.layers.Dense(10, activation='relu'),
>>>     tf.keras.layers.Dense(3)])
```

방금 과정을 통해서 우리는 인공 신경망의 결과를 보고 인공 신경망의 구조를 수정한 셈이다. 하지만 안타깝게도 수정해도 결과는 크게 개선되지 않는다.

지금까지 아주 간단한 데이터에 복잡해 보이는 인공 신경망을 적용해보았다. 복잡하지만 너무 걱정할 필요는 없다. 인공 신경망의 X, Y 부분과 가중치 차원을 잘 지정한다면 기존 코드를 다른 데이터에 재활용하는 데 어렵지 않기 때문이다.

이번에는 숫자 이미지를 인공 신경망으로 분류해보자. 이번 새로운 예제에서는 MNIST에서 제공하는 예제 데이터를 활용하는데, 해당 데이터는 다음처럼 간단하게 불러올 수 있다. 불러온 값은 넘파이의 배열 형태로 존재하며, 이 값들은 0~255까지의 값으로 색상을 나타낸다. 0~1 사이의 값으로 변환하여 나타내기 위해 모두 255로 나눠준다.

```
>>> import tensorflow as tf
>>> mnist = tf.keras.datasets.mnist
>>> (x_train, y_train), (x_test, y_test) = mnist.load_data()
>>> x_train, x_test = x_train / 255.0, x_test / 255.0
```

이제 X와 Y 차원을 통해 대략적인 인공 신경망을 구성해보자.

▼ 그림 8-20 MNIST의 손글씨 숫자 인식을 위한 인공 신경망

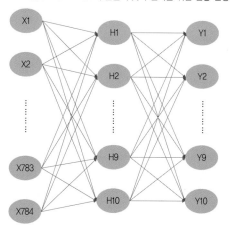

앞의 인공 신경망 구성에 따라 다음처럼 모형을 구성해보자.

```
>>> model = tf.keras.models.Sequential([
>>>     tf.keras.layers.Flatten(input_shape=(28, 28)),
>>>     tf.keras.layers.Dense(128, activation='relu'),
>>>     tf.keras.layers.Dropout(0.2),
>>>     tf.keras.layers.Dense(10, activation='softmax')
>>> ])
```

입력 값인 각 이미지는 가로세로가 모두 28픽셀인데, 이를 한 줄의 데이터로 변환하려면 함수 Flatten를 사용해야 한다. 이후 노드 128개를 갖는 은닉층을 추가하여 활성화 함수 ReLU를 적용하였다. 은닉층이 크다 보니 계산과 성능을 개선하기 위해 Dropout을 20% 적용하였다. 마지막으로 결과층의 결괏값 10개는 활성화 함수 softmax를 통해 분류되게 구성하였다.

이제 위의 내용으로 모형을 구성하기 위해 Adam Optimizer를 적용하고, 손실 함수와 성능 측정 지표를 다음처럼 지정하였다.

```
>>> model.compile(optimizer='adam',
>>>     loss='sparse_categorical_crossentropy',
>>>     metrics=['accuracy'])
```

이제 준비가 다 되었으니 다음처럼 에포크 5개를 학습시켜보자. 빠르게 실습하고자 에포크를 5개 지정한 것이고, 추후에는 에포크를 늘려 실습해보길 바란다.

```
>>> model.fit(x_train, y_train, epochs=5)
>>> model.evaluate(x_test, y_test, verbose=2)
Downloading data from https://storage.googleapis.com/tensorflow/tf-keras-datasets/
mnist.npz
11493376/11490434 [==============================] - 2s 0us/step
Train on 60000 samples
Epoch 1/5
60000/60000 [==============================] - 5s 89us/sample - loss: 0.2934 -
accuracy: 0.9146
Epoch 2/5
60000/60000 [==============================] - 4s 71us/sample - loss: 0.1421 -
accuracy: 0.9581
Epoch 3/5
60000/60000 [==============================] - 4s 65us/sample - loss: 0.1075 -
accuracy: 0.9669
Epoch 4/5
60000/60000 [==============================] - 5s 77us/sample - loss: 0.0877 -
accuracy: 0.9732
Epoch 5/5
60000/60000 [==============================] - 4s 64us/sample - loss: 0.0761 -
accuracy: 0.9762
10000/1 - 0s - loss: 0.0383 - accuracy: 0.9776
[0.07466363837001845, 0.9776]
```

에포크 5번 이후 최종 성능은 97.76% 정확도인 것으로 나타났다. 이제 인공 신경망의 구성을 다양하게 변경해보며 성능의 변화를 확인할 수 있다.

8.5 파이썬 실습

1. 데이터 준비하기

```
# MNIST 예제 데이터를 사용한 CNN(Convolutional Neural Network)이라는 인공 신경망 실습
# 1차 Convolution: 3x3 크기, 1개 색상, 32개 필터
# 28x28 이미지→28x28로 Convolution(W1 사용), Pooling으로 14x14 압축
# W1 [3 3 1 32] = 커널은 [3x3]크기, 커널 개수는 32, 입력 값 X의 특성 수=1(색상)
# Convolution: 3x3 크기 윈도우로 이미지 값에 가중치, 편향 적용, 32개의 특징 맵 생성
# Pooling: 특징 맵 중 2x2크기 윈도우로 특정 값(예: 최대) 선택

>>> import tensorflow as tf
>>> mnist = tf.keras.datasets.mnist

>>> from tensorflow.keras import datasets, layers, models
>>> (train_images, train_labels), (test_images, test_labels) = mnist.load_data()

>>> train_images = train_images.reshape((60000, 28, 28, 1))
>>> test_images = test_images.reshape((10000, 28, 28, 1))
# 픽셀 값을 0~1 사이로 정규화
>>> train_images, test_images = train_images / 255.0, test_images / 255.0
Downloading data from https://storage.googleapis.com/tensorflow/tf-keras-datasets/
mnist.npz
11493376/11490434 [==============================] - 19s 2us/step
```

2. CNN 구성하기(14x14 → 7x7)

```
>>> model = models.Sequential()
>>> model.add(layers.Conv2D(32, (3, 3), activation='relu', input_shape=(28, 28, 1)))
>>> model.add(layers.MaxPooling2D((2, 2)))
>>> model.add(layers.Conv2D(64, (3, 3), activation='relu'))
>>> model.add(layers.MaxPooling2D((2, 2)))
>>> model.add(layers.Conv2D(64, (3, 3), activation='relu'))
```

3. 결과층까지 모형 구성하기(최종 출력값에서 출력 64개를 입력 값으로 받아서 0~9 레이블인 10개의 출력하기)

```
>>> model.add(layers.Flatten())
>>> model.add(layers.Dense(64, activation='relu'))
>>> model.add(layers.Dense(10, activation='softmax'))
>>> model.summary( )
```

8

모션 러닝, 딥러닝 그리고 AI

```
Model: "sequential_2"
```

Layer (type)	Output Shape	Param #
conv2d (Conv2D)	(None, 26, 26, 32)	320
max_pooling2d (MaxPooling2D)	(None, 13, 13, 32)	0
conv2d_1 (Conv2D)	(None, 11, 11, 64)	18496
max_pooling2d_1 (MaxPooling2	(None, 5, 5, 64)	0
conv2d_2 (Conv2D)	(None, 3, 3, 64)	36928
flatten_1 (Flatten)	(None, 576)	0
dense_4 (Dense)	(None, 64)	36928
dense_5 (Dense)	(None, 10)	650

```
Total params: 93,322
Trainable params: 93,322
Non-trainable params: 0
```

4. 에포크를 5로 지정하여 학습하기

```
>>> model.compile(optimizer='adam',
>>>     loss='sparse_categorical_crossentropy',
>>>     metrics=['accuracy'])
>>> model.fit(train_images, train_labels, epochs=5)
Train on 60000 samples
Epoch 1/5
60000/60000 [==============================] - 49s 818us/sample - loss: 0.1377 -
accuracy: 0.9566
Epoch 2/5
60000/60000 [==============================] - 47s 777us/sample - loss: 0.0449 -
accuracy: 0.9858
Epoch 3/5
60000/60000 [==============================] - 40s 670us/sample - loss: 0.0320 -
accuracy: 0.9902
Epoch 4/5
60000/60000 [==============================] - 39s 642us/sample - loss: 0.0247 -
accuracy: 0.9919
Epoch 5/5
60000/60000 [==============================] - 50s 826us/sample - loss: 0.0186 -
```

```
accuracy: 0.9938
10000/1 - 3s - loss: 0.0266 - accuracy: 0.9845
```

5. 평가하기

```
>>> test_loss, test_acc = model.evaluate(test_images,  test_labels, verbose=2)
>>> print(test_acc)
0.9845    # 정분류율이 98.45%로 개선
```

8.6 R 실습

1. 패키지 설치 및 데이터 읽기

MNIST 예제 데이터를 사용한 인공 신경망의 실습. R에서 텐서플로 실행 시 PC 환경에 따라 오류가 발생하는 경우가 많아서 오류가 별로 없는 mxnet 패키지로 실습해보자(R 최신 버전을 지원하지 않는다는 오류(package 'mxnet' was installed before R 4.0.0: please re-install it)가 발생하는 경우에는 R 버전을 3.6.3으로 사용하자).

```
>>> install.packages("mxnet")
>>> library(mxnet)

# 혹시 앞의 명령어로 설치가 안되는 경우, 다음 명령어를 실행
# install.packages("DiagrammeR")
# install.packages("https://s3.ca-central-1.amazonaws.com/jeremiedb/share/mxnet/CPU/
mxnet.zip", repos = NULL)
```

2. 실습 데이터 내려받기

```
# 다음 케글 사이트에서 다운로드해보자. 구글 계정으로 회원 가입할 수 있다
# URL: https://www.kaggle.com/oddrationale/mnist-in-csv/data#
```

3. 내려받은 파일을 압축 풀고, 해당 파일을 PC의 내 문서(또는 R의 현재 Working Directory)에 붙 어넣은 후 CSV 파일 읽기

```
# 또는 train <- read.csv(file.choose( ),header = TRUE) 를 사용
>>> train <- read.csv("mnist_train.csv",header = TRUE)
# 또는 test <- read.csv(file.choose( ),header = TRUE) 를 사용
>>> test <- read.csv("mnist_test.csv",header = TRUE)
>>> train = data.matrix(train)
>>> test = data.matrix(test)

>>> train.x = train[, 2:785]/255      # 데이터를 최대값인 255로 나눠서 정규화
>>> train.y = train [,1]
>>> test.x = test[, 2:785]/255
>>> test.y = test[, 1]

# ANN을 구성하기
>>> mx.set.seed(0)
>>> model <- mx.mlp(train.x, train.y, hidden_node=c(100, 100, 100), out_node=10, out_
activation="softmax", num.round=10, array.batch.size=32, learning.rate=0.05, eval.
metric=mx.metric.accuracy, optimizer='sgd')
Start training with 1 devices
[1] Train-accuracy=0.1105
[2] Train-accuracy=0.11135
[3] Train-accuracy=0.14135
[4] Train-accuracy=0.5253
```

```
[5] Train-accuracy=0.883533333333333
[6] Train-accuracy=0.931133333333333
[7] Train-accuracy=0.949216666666667
[8] Train-accuracy=0.9594
[9] Train-accuracy=0.96615
[10] Train-accuracy=0.971483333333333
```

```
>>> preds = predict(model, test.x)
>>> pred.label = max.col(t(preds)) - 1
>>> cm = table(pred.label, test.y)
>>> print(cm)
```

pred.label	0	1	2	3	4	5	6	7	8	9
0	966	0	7	0	2	4	6	0	3	3
1	0	1123	3	2	2	0	2	10	2	5
2	3	4	1002	8	3	1	2	16	5	0
3	1	2	4	985	0	14	0	9	7	6
4	0	0	1	0	956	1	7	3	5	26
5	4	1	0	3	1	854	5	0	12	4
6	2	2	0	0	8	7	931	0	4	1
7	1	0	7	6	1	1	0	975	3	7
8	2	3	8	4	0	7	5	2	929	10
9	1	0	0	2	9	3	0	13	4	947

```
>>> acc = sum(diag(cm))/sum(cm)
>>> print(acc)
[1] 0.9668
```

```
# CNN을 구성하기
>>> install.packages("magrittr")     # 최초 1회만 실행
>>> library(magrittr)
>>> library(mxnet)

>>> "%=>%" <- function(val,var) {
>>>     assign(substitute(var), val, envir = .GlobalEnv)
>>>     return(val)
>>> }

>>> lenet <- mx.symbol.Variable("data") %=>%
# 첫 번째 합성곱층(Convolutional Layer Set 1 (Conv > Tanh > Pool) )
>>>     mx.symbol.Convolution(kernel=c(5, 5), num_filter=20, name="Conv1") %=>%
"Conv1" %=>%
>>>     mx.symbol.Activation(act_type="tanh", name="Act1") %=>% "Act1" %=>%
>>>     mx.symbol.Pooling( pool_type="max", kernel=c(2, 2), stride=c(2,2), name =
```

```
"Pool1") %=>% "Pool1" %>%

# 두 번째 합성곱층(Convolutional Layer Set 1(Conv > Tanh > Pool))
>>>    mx.symbol.Convolution(kernel=c(5, 5), num_filter=50, name="Conv2") %=>%
"Conv2" %>%
>>>    mx.symbol.Activation(act_type="tanh", name="Act2") %=>% "Act2" %>%
>>>    mx.symbol.Pooling(pool_type="max", kernel=c(2, 2), stride=c(2, 2), name =
"Pool2") %=>% "Pool2" %>%
# 2차원 필터를 1차원으로 변경시키기
>>>    mx.symbol.flatten(name="Flat") %=>% "Flat1" %>%

# 함수 FulltConnected로 마지막 은닉층과 연결
>>>    mx.symbol.FullyConnected(num_hidden=500, name="Full1") %=>% "Full1" %>%
>>>    mx.symbol.Activation(act_type="tanh", name="Act3") %=>% "Act3" %>%

# 함수 FulltConnected로 마지막 결과층과 연결
>>>    mx.symbol.FullyConnected(num_hidden=10, name="Full2") %=>% "Full2" %>%
>>>    mx.symbol.SoftmaxOutput(name="SoftM") %=>% "SoftM"

>>> graph.viz(lenet, direction = "LR")
```

4. 3에서 구성한 CNN을 학습시키기

```
>>> tr.x <- t(train.x)     # train셋 구성
>>> dim(tr.x) <- c(28, 28, 1, ncol(tr.x))
>>> ts.x <- t(test.x)      # test셋 구성
>>> dim(ts.x) <- c(28, 28, 1, ncol(ts.x))

>>> logger.epoc <- mx.callback.log.train.metric(100)
>>> logger.batch <- mx.metric.logger$new()
>>> mx.set.seed(42)        # 난수 생성의 시드를 지정함
>>> ti <- proc.time()
>>> model <- mx.model.FeedForward.create(lenet, X=tr.x, y=train.y,
>>>     eval.data=list(data=ts.x, label=test.y),
>>>     ctx=mx.cpu(),
>>>     num.round=20,
>>>     array.batch.size=100,
>>>     learning.rate=0.05,
>>>     momentum=0.9,
>>>     wd=0.00001,
```

```
>>>         eval.metric=mx.metric.accuracy,
>>>         epoch.end.callback=logger.epoc,
>>>         batch.end.callback=mx.callback.log.train.metric(1, logger.batch))

            ...

Batch [597] Validation-accuracy=0.991400007009506
Batch [598] Train-accuracy=1
Batch [598] Validation-accuracy=0.991400007009506
Batch [599] Train-accuracy=1
Batch [599] Validation-accuracy=0.991400007009506
Batch [600] Train-accuracy=1
Batch [600] Validation-accuracy=0.991400007009506
[20] Train-accuracy=1
[20] Validation-accuracy=0.991500006914139

>>> te <- proc.time()
>>> print(te-ti)
   사용자    시스템    elapsed
2670.46   520.37   1489.68

>>> mx.model.save(model, "mnistModel", 1)
```

5. 성능을 평가하기

```
# 마지막 층은 softmax 결과를 종합해주며, 각 열은 0~9 사이의 값이 될 확률. 각 경우 중 가장 큰
확률 값을 선택하도록 한다
# test셋으로 validation을 수행. 결과는 10 x 10000 행렬이며 보기 좋게 하려고 행과 열을 교체
>>> outputs <- predict(model, ts.x)
>>> t_outputs <- t(outputs)
>>> y_hat <- max.col(t_outputs) - 1          # 기본 인덱스가 1부터 시작하므로 빼준다
>>> table(y_hat, test.y)
test.y
y_hat    0     1     2     3     4     5     6     7     8     9
   0   975     0     2     0     0     1     4     0     2     0
   1     0  1131     0     0     0     0     2     3     0     0
   2     1     0  1026     1     2     0     1     2     2     0
   3     0     1     0  1003     0     5     0     0     2     0
   4     0     0     1     0   975     0     1     0     0     5
   5     0     0     0     4     0   882     4     0     2     3
   6     1     0     0     0     1     1   944     0     0     1
   7     2     0     3     0     2     1     0  1019     1     3
   8     1     3     0     2     0     2     2     0   963     0
   9     0     0     0     0     2     0     0     4     2   997
```

8.7 핵심 요약

1. 머신 러닝과 인공 신경망

- 머신 러닝에는 인공 신경망을 포함하여 다양한 종류의 알고리즘이 있다.

- 인공 신경망은 입력층, 은닉층, 결과층으로 구성되어 있으며, 각 층의 노드들이 가중치가 적용되어 지도 학습 및 비지도 학습을 수행한다.

- 입력층(input layer)은 변수 X를 나타내며, 결과층(output layer)은 변수 Y를 나타낸다.

- 은닉층(hidden layer)은 입력층과 결과층 사이의 가중치가 적용되는 다양한 연결을 나타낸다.

- 인공 신경망의 핵심은 입력층과 결과층 사이 노드들을 연결하는 가중치의 최적 값을 구하는 것이다.

- 역전파 알고리즘은 인공 신경망에서 예측한 Y와 원래 Y의 오차를 사용해 가중치를 최적화한다.

- 활성화 함수는 노드 내에서 입력된 값을 조절하는 함수를 의미한다.

2. 딥러닝

- 인공 신경망을 여러 개의 은닉층을 갖는 데 이런 은닉층으로 여러 단계의 추상화를 거쳐 성능을 제고하는 기법이다.

- 다층으로 구성된 인공 신경망의 성능 문제를 해결한 방법으로, 2006년 힌턴(Hinton) 교수의 논문(「A fast learning algorithm for deep belief nets」)을 통해 제시되었다.

- 은닉층을 계산에 활용하는 방식에 따라 딥러닝을 합성곱 신경망, 심층 신뢰 신경망, 순환 신경망 등으로 다양하게 부르며 계속해서 세분화되어 발전한다.

3. 딥러닝 도구

- 파이썬에서 사용할 수 있는 딥러닝을 지원하는 패키지로는 텐서플로, 케라스(Keras), 파이토치(PyTorch), MXNET, H2O 등이 있다.

- 텐서플로는 구글에서 제공하는 오픈 소스 소프트웨어 라이브러리이며, 딥러닝을 비롯하여 머신 러닝 기능을 지원한다.

4. 딥러닝의 활용

- 이미지 분류에 효과적으로 활용된다.

- 이미지별 픽셀 값이 입력으로 변환되며 각 이미지 라벨이 대상(target)으로 사용된다.

- 대표적으로 합성곱 신경망이 많이 활용된다.

5. 텐서플로와 케라스 활용

- 텐서플로 2.X 버전부터는 케라스가 통합된다.

- 텐서플로, 케라스의 layers를 활용해 신경망을 구성한다.

- compile 함수로 optimizer, loss 함수 등을 지정할 수 있다.

- 모형 객체에 fit 함수를 사용해 데이터를 학습한다.

텐서플로 GPU
버전 설치하기

부록 A에서는 텐서플로 GPU 버전을 설치하는 과정을 설명하였다. 텐서플로의 성능을 잘 활용하려면 아무래도 GPU 버전을 사용하는 것이 좋다. GPU 버전을 잘 사용하기 위해서는 NVIDIA 계열의 그래픽 카드가 필요하며, 리눅스 OS에서 사용하는 것이 좋지만, 여기서는 보다 일반적인 윈도의 GPU가 설치된 환경을 기준으로 소개하고자 한다. 여기에서 소개된 내용은 일반적인 환경에서 설치하는 방법이지만, 설치 시 PC의 환경마다 각기 다른 상황이 발생할 수도 있으니 공식 사이트를 통해 최신 정보를 자주 확인하기 바란다.

GPU 버전을 설치할 때 가장 주의할 점은 바로 설치할 프로그램의 버전을 맞추는 것이다. 설치되는 프로그램은 CUDA, cuDNN, tensorflow-GPU 버전이며 각각은 OS, CUDA Toolkit 등의 버전이 맞아야 한다. 특히, 사용 중인 그래픽 카드가 CUDA를 지원하는지를 다음 주소에서 먼저 확인해야 한다.

URL https://developer.nvidia.com/cuda-gpus

1. NVIDIA 그래픽 카드 확인과 드라이버 설치

PC에서 사용하는 그래픽 카드를 장치 관리자의 디스플레이 어댑터 항목을 통해서 확인한다. 또는 바탕 화면에서 우클릭한 후 NVIDIA 제어판이 있다면 바로 확인할 수 있다.

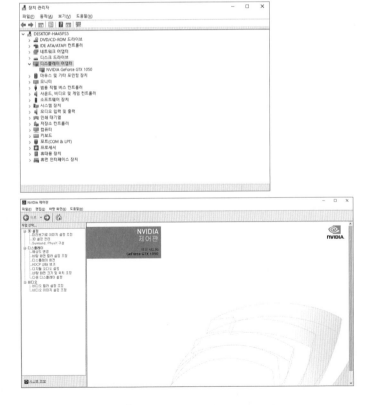

만약 그래픽 카드는 설치되어 있는데, 드라이버가 없다면 다음 사이트에서 내려받자.

URL https://www.nvidia.co.kr/Download/index.aspx?lang=kr

2. CUDA Toolkit을 OS 버전에 맞게 설치

PC의 OS 버전과 비트를 확인한 후 해당 CUDA를 설치한다. CUDA는 일반적으로 C:\
Program Files\NVIDIA GPU Computing Toolkit 폴더에 설치된다.

URL https://developer.nvidia.com/cuda-toolkit-archive

이때 CUDA, cuDNN과 텐서플로의 버전이 호환되는 것이 중요하다. 다음 주소에서 호환 여
부를 확인하자.

URL https://www.tensorflow.org/install/source#tested_build_configurations

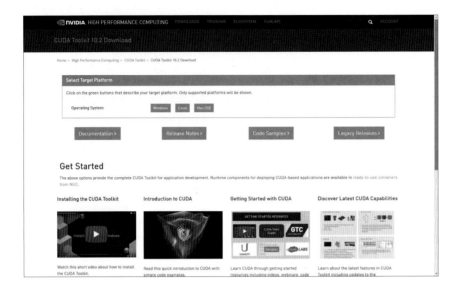

3. cuDNN 설치

cuDNN을 설치하려면 NVIDIA에 먼저 회원 가입을 해야 한다. 그다음 앞의 CUDA 버전을
지원하는 cuDNN을 설치한다.

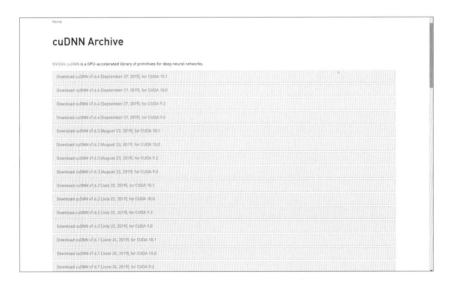

cuDNN의 압축 파일을 적절한 곳에 압축 해제한 후 bin, include, lib 폴더 내 각 파일
(cudnn64_7.dll, cudnn.h, cudnn.lib)을 CUDA가 설치된 경로의 다음 위치로 각 복사해
서 붙여넣기하여 옮겨 준다. 이때 경로명은 설치된 CUDA 버전에 따라 아래 주황색 부분이
다를 수 있다.

대상 폴더

C:₩Program Files₩NVIDIA GPU Computing Toolkit₩CUDA₩v10.0₩bin

C:₩Program Files₩NVIDIA GPU Computing Toolkit ₩CUDA₩v10.0₩include

C:₩Program Files₩NVIDIA GPU Computing Toolkit ₩CUDA₩v10.0₩lib₩x64

4. **텐서플로 GPU 버전을 설치**

아나콘다 프롬프트를 관리자 권한으로 실행해서(또는 주피터 노트북에서 **New** 버튼 〉
Terminal을 열어서) 다음과 같이 tensorflow gpu 버전을 설치한다.

```
>>> pip install tensorflow-gpu
```

또는 다음처럼 특정 버전을 지정해 설치할 수도 있다.

```
>>> pip install tensorflow-gpu==2.0
```

이후 주피터 노트북에서 다음처럼 실행하면 정상적으로 설치된 것을 확인할 수 있다.

```
>>> import tensorflow as tf
>>> print(tf.test.is_gpu_available())
True
```

R 설치하기

1. R을 설치하려면 먼저 R 공식 사이트(https://www.r-project.org)에 접속한 다음 Download 메뉴 아래의 **CRAN**을 클릭한다.

2. 자신과 가까운 위치의 **미러 서버**를 선택한다.

3. 해당 운영 체제에 맞는 버전을 내려받는다.

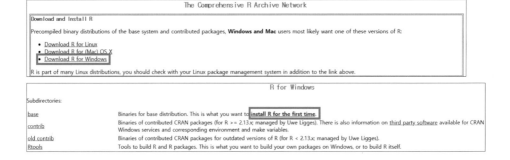

4. 현재 시점에서 가장 최신 버전은 4.0.2다. 이 책에서 이 버전을 기준으로 한다. 하지만 새 버전의 경우, 간혹 설치하는 과정이나 패키지 설치 시 호환에 문제가 있을 수도 있다. 그 경우에는 이전 버전을 설치해도 무방하다.

Note ≡   이전 버전을 내려받고 싶다면 화면 중간에 있는 Previous release를 클릭한다.

Download R 4.0.2 for Windows (84 megabytes, 32/64 bit)
Installation and other instructions
New features in this version

If you want to double-check that the package you have downloade
fingerprint on the master server. You will need a version of md5su

- Does R run under my version of Windows?
- How do I update packages in my previous version of R?
- Should I run 32-bit or 64-bit R?

Please see the R FAQ for general information about R and the R W

- Patches to this release are incorporated in the r-patched snap
- A build of the development version (which will eventually bec
- Previous releases

설치하고 싶은 버전을 클릭해 내려받자.

Previous Releases of R for Windows

This directory contains previous binary releases of R for Windows.

The current release, and links to development snapshots, are available here.

In this directory:

R 4.0.2 (June, 2020)
R 4.0.1 (June, 2020)
R 4.0.0 (April, 2020)
R 3.6.3 (February, 2020)
R 3.6.2 (December, 2019)
R 3.6.1 (July, 2019)
R 3.6.0 (April, 2019)
R 3.5.3 (March, 2019)
R 3.5.2 (December, 2018)
R 3.5.1 (July, 2018)
R 3.5.0 (April, 2018)
R 3.4.4 (March, 2018)

5. 이제 내려받은 파일을 실행하자.

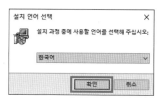

6. 설치하기 전에 중요 정보를 확인하고 설치할 폴더를 선택한다.

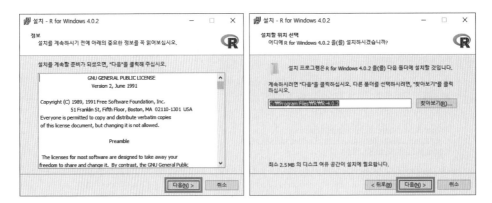

7. 구성 요소 설치 화면에는 설치 가능한 네 가지 구성 요소가 나온다. 최근 몇 년 사이 구매한 컴퓨터를 사용하고 있다면 기본적으로 64비트 프로그램을 지원한다. 비트를 모른다면 다음과 같이 기본 설정으로 32비트와 64비트를 모두 설치할 수도 있다.

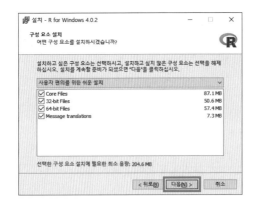

Note ≡ 기본 설정으로 설치한 후 윈도 메뉴를 보면 32비트로 설치된 R프로그램에 i386이라는 문구가 들어가고, 64비트인 경우에는 x86이라는 문구가 들어간다.

8. 스타트업 옵션과 시작 메뉴 폴더 이름은 기본값을 사용한다.

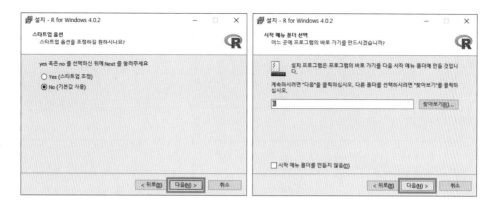

9. 추가 사항 적용 화면에서 추가로 적용할 사항이 있다면 추가하고, 그렇지 않다면 가급적 기본
   설정으로 진행하는 편이 좋다.

Note ≡ R을 설치한 후 실행할 때 마우스 오른쪽을 클릭하여 관리자 권한으로 실행으로 실행하면 패키지 설치나
파일 입출력 시에 발생할 수 있는 오류를 줄일 수 있다.

부록 C

Colab 사용하기

코랩(Colab 또는 Colaboratory)이란 구글의 클라우드에서 사용할 수 있는 무료 주피터 노트북이다. 구글 드라이브에 파일을 저장할 수 있고 여러 사람과 동시에 노트북을 수정할 수도 있으며, Git과 연동도 할 수 있다. 무엇보다 클라우드에서 GPU를 지원하고 환경 설정 등을 고민할 필요가 없다. 다만, 시간 제한이 있어 12시간이 지나면 세션이 끊어진다. 구글 드라이브도 무료인 경우 저장 공간에 제한이 있는 점도 유의해야 한다. 물론, 세션 시간이나 리소스 관련 제한은 최근 출시된 Colab Pro라는 유료 버전을 사용하면 해결할 수 있고, 구글 드라이브도 유료로 저장 공간도 더 사용할 수 있다. 단, Colab Pro는 아직은 미국에서만 사용할 수 있다.

1. 먼저 구글에서 로그인하고 코랩의 공식 사이트(https://colab.research.google.com/notebooks/intro.ipynb)에 접속하면 다음과 같은 화면이 나온다.

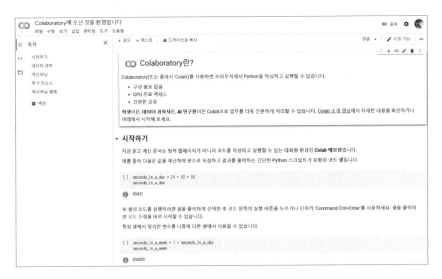

2. 화면 왼쪽 상단의 **파일** 〉 **새 노트**를 클릭하면 주피터 노트북을 사용할 수 있다.

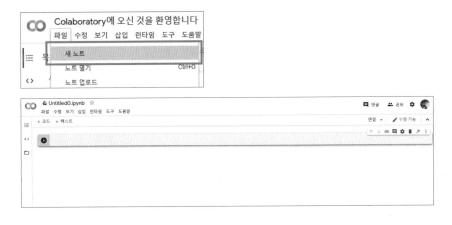

3. 코랩에서 사용되는 노트북 파일은 구글 드라이브에 위치한다.

코랩의 사용법은 주피터 노트북과 동일하다. 자세한 내용은 구글 코랩의 홈페이지를 참고하기 바란다.

F

feature   35
for   63
function   109
fundamental theorem of calculus   120
F 분포   170

G ~ H

goodness of fit   226
gradient descent   124
gradient vector   122
Growth Hacking   18
hidden layer   246, 264
hypothesis test   173

I

identity matrix   77
Independent variable   35
index   41
indexing   41
individual   35
inner product   81
input layer   246, 264
input variable   35
interval estimation   172
invertible matrix   87
item   35

J ~ K

Jupyter Notebook   23
Keras   249
key- value 구조   45

L

Least Squares Estimation   216
lemmatization   39
lift   146, 157
linear   214
linear regression   233

List

list   41, 63
logistic regression   234
loglinear model   223
Long Short Term Memory   251
lower triangular matrix   77
LSTM   251

M

magnitude   96
mapreduce framework   244
marginal   145
Markov Chain   90, 106
matrix   75
maximum likelihood estimation   226
mean   136
measure of central tendency   136
median   137, 156
metric data   34
minor   88
mlxtend   46, 147
mode   137
multicollinearity   217
multiple comparison   196, 210
multiplication rule   145

N

NA   47
ndarray   46
neural network   239
Newton−Raphson method   124
nominal data   35
nonmetric data   35
nonsingular matrix   87
normal curve   168
normal distribution   168
normality test   175
Not Available   47
null hypothesis   173
numpy   41, 64